JN124523

Note of JUDO

A JUDO'S TEXTBOOK FOR BEGINNERS
柔道備忘録

永田英二

東京図書出版

序文にかえて

　1915（大正4）年、嘉納治五郎は柔道修行の究極の目的は「自己の完成」と「世を補益すること」の二つにあると主張し、1917（大正6）年には自他の益が一致しない場合には調和を図るように努めるべきであると主張した。即ち「自他共栄」として、「人は常に自分の栄と他人の栄と両立するように、自分の事のみを考えず、人の為をも考え、他人の為に尽くしながら自分の為をも図ることを忘れぬという所に、融和も平和も進歩も生じて来るのである。」と主張する一方、「国の為に命を棄てるとか、義の為に利害を顧みぬとかいうようなことは、人の全部を棄てるという意味でなく、低き欲求を棄てて国の為に尽くそうとか、義の為に肉体や物質上の利害を顧みず、高尚なる精神的の満足を得ようとかいう一種の高尚なる満足を得んが為である。即ち自分も満足して栄え、他人も栄えしめて自他共々に栄えようということになるのである。」とも主張し、1922（大正11）年には、「自他共栄」の「栄」は精神上の高尚な栄に重きを置くことであるとした。

　連日のコロナ禍以外にも、ミャンマーのクーデター問題、香港の人権問題、米国ではトランプ支持者により国民の分断化が肥大化した問題や人種差別問題、gender/sex（社会的性別/生物学的性別）問題、種々のヘイトクライム（hate crime）、ジェノサイド（genocide）、ホロコースト（The Holocaust）等が連日話題に上がり、各国において人々の意見は多極化し、正義（多数決）対正義（多数決）を主張する対立が続いているように思える。そこでは、少数意見は無視され、その取り扱いについて論議されることは無に近いように思える。多数者の意見が正義であるとする政治学上の論理では、大戦前の日本で反戦の声を上げられなかった経験は生かされな

い様に思え、現在の様な社会情勢時こそ、「自他共栄」を俎上にのぼらせ論議する機会を持つ絶好の好機ではないかと思える。

　柔術は室町時代の1532年に岡山の竹内久盛がそれまでの相撲とはちがう、戦場における組打の術を編み出した「竹内流腰の廻り」に始まり、四代井上正順が1724（享保9）年（江戸時代）に「直信流柔道」と名辞を改称したとされる説の他、支那人陳元贇（1621〈元和7〉年来日、1638〈寛永15〉年再来日、いずれも江戸時代）に起因するという説などがあるために、「柔道」という名称の初出はいつごろ誰によってなされたものか検めて議論してみることも必要なことではないかと思い論及した。多くの人は、幼いころからテレビや小説、漫画等で「柔術」対「柔道」の闘いの末に「柔道」が勝ち残ってきたとするフィクションを植え付けられ、そのようなイメージをもって「柔道」を捉えてきたように思われる。その延長の末に、「柔道＝講道館柔道＝嘉納治五郎」というコンセンサス（consensus）を組み立てているように思われる。だが、「柔道」という名称の初出を探ると、「柔道」という呼称は、「柔術」の時代から幾つかの流派で用いていた事を知ることができる。国内で「柔道」という呼称が認知されるまでの大筋を列する。

　嘉納治五郎は講道館柔道を開設する以前でも、出雲地方に「直信流柔道」という流派が存在していたことを認めている他にも数派が存在したことを認めている。しかし、他派の存在に触れるまでもなく、嘉納の直近でも認められる[67]ことである。

　1883（明治16）年10月、飯久保恒年が嘉納に与えたとされる起倒流免状には、「日本傳起倒柔道之専行数年盡精力既被及業熟得候依之向後指南可有之者也仍免状如件」と、柔術の一派としての「日本傳起倒柔道」という流名を表記している他、その飯久保が竹中鉄之助より1856（安政3）年に贈られた安政年度の免状にも同様（日本傳起倒柔道）の名称が使用されている。[67]但し、『大日本柔道

史』[85), 86)]には免許状の写しとして「日本傳起倒柔術之専行数年以下同文」と記載されている。が前者にはオリジナルの免許状の写真として記載されているのである。

　嘉納本人が使用した流派名を初出順に列記すると、1885（明治18）年9月、山田（富田）常次郎に贈った本體証書には起倒流嘉納治五郎と記し、1887（明治20）年1月、山下義韶へ贈った本體証書では起倒流本體である。

　1888（明治21）年10月の雑誌『日本文学』に「柔術及ビ其ノ起源」について記載した中では、「柔道」を「柔術」の一つと位置づけながら「講道館に於いてなせる柔道講義」に言及している。

　1912（大正元）年9月23日、横山作次郎の没後に授与した八段位の昇段証で初めて「日本傳講道館柔道」という名称を用い、西郷四郎の死後1923（大正12）年1月14日に贈った六段位の段位証では「講道館柔道」、1935（昭和10）年11月24日、山下義韶の没後に贈った十段位の昇段証では「日本傳講道館柔道」を用いている。

　1942（昭和17）年5月31日南郷次郎二代目館長が秋枝三郎に授与した四段位の段位証では「講道館柔道」である。

「柔術」から「柔道」への呼称の変更は、1914（大正3）年2月、当時の武道の統一団体であった「大日本武徳会」によってなされているが、嘉納治五郎は当初から柔術部門の委員長として主導している。武徳会で1903（明治36）年から「範士」・「教士」の称号を授与することが決まり実際に授与する際に、嘉納は、「術の技量」に加えて「精神性（人格）」をも兼ね備えた人物である証として「柔道範士」・「柔道教士」という称号を授与し、それに到達していない段階の「柔術」と区別するなど、「柔道」という呼称を目標規定とした用法として先導した。正式に改称され統一されたのは1918（大正7）年8月になってからである。

　このようなことを総合して鑑みると、フィクション上で姿三四郎

なる人物が、「柔術」対「柔道」のヒーローとして活躍する話等があるが、それらはノンフィクション的には、「柔術」流派間の派閥争いだったのでは？　と想起する。

「柔術」と「柔道」の差異について論議する際には、まず心の問題、「心法」即ち「武道精神」が主軸として取り扱われ、「心法」は「礼法」につながる問題ともされる。

「礼法」は「心」と「形」の融合したもので、全ての社会で受容されるものでなくてはならず、自分達が独断的に決めた或る一定の集団内、社会内だけで通用するものは「礼法」とは言えず、そのようなものは「作法」と呼ぶとされる。たとえ過去の社会で公認されたものであっても、今の、今後の社会で無用であれば変わっていってもしかたがないともされる。大切なことは社会の根本精神を忘れないことであり、お互いを認め合って、平和に生きていくための手段としての精神を失しないことにあるとされる。「形」だけになってしまうと「作法」と呼ばれるものになってしまう。日本の礼法は皇室禮法が根本となっているところに特徴があるとされるが、嘉納の徳育もそこに出発点をおいて具体化しているように見受けられる。

「講道館柔道」の「作法」（「礼法」と呼ばれるが）には「立礼」と「坐礼」とがあるが、坐礼は国際ルールには認められない。

　日本では国民共通の礼法として「國民禮法」が、1941（昭和16）年に制定されその流れに沿って、講道館柔道の礼法も、それまでの礼法を現在のように改めた。このような経緯（変遷）についてもこの本のなかで論じている。説明されることなく、徒に「かたち」を押し付ける指導は、一考の余地があると思われる。

「競技スポーツとしての柔道」一色に傾きつつある現況を憂い、日常、物事にあたる際には「精力善用」を以てあたることを期待する著者は、本書が多くの人に読まれることを願うとともに、洽く江湖に批判と指教を仰ぐことを目的として企画した。

目　次

受け身の時の注意事項

後ろ受け身 ── 背臥位（上向きに寝た姿勢）から

後ろ受け身 ── 長坐の姿勢から

後ろ受け身 ── 中腰の姿勢で向かい合い２人組で手を押し
合って

後ろ受け身 ── 立位の姿勢から後退しながら

横受け身 ── 上向きに寝た姿勢から

横受け身 ── 中腰の姿勢から

横受け身 ── 立った姿勢から

横受け身 ── 移動する姿勢から

前受け身 ── うつ伏せの受け身；両膝を畳についた姿勢から

前受け身 ── うつ伏せの受け身；中腰姿勢から、直立姿勢か
ら

前回り受け身 ── その場からの前回り（中腰の姿勢から）

前回り受け身 ── その場からの前回り（立ち姿勢から）

移動しながらの前回り受け身 ──

受け身の稽古の順序

受け身の稽古の注意点

「柔道」、「JUDO」について：「術」と「道」

　日本に生まれ、日本人の生活の歴史と共に育ってきた所謂固有の文化財の一つである「柔道」は、世界に広まり、今や201カ国（2019年1月現在）のIJF（国際柔道連盟）加盟国を持ち、愛好者は一千万人を超えた国際的スポーツ「JUDO」として、発展している。

　日本では、「柔道」は「JUDO」の家元とか本家とかいった表現が躍ると共に、相似のものという以上の相同のものとする認識を為す人が多くなっている。日本の柔道が、戦後武道禁止令を受けた後、解禁の条件として、精神教育に結びつく内容を排除した体育的な「スポーツ柔道」に限定して展開することを誓約したことで、GHQ/CIEから許可を得たことは、日本の柔道愛好者でさえ十分な理解を有しているとは思えない。そこで、柔道の歴史すなわち、過去において先人達は、柔道をどのように考え、どのように見つめてきたのか、日本人の生活の歴史と共に育ってきた「柔道」や世界の「JUDO」は今後何處へ向かうべきなのか、時代の変化と共にどのように変わっていくべきなのか、社会との関係にも注視していかなければならない。

　講道館柔道の誕生から幼少年・青年期について、戦前・戦中・戦後の歴史を社会情勢とともに整理しつつ、世界への広がりを展望する。それとともに、「スポーツ柔道」と「日本の伝統的な柔道」との相同・相似的関係を考察して、「日本固有の柔道」を模索することに主眼を定め、柔道蘊蓄から得た指導書をものにして、洽く江湖に批判と指教とを仰ごうと思う。

　「スポーツ」という言葉は、語源を気晴らし、戯れ、慰みから得て

いるが、近代には体系化されたスポーツの種目や競技に用いられるようになり、本来のスポーツから、今日では、人間の福祉に有益な身体活動に伴う諸現象を総称する言葉として多くの人々に受け入れられている。そして健康の保持、体力の増進、生活の楽しみとしての大衆スポーツ、身体レクリエーション、遊戯、教育の手段としての教育スポーツから、人間の身体的能力の極限を追求し高度な技を競う競技スポーツまで広がっている。

　近年、プロ・アマを問わず各種スポーツ選手の引退会見の映像をメディアで目にすることが多くなってきた。選手の今後についての質問でよく耳にする答えに、「自分で、或いは自分達で考えながらperformance をこなす人を育てたい、考えながら行動する競技者を育てたい。人間として成長することの手助けが出来れば最高と考えている」といった内容のコメントが出現してきたように思われる。何を言おうとしているのかというと、日本古来の武道と呼ばれる競技に限らず、各種スポーツ即ち個人競技、グループ競技にかかわらず、ただ競技を楽しむことだけに専念することなく、その競技のなかでコミュニケーションをとることによっても、人としての成長が望まれることの理解がなされ、或いはそうなることを願望している人々が出現していることに、なにか心が躍り熱くなるのである。

　「武道」は、武士が忠孝の道を名誉の標準として、技や教えの内容を競い、その向上を図り、その品位や気風を高める修養の手段とし、専ら技よりも精神の修練に狙いを置いている。精神は身体と別個に修養することが可能であるとも考えられるが、精神を修養したからといって必ずしも身体が鍛えられるわけではない。しかし、身体を鍛練すれば精神は自ら修練せられるものであるとする考え方を重んじたのが武士の道、所謂「武道」と称したものである。

　中世ヨーロッパにも、武士道以上に険しい騎士（ナイト）という称号を持つ所謂武士がいて、キリスト教を尊び、勇武・礼儀・気

品・名誉を重んじ鍛錬したとされている。勇武と気品に満ちた騎士になるためには、一貫した騎士教育の段階があり、7歳までは家庭教育を受け、14歳までは領主や高名の貴族の膝下で小姓として、水泳、競走、跳躍、乗馬、剣術、馬上槍試合の訓練等を実践し、21歳までは従士として、食卓係、厩舎係、武具係、狩猟係などを経験しながら騎士としての腕前を一層磨き、21歳でようやくパトロンから騎士に叙任されたとされる。他にも優秀な馬を育てる技術が必要で、習得しながら騎士道を追求した[73] という。

「体育」は1876年翻訳語（「精神の教育」に対比される「身体の教育」を含意する教育上の概念）としての初出[70] で、身体（上）の教育、身体活動を通しての教育、運動の中の教育、運動を通しての教育、運動に関する教育、スポーツを通しての教育、スポーツに関する教育、スポーツ中の教育、教科としての体育、体育の授業を対象とした体育科教育学、前者に類似のスポーツ教育学など多彩な分野や定義が提示され研究も行われている。が、国内での体育の目的については、身体を強健にし、身体を健康にし、身体を人間生活に役立つように訓練し、そうして尚それをやりながら精神修養の出来るようにすることという認識が続いてきたように思われる。

「道場」と云う語は、元来が仏教の言葉で、仏道を修行する神聖な場所を、道場と云っていた。それが、物事を修行する神聖な場所を、総て道場と云う様になってきたのである。勿論、我が柔道場においても、人々が技を磨き、道を修めて心身を鍛錬する神聖な場所であるから、道場と呼ばれても何等不思議ではなく、また、神聖な此の柔道場において、礼儀の必要なことも、誠に当然なことである。[69]

　嘉納治五郎は、柔術から柔道への止揚に際して、攻撃防禦の柔術の技術を西洋近代科学の方法論を駆使して、旧来の柔術よりはるかに論理的に解説した。その一つが、如何なる場合でも、個々の目的

を果たすために心身の力を最も有効に働かせる方法、別の言い方をすれば目的の如何に拘らず、それを果たす為に最も効力があるように精力を効率的に使う方法、すなわち心身の最有効使用法又は使用術ともいえる精力最善活用、約言して「精力善用（1915年初出）」という標語の提唱である。後には、「どこまでも皇室を国民結合の中心として仰いでゆく事が精力善用の根本義である」と述べるようになる。これに引き続いて各自が私利を去って社会国家のために個々の精神と身体の働きを最も有効にかつ善く用いる時、国家や社会にとっての普遍的原理である「自他共栄（1922年初出）」が完成されるとして、これらのことが即ち、柔道の究竟の目的とする「己を完成し、世に裨益する（柔道を通じて身体を鍛え、精神を練り、あらゆる方面に向かって、心身の力を最も有効に使用し、自己完成と共に、社会発展の為、万難を排して邁進しなければならない [69]）」ということになるとした。一人の人間が「個人倫理としての精力善用」と「社会倫理としての自他共栄」を、柔道の厳しい修業の中で体得できれば、「己を完成し世を裨益する」という柔道の最終目的が達成されることになり、もはや柔道は「唯道場で取組合いをする」ものでもなく、それは「柔道のほんの一部分」であって、柔道とは「人間行動の根本原則の名前」であるとした。[85], [86], [109] すなわち、教育者でもある嘉納は、教育の目的を国家社会の発展に置き、社会に貢献できる個人を養成するような教育を理想としたのである。特に道徳教育に力点を置いた。嘉納の道徳は、現実の社会に順応し、社会の存続発展に必要な素質を備えることであった。

　大滝編「柔道」[15] で、嘉納が「柔術」を集大成して「柔道」に至った経過を表明していることを受け、長谷川 [19] は次の三点、

　　一、講道館柔道は、従来行われてきた柔術とは、その目的及び
　　　　方法がことなっていた。

二、従来の柔術は、多くの流派があって、中には、喧嘩や乱暴
　のもとになったり、またその修行の方法において、危険を
　ともなうものがあったりして、一般に柔術という名称から
　暴力を連想するきらいがあった。

三、時代とともに、柔術が武術としての価値を失い、柔術家に
　よっては、これを生活の資として使用するようになり、世
　間一般は、見世物として扱うようになった。したがって、
　柔術が演芸であるかのようなイメージをぬぐいさる必要が
　あった。

　に要約し、柔術の中に体育としての価値を見出し、さらにこの柔
術によって教育の理想を追求しようとした。それがすなわち「柔
道」であるとした。しかし、嘉納は学校の正科導入に対しては積極
的な姿勢は示していない。

　1930（昭和5）年には、「柔道の修行者は道場練習以外の修養を
怠ってはならぬ」とその重要性を述べ、「柔道とは精力最善活用の
原理に基づいて心身を鍛練し人事百般の事を律する方法の研究と練
習とをすることである」とし、武術、体育、智徳の修養法、社会生
活の方法という4つの部門に分け、その目的を果たす為に最も効力
があるように己の心身の力を実生活に応用する工夫や練習の実践を
奨励した[60]。

　嘉納は、1931（昭和6）年に、精神修養の重要性を「国民の結束
の基盤としての皇室尊崇国体擁護」として、「皇室を国民結合の中
心として仰いでいくことが精力善用の根本義である」と説くに至
り、時局が緊迫し始めた1938（昭和13）年には、皇室を奉戴して
全国民が一致協力し、精神的結束を強固にして日本精神の発揚を待
つことこそが精力善用の根本義である、故に柔道の原理と云うもの
は日本の国体とも合致[31]するとした。「自他共栄」について、究極

的には社会の一員として個人は存在しているのであるから、社会の存続発展に適応する行動をとらなければいけない。道徳とはこの社会の存続発展に適応するということである[15], [16]とし、具体的な社会像や国家像を示すことなく[108]、個人より社会や国家を優先すべきであるとした。

　嘉納は、精神と身体の働きを善く用いることによって、自他の完成を図ると、それは同時に社会の繁栄になると解説する。嘉納自身の経営する弘文学院（1902〈明治35〉年4月12日設立認可、宏文学院1906〈明治39〉年1月15日校名改称、1909〈明治42〉年7月28日閉鎖）で、1902年卒業をまっていた中国湖南省派遣の速成師範科生に、視察から得た事柄をふまえた講話を行ったが、「中国の救亡に役立つ教育とは何か」というテーマでの留学生楊度との質疑において、嘉納の平和的漸進的方法による改革との間で討議が行われている。[121]

「近百年の欧州の先進的文明は、フランス革命以来の急進的改革の成果であり、明治維新はその潮流の先端にある。急進的改革＝革命こそが、中国数千年の錮弊（こへい）を除き、民気を発揚し、国を滅亡から救うものである、教育の使命は、この精神を養うことにこそあるのではないのか。」と主張する楊度に対して、嘉納は、「現在は『種族競争』の世界である。白色人種が最強で黄色人種はこれに敵わない。我々は互いに手をとりあわねばならないのだ。」、「あくまでも体制維持を前提とした漸進的改革によって民度の向上をはかることが中国の最優先の課題であり、それが教育の役目なのだ。」中国の満州族支配体制について、「『満州』と『支那』は、その性質から、それぞれ支配と服従にむいている、中国の国体は、『支那人種』（漢族）が『満州人種』（満州族）の下に臣服することで成り立っており、この名分に外れてはならぬのである。故に、『支那人種』の教育は、『満州人種』に服従することをその要義とする、このような民族性

は長い間にできあがってしまったものであるからその時々の多数派勢力の赴くままに逆らうことなく適応していくことが、自己の精神と身体の働きを善く用いることになり、自他の完成を図ることになる。」と主張したという。また、「黄色人種のうち、『日本』・『満州』・『支那』の三民族について考えれば、『學術』の程度は、『日本』・『支那』・『満州』の順になるが、勢力は、『日本』・『満州』・『支那』の順になる。『満州』は白色人種の勢力下にあり、日本もこれを助けている。その『満州』の『臣僕』たる『支那』は、外国の『臣僕之臣僕』である。また、『満州』を主人とするゆえ、外国は主人の主人である。すなわち、『支那』は、諸外国と間接的主僕の関係にある。このように勢力のない者に、手をとりあって黄色人種を守ることなどできるだろうか。三民族がともに黄色人種を守る良い方法はないのだろうか。」と主張する楊度に対して、嘉納は「『満州』と『支那』は、その性質からそれぞれ支配と服従に向いており、為政者と臣下の位置は固定している。民族の優劣によるものなのである。英国人の見方によれば、その『性根』（性質・民族性）に、すでに主僕の別がある。それは、長い期間に自然とできあがったもので、いまになって変更できるものではない。」と、あくまでも体制維持を前提とした「平和的進歩主義」（漸進的改革）に拠って、民度の向上をはかることが中国の最優先の課題であり、それこそが教育の役目であると嘉納が繰り返し説く展開の後、「教育は強権に服してはならないが、公理には服すべきである。公理主義を教えるのが教育である。」という共通理解に達して、二人の議論は終わったとされている。

　富裕階級出身で、経済的苦難も気に留めない楽天さや、体制側にいて豊富な人脈を持ち、社会への現実適応主義的傾向を強く持ち、精神教育の重要性を「私利を去って公義に就く徳性の涵養が教育の根本である」と説くところに嘉納の個性がよく表れている。

昨今米・中が覇権争いを展開し、世界が二分化の様相を呈しているが、もし嘉納の「精力善用」、「自他共栄」を用いれば、日本の立ち位置はどうすべきであろうか？

　戦後、第三代講道館長嘉納履正氏は「柔道は体育として柔術を合理化して新しい体系を立てて、之に道徳的理想を与へ、大きな道として発展させたもの」と解説しているので、本書末に嘉納の「（國民道徳と）武士道」[32], [90]を付記しておく。

　1941（昭和16）年、尋常小学校が國民学校と改称された。國民学校では目的が皇國民錬成という一点に集中統合され、「皇國の道に則りて普通教育を施し、國民の基礎的錬成を為すことを以て本旨とする。即ち教育の全般に互りて皇國の道を修練せしめ、特に國體に對する信念を深からしむるにある」との指針が示された。

　日本の柔道関係者は「JUDO」と「柔道」は相同のものと思う様に努めているようだが、戦後柔道再興において、精神的な内容を排除した体育的な教育として「柔道＝スポーツ柔道」を推進するとGHQ/CIEとの間で約束したことにより許可されての再出発である。

　武術の近代化に先鞭をつけ、今日の柔道の発展に極めて重要な役割を果たした嘉納の目指した講道館柔道との間の整合性をどのように説明してきたのか。世界に普及・発展し広まっている「JUDO」と日本源の「柔道」とは相同のものなのか。変質し異質のものとなってはいないか？　戦後新たに「柔道」から体育面だけを抽出し再構築した「スポーツ柔道」の指導法が、成文化されている柔道の原理や礼法を金科玉条としたコピー的押し付けとなってはいないか？

　柔道は1964（昭和39）年、東京でのオリンピック開催国の特権として存在した正式種目への選考種目として開催されて以降、継続的なオリンピック正式種目となり、その後の世界大会での活躍、躍進なども加わって、一見社会的地位が向上したかのようにも思える

が、その実、中年以降の柔道愛好者の中には、「スポーツ柔道」の発展には「徳育の指導の低下」から危惧感を抱いている人が少なくない。即ち、近代スポーツとしてのJUDOは、世界からの視点ばかりか国内の中高年層の武道経験者からも、日本の伝統的柔道とは異質のものであるとする認識が寄せられる。

　明治の中期以降、外国の種々のスポーツが日本に紹介され、流行し、競技熱がこれに加わり、今日の盛況を見るに至っている。これらスポーツ競技は国際文化の隆盛を助長し、日本由来の柔道が、我が国を世界に紹介する上で、多大の役割を果たしていることは見逃し難い功績である。しかし同時に日本固有の武道までもが、スポーツと称するものの一種として、武術即ち技術的側面のみが紹介されて発展していく事には後悔の念が強いように思われる。柔道も例外ではなく、スポーツであることが世界共通の認識となってきている。しかし、今日でさえ尚、日本の中高年層は、柔道のなかのスポーツ的部分ばかりに焦点が当てられ強調されることに対しては抵抗感を滾（たぎ）らせる。そのことは、外国に武道と同義のニュアンスを持つ言葉がないということにも一因するようで、スポーツなる言葉の内に柔道を包含する文章が多いのみならず、柔道修行者の中にもこれを取り扱い、学ぶ上で、スポーツ同様の気分を満喫することで満足してしまう向きが多いことも大変遺憾に感じている所以の一つであるようだ。練習指導においても、勝とう、負けたくないという気持ちを満たす為に、練習時から力任せの技一辺倒に傾倒させる向きが多分に見られることも、柔道の本質からして憂うべき現象である。

　日本では古来、難行苦行によって身体を苦しめつつ精神を修練する所謂「健全なる精神は健全なる身体に宿る」といった考えの下、精神的要素と身体的要素を同時進行的に発達させるものが「武道」であるとされ涵養されてきた。修練するに当たっては、精神は或い

は身体と別個に修養することが可能であるとも考えられるが、換言すれば、精神を修養したからとて必ずしも身体が鍛えられるわけではないが、身体を鍛練すれば精神は自ら修練せらるべきものである、とする考え方が重んじられてきた。

　1924（大正13）年の横山、大島共著[42] においても、柔道の目的は１．心體の発育、２．勝負術の熟達、３．精神の修練の３項にあるとして、「修心法とは、練身法や勝負法の中で行われる勝負の理論や、修行の作法に基いて、高尚なる徳を修める方法です。殊に人生萬般の事は勝負の範囲を脱する場合が甚だ少ないのですから、此の勝負の理を人事に応用して、處世上有用の智識を得、遂には安心立命の域に達する事も出来るのです。故に修心法は必ずしも道場で相手を求めて練心法や勝負法を修行しなくても、端座黙考勝負の理論に基づいて精神を鍛練する事も出来ない事はありません。然し相手を求めて、実地に勝負の法を練習して、経験を積み工夫を凝らせば、漸々善良な習慣を養ひ、意志を強固にし、有害な慾情を制し、進退宜しきに適う等、其他の美徳を養成する事が一層容易に出来ます。」と記されている。

　1933（昭和８）年京極氏[37] は、柔術と柔道との差は単に名称が異なるだけではなく、技術上にも精神上にも大きな隔たりがあるとして、「近来我国の柔道は所謂ジウヂツ（Jujitsu）の単語を迄産み欧米各国では護身の術として、又スポーツの一種として、本場の我日本より以上に理解され、研究され、民衆化され、実用化されつつあるにも不拘、我日本人の多くが今猶此柔道を所謂柔道家のものとみなしつつあるは遺感（ママ）の極みである。」と述べている。又総論において、柔道の目的は、１．身体の鍛練　１．勝負術の熟達１．精神の修練にあるとして、精神の修練に次のように述べている。「柔道は単に力業とのみ言うことは出来ないのであります。柔道はその裏面に、意志の鍛練、精神の修養と言う大きな使命がある

のです。柔道は唯遊戯的に弄あそばるれば問題ではありませんが、少なくとも真面目なる相手と組み合う時は、己の精神は相手に負けまいとして一念は統一せられ、決して他の事などに心を動かすようなことはないのであります。相手の足の運び、腰の動き、手の捌き、その力の入れ方にも、細心なる注意をしていざとなれば、これに適当なる防禦策を取るべく神経は中々に鋭敏となり、相手方に一髪の隙を見だせば、電光の如き早業にて敵を斃すことの出来得るよう、精神は統一されているのであります。このような雰囲気に慣れてくると遂には道場以外であっても、常に精神が統一されるように習慣づけられるのであります。従って意志は強固となり、社会的有為なる人物となることが出来得るのであります。」出版が1933（昭和8）年2月といえば、日本が国際連盟を脱退した年（3月）であり、この年、嘉納はIOC総会出席の為渡欧（6月）、帰国する11月までドイツ・フランス・イギリス・シンガポール等柔道の講演や実演で飛び回っていた時節の発信である。

　1941（昭和16）年尋常小学校は國民学校と改称され、國民学校の目的は皇國民錬成という一点に集中統合される。心身修練の方法として、体育運動のうち真の日本人としての精神を養い身体を練る為にも、最も有効なものが「武道」である[38), 39)]とされて育ってきた人々にとって、昨今のJUDO競技が西洋の約束事にのっとって競い合っていることや、「柔道はスポーツであり、もっぱら乱取り練習にのみ興味を持ち、勝利を点数で表す試合成績本位の価値観に拘り、勝利することこそが第一義である」とする戦後日本の「スポーツ柔道」が斯界を風靡していることに遇し、「JUDO」は「柔道」とは異質のものであるとの認識を強くしている。そのような彼等に育てられた弟子、孫弟子等は師匠以上に柔道の目的設定に戸惑っているとの苦心談も漏れてくる。

　基本的に「競技スポーツとしての柔道」を容認する人々でさえ、

試合場で当然のごとく求められる「勝利」志向の強まりに乗じて起こる徳育の低下には、「スポーツ柔道と日本の伝統的な柔道とは単純に同一ではない。異質のものである」という意識を募らせる。武道の勝負は、相手との勝負以上に「己に勝つ」ことを重視するといった、自己の内面への深まりを求める「道」の普遍性を追求するものであるとする思考は、今なお日本人の心の中に燻っているようだ。

　今日においても、「柔道」に自己研鑽に基づく「修行」という弛まぬ継続性による人間性の向上を希求する人達は多くいて、「競技力向上のための練習強化」が柔道実践の核となり、「勝利」のみを目的とした「スポーツ柔道」を目指す者が大半を占めていることに危惧心を募らせている。「スポーツ柔道」という言葉は、恐らく昭和20年の日本敗戦後に武道が禁止された折、「スポーツ柔道」としてでも柔道の復活を願い、誓約したことで日本での柔道が解禁となり生まれた呼称であると考えられている。同意した人達であってさえ、精神教育の核心部分までの変容は生じないだろうと思っていたのであろう。しかし残念ながら、競技スポーツへの流れの中で、「武道」に内含する二大要素すなわち、技術的な「術・わざ」的側面と理念的な「道・人間の道・生き方」的側面のうちの、後者の追究が希薄化してきたことは否定できず、気を揉んでいることでもある。多田[76]は「エスニックなスポーツであった柔道が世界的なスポーツに変身して行った過程で、そこに含まれているナショナリズムな精神的伝統つまり非近代的な文化の残滓を拂拭しなければならなかった」として、「近代スポーツとしての JUDO はあくまでJUDOであって、柔道ではない。」と提議し、敗戦後の諸現象の一つであるとしている。しかし、日本人は国民性として？か、どのスポーツにおいても、多かれ少なかれ、精神性の教育を期待している様である。ナショナリズムではなくヒューマニタリアン的に精神性

を確立させるべく。

　嘉納が提唱する「精力善用」を「術」的側面に、「自他共栄」を「道」的側面に見立てると、「JUDO」というスポーツ柔道では後者の追究が不十分となり、嘉納が主唱する「柔道」とは隔たりが大きいと思われる。勝つための指導、すなわち競技力強化のみが練習の中心となっていくことにはフラストレーションを募らせながらも、現実として理念的側面の指導にまで手が回らないことで悩む指導者も少なくはない。指導者の多くが「柔道」に含まれる二大要素をどのような配分で追求すべきか。究極的に人間としての「生き方」や「生活」に結びつく指導を含む柔道を希求しながらも、絶え間なく開催される「競技会」のために日時が費やされ、気力の消耗を余儀無くさせられていることに悩みを抱えているようである。特に「礼法については、日常生活全般に滲透するものでなければならない」という価値観を共有し、指導には特に頭を悩ませていると耳にする。

　技術的な「わざの集積」からなる「柔術」は、「柔能制剛（『三略』の上略編）」という中国兵法の古典からの引用で、嘉納は「柔能く剛を制す」として講道館柔道の学習原理としたとされている。「柔能く剛を制し、弱能く強を制す。柔は徳なり、剛は賊なり、弱は人の助くるところ、強は怨の攻むるところ。柔も設くるところあり、剛も施すところあり。弱も用うるところ有り、強も加うるところ有り。此の四者を兼ね、而して其の宜しきを制す。」と記され、しなやかなものが硬いものの鉾先をそらせて勝利を得、柔弱なものがかえって剛強なものに勝つという様な意味である。「柔」は他者を包み育む徳により剛を制せるとしながらも、兵法論としては柔弱のみではなく、柔剛強弱を兼備して変幻自在に対処せよと述べている。「剛強に対して柔らかい力の働きで、これを制御できる」という術理をその名称にしたとされる。

中国古典に於ける「柔」とは、もともと自然界の法則に基づく、剛を含んだ絶対の「柔」であった。一方老子や『三略』の「柔能制剛」の「柔」は、水の性質で、「流動性、順応性、変幻自在な動き」をいったものであり、また争わざる徳も意味していたとされる。

　「わざ」について辞書を引くと、「事理一致」：「事」と書いて「わざ」と読ませることとある。わざは「技」・「業」、技は文化財として伝承可能な運動技術、業は技を身に付け個人の能力と化した技術、などの解説がみられるが、いずれも、力学的・理論的・合理的に説明が可能とされる。

　「心身の力を最も有効に使用する体験を通じて精力最善活用の原理を掴むこと」が「柔術」であり、「それを広く人間活動の全般に応用すること」へ続ければ「柔道」となり、理論的・合理的・力学的・生理学的・哲学的に一定の法則により説明ができ、普遍性も備わってくる。「広く人間活動の全般に応用すること」こそが「道」であるが、「人間活動の全般に応用する」ことについては、個々の立ち位置（民族性や国民性、宗教的など）によって質や方向性に違いが出てくる。

　嘉納は、旧来の柔術の技の指導法、言葉で理論的に説明するということはほとんどなく、「とにかく体で教え、覚えさせる」という指導方法を、1913（大正2）年に、「柔の理を応用して（科学に基づいた方法によって）対手を制御する（科学を応用した技を決定する）術を練習し、またその理論を講究するもの」と、梃子の原理や重心の理論などに基づいて各種の技の理論化を図り、言葉による理論的な説明と理解が大切であることを説いた。1915（大正4）年頃には「柔道は、心身の力を最も有効（経済的、効率的）に使用する道である」という定義「精力善用」（初出）に集約したうえで、柔道を科学の基礎の上に建設し、体で覚え、習性付けることの重要性を説いた。1922（大正11）年には「講道館文化会」を設立し、「宣

言」として四項目を示した。その中にいかにも嘉納らしい「二、国家については国体を尊び歴史を重んじその隆昌を図らんがため常に必要なる改善を怠らざることを期す」という項目を含め、個人原理としての「精力善用」が各自においてなされる時、国家や社会にとっての普遍的原理である「自他共栄（初出）」が完成されるとした。個人の精神と身体の働きを善く用いることによって、自他の完成を図り、それが同時に社会国家の反映となる。個人より国家を優先すべきとする、共存共栄、社会倫理としての自他共栄である。

　その後、さらに、1930（昭和5）年4月には前述のように、「個々の目的を果すために心身の力を最も有効に使用するという原理を精力最善活用の原理と称え、これを『柔道』と命名し、攻撃防禦に応用する武術、身体を強健にしかつ実生活に役にたつような目的に応用する体育、智を磨き徳を養うということに応用する智徳の修養法、衣、食、住、社交、執務、経営等人事百般のことに応用する社会生活の方法の4部門に区分したうえで、これらの研究もし、実行もし、また宣伝もするというふうにならなければならないとして、柔道の本質は心身の力の『最善活用』であり、その原理を会得することで自己を完成し、社会に貢献するのが柔道の究極の目的である」とし「その原理は人間生活全般に応用できるものであり、相互の助け合いや共存といった価値の源泉になる」という考え方を示した。そこに友添[108]は次のように指摘する。「国家の統一に必要なる道徳の尊重が」必要であり、「それがすなわち皇室を奉戴するという道徳」である。「これらは精力善用主義を国家に応用する時は必然生じて来る観念」であり、「どこまでも皇室を国民結合の中心として仰いでゆく事が精力善用の根本義である」などと述べるように、嘉納は、究極的には個人より国家を優先すべきとするが、具体的な社会像や国家像は示していない、と。

　戦後武道の再開におけるGHQ/CIEとの約束事である「競技ス

ポーツとしての柔道」の実行によって、柔道は「畳の上のスポーツ」に限定されることになったが、嘉納が「柔道の修行は、乱取や形の練習と同時に『精神の修養』を併存させることが大切であり、『柔道の修行者は道場練習以外の修養を怠ってはならぬ』」と、常時修養主義思想を覗かせていることは忘れてはならないことであり、継いでいかなければならないことである。

　識者等は、「武道」は「後の先の技」を中核として、武術から昇華してきたものであるから、「武」が持つ普遍性を目指すことが重要だと提言する。が、「武道」という名称は、後述するように、ある政治的事情によって「術」から「道」へ代替され、流布され、利用され、認知させられてきた名称でもあるという事も忘れてはならない。

　柔道による徳育の効果は、嘉納柔道では人間としての「生き方」や「生活」に結びつくものでなければならないものであるのに対して、「スポーツ柔道」では畳の上の出来事に限定されてしまう。

　石黒氏[50] は武道とスポーツの違いを効果の面から分析し、スポーツは興味を出発点とし、武道は命の遣り取りを出発点としているところに絶対の特異性があるとした。

　武の理念的な側面「道」について追究するのは、道の考え方が国や時代によって異なり、同じ国においてさえ民族間、種族間或いは宗教間等に内在する文化の違い等により、共通の普遍性を追求することは容易いことではない。我が国においては、「武道」の「道」は江戸時代までの君臣関係から、明治期に入ると忠君愛国の士を追求する道へと変えられ、国家的・軍事的要請が、「柔能制剛」を「広く人間活動の一般に応用すること」こそ「道」であるとする修養主義思想に適合するとして、武術教育の目的を転化し、人格の統治と社会への貢献ということを強調して養成し、実行してきた。

　嘉納は、柔道の技術、理念、思想を包摂した精力善用と自他共栄

を実践する生き方を「柔道主義」と名づけ、「柔道の主義に適った社会生活」を送るよう、先の「柔道会」を発展改組して1922（大正11）年「講道館文化会」を設立し、大正末年あたりから自身の完成された哲学の啓蒙・普及に邁進する。嘉納がこれ以降啓蒙に努める嘉納の哲学、いわば友添[108]が思想としての柔道たる「カノウイズム」とでも呼ぶべきものは、国家間の衝突や世界紛争も、個々の国家が「精力善用」し、国家相互が「自他共栄」することで解決できると述べている。時代が昭和に入り時局が緊迫しだすと、嘉納は、「国家の統一に必要なる道徳の尊重が」必要であり、「それがすなわち皇室を奉戴するという道徳」であり、「これらは精力善用主義を国家に応用する時は必然生じてくる観念である」、また別のところで、「どこまでも皇室を国民結合の中心として仰いでゆく事が精力善用の根本義である」と述べるようになる。1933（昭和8）年1月、「国民の指導原理としての精力善用自他共栄を論ず」と題した主張のなかで、「自他共栄ということは、相助相譲自他共栄をちぢめた言葉であって、社会生活の時々刻々に生ずる問題を解決して行くに最も適当なるものである。— 中略 — 人は単独では殆ど何事も出来ぬが社会生活を営んでいてこそ万般の便利が得らるるのである。その社会生活が成立するに欠くべからざることは、自他共栄を目的として相助け相譲ることである。」と個人の有益の上に社会国家の有益を据えて共存する国民道徳原理を主張している[15], [16], [17]。1938（昭和13）年2月、日本精神発揚・精力善用・自他共栄の三大綱領に基づき、国民生活の更新によって祖国の鴻恩に報いることを目的とした「報国更生団の結成[21]」へと発展していった。嘉納は「報国更生団結成趣意書[21]」の中で、「今より五十六年前、予は講道館柔道を創始し、体育と武術と精神教育との指導に従事した。爾来直接我が門に学ぶ者十幾万、若し間接の受業者を数えたならば、恐らくは幾百万に及ぶであろう。大正11年以来は、また講道

館文化会を組織し、講演に雑誌に常に精力善用（精力最善活用の短縮語15), 16)）、自他共栄（相助相譲自他共栄の短縮語15), 16)）の二綱領を掲げて柔道の真義を闡明した。更に明治十五年以来教育事業に従事し、幾多の学校に於いて多くの子弟と相接触した。人は常に祖国の鴻恩に報いなければならぬ。況や上述の如き立場に在る自分としては、現下の非常時局に処して、只粉骨砕身尽す所が無ければならぬと自覚した。是が今日報国更生団の結成21)を首唱するに至った所以である。」と主張することになり、このような嘉納は1931（昭和6）年56), 57), 65)には、精神修養の重要性を「国民の結束の基盤としての皇室尊崇国体擁護」として、「皇室を国民結合の中心として仰いでいくことが精力善用・自他共栄の根本義であり、国民の指導原理である」と説くに至り、己の完成と世の補益を合わせて自他共栄として、人の道とした。友添108)が指摘するようにカノウイズムは明らかに変質していく。このような変質は、「嘉納のパーソナリティーにその原因を帰するよりも、むしろカノウイズムが持つ根本的な欠陥ないしは弱点に起因すると考えたほうがよいように思える。というのも、カノウイズムは功利主義から多くを学んだと先に述べたが、このカノウイズムは方法概念としての功利主義の限界をも同時に背負ってしまってもいるからである。最大多数の最大幸福を善の原則と措定する功利主義は、結局のところ、何が正義で、何が善であるのかを規定できず、結果的に倫理的相対主義に陥る。精神と身体の働きを善く用いることによって、自他の完成を図り、それが同時に社会の繁栄であるとするカノウイズムからは、また遺された嘉納の膨大な著述からも、『当為』の問題は不問に付され、どのような人をして正義の人とするのかという人間像には触れられず、あるいはどのような国家や社会を創造すべきかとするカノウイズムにはその根拠の明示はなく、当然、社会批判や社会変革の視点が欠如しているのはいうまでもない。こういったカノウイズムこそ

功利主義同様、その時々の多数勢力のおもむくまま、変幻自在に適応主義に陥る危険性をはらんでいるのではないか。」[108] といい、その時々の多数勢力のおもむくまま、変幻自在に適応主義に陥る危険性をはらむカノウイズムの倫理的相対主義（功利主義）に起因する限界と問題性、富裕階級の出自と草創の東京大学出身の学閥による体制側の豊富な人脈を持ち、徹底したプラグマチストで合理主義者、勤勉で楽天的な進歩主義者、なおかつペダンチックな議論を嫌い、なにがしかの実践にこそ価値を見出そうとした[108] とする。

　丸山三造編著の『大日本柔道史』[85], [86] 1939年、『日本柔道史』[95] 1942年には、カイロ会議の直前、講道館或いは重なる学校、国体等において柔道精神の根本義を最も明快に且つ正確に講演したとされる嘉納の最後の遺稿ともされる記載があり、そこでは以下のように話を結んでいる。

「人間が社会の一員である以上、其の社会生活が存続し発展して行く為に人間は働かなければならない。それが又日本の国体を重んじ、皇室を尊ぶと云う伝統的の道徳と能く合致するのである。何處の国にも其の国の伝統がある。伝統は或時代には殊更尊ばれ、或時代には困却されることもある。是は時勢に依って伝統的道徳の重点が違って来ることに依り免れない。故に道徳と云うものは伝統的であると同時に合理的でなければならない。

　今の社会生活存続発展、精力善用、自他共栄と云うことを押詰めて見ると、日本のような歴史のある国に於いては、皇室を何處迄も国家の中心として国体を擁護し、国民を統一して行くことが合理的だということは、伝統的であると同時に実際に之を証明することが出来るのである。故に柔道の原理と云うものは日本の国体とも合致し、又実生活を向上発展せしめて行くと云うことに適当である」

　後者『日本柔道史』[95] には、"結語　国民柔道に就て"において、「今や、神國日本を護る大久米人（大組人）であり、神の物部（兵

夫）である國民の手に傳来の武器が還へされたのだ。その武器たる
や、皇天の威と徳とに輝く所謂、八紘一字の神武精神によって初め
て眞の力を發するものであり、從って國民武道は單なる實用の武技
ではなく、國民精神涵養といふ精神的方面に力點が置かれてゐるこ
とは、當局の指示された『實施要項』によっても明らかである。」
とし、その形式においても精神においても殆ど一致したものに「精
力善用國民體育」があると続けている。

「術」は「わざ」の集積であり具体的に表現できるが、「道」は世
界観や人生観から醸成される道徳規範を含む教育理念によって形成
されるために、「わざ、術」と「生き方、道」とを併存させて共通
の人間形成に至るまで昇華させることは容易なことではない。そこ
で、「武道」という呼称が持つ概念が我が国でどのように醸成され、
認知され、定着してきたのか、その経緯について振り返ってみるこ
ととする。

　武道の技は、本来「後の先」の技を髄として昇華させてきたとさ
れる。即ち、自分の方から攻撃を仕掛けること（先の技）を卑怯な
振る舞いとして嫌うという精神性（生き方）を最高位に置き、相手
に振る舞われた後の身の処し方について探究し続けてきた歴史を持
つ。武家はそのような攻撃に対処する方法として、自他両者の抑制
の仕組み・方法を、自己への内なる対峙を通して模索追究し、心身
の調和を図り、自己実現を目指すという過程に「武」の「道」、精
神性の高揚の定着を求め、一定の行動様式として表出することを追
究してきた。例えば、山本常朝の「武士道とは、死ぬことと見つけ
たり」然りである。また、「術から道に至る」とか「道は本で術は
末」であるとも言われ、両者の関係を「科学」と「哲学」との立場
から考察することも進められてきた。

　スポーツにおいては、相手の機先を制する（先の技）能力を養う
ことが求められ磨かれる。スポーツ「JUDO」においては、技を決

めた後も、先ず相手の反撃に備えた態度と心構えを持ち、心身とも
に油断をしないことが優先される。たとえ相手が完全に戦闘力を
失ったかのように見えてもそれは擬態である可能性もあり、油断し
た隙を突いた反撃も有り得るとして、それを防ぎ、完全なる勝利へ
と導くようにすることが求められる。それこそが"「柔道」におけ
る残心である"との解説もある。が、柔道における残心とは、技を
決めた後にも必ず相手を気遣う態度を優先させること、相手を気遣
う余裕を残した決め方をすること（所謂、残身「心」）である。例
えて言えば、嘉納が1890（明治23）年12月洋行からの帰路、船中
で露国の士官との間で柔道試合を行うことになった際の一節、「半
ば腰投、半ば背負投の形で投げ飛ばした際に、相手が頭から落ちる
ところを、すばやく手をもって支えて、頭から落ちない様に助けて
やった。そこで彼は、腰から先に落ちて、怪我がなくてすんだ。船
中大喝采。この士官も至極悪びれず、丁寧に握手を求めて快くわか
れた。 ― 中略 ― 或る英国人のごときは、自分が相手を助けたのを
見て、試合に勝ったことは術であろうが、あの場合敵を助ける余裕
を示されたるは感服の他はないといって賞嘆した。ここに殊に着
眼したのは、いかにも眼のある人と見えた。」[15], [16] に示されるよう
に、勝負の最終章、投げ方、投げた後の崩れない体制の維持や精神
の姿勢、相手を気遣う姿勢こそが柔道における残心であると考え
る。単に勝を得んとする所作には武道礼法は馴染まない。礼法にも
通じるところの何があっても興奮せず、油断せず、ゆとりを持ちな
がら周りを意識し、感情を抑えて冷静な態度・平常心を保ち、謙虚
に勝敗を受けとめ、相手の気持ちを考えることができる姿勢こそが
柔道における残（身）心である。
　「柔道」と「JUDO」とが相同であるとして"完全なる勝利を求め
る残心"思考は、「スポーツJUDO」を発達させる反面、武道の持
つ「道」の評価を下げ、遂には「武道」のうちにある「道の思想・

生き方志向」を消失させる方向へ向かわせるのではと心配される。柔道における「勝負の見分け」には、「技や技術についての見識」は当然ながら「どちらが先に落ちたか」ではなく「高い倫理観」と「残心の有無」をも評価に加えるべきではないかと提言する。

　武道は武士道を背景として発展してきた。江戸時代までの主従関係は、明治以降君臣関係へと移行するなど、武士道を支える国民道徳の根幹は大きく変移してきた。武士道としての「伝統的行動の仕方」とは、技能の習得などを通して、武道人として望ましい、自己の形成を重視するという伝統的な考え方に基づく行動の仕方であり、明治期から昭和の前期という時代には、近代国家を一つの「国民」にまとめる精神教育の急務から、「大日本武徳会」とともに利用された。武術の国内浸透は日清、日露戦争と続く戦闘の場において促進され、闘争の為の「必要性」が生活様式、思想形成にも変化をもたらした。即ち、戦場における勝利至上主義の武術が、教育武道となり、「わざ」と「みち」の両輪として応用された。武術による「心胆鍛錬」を通すことにより、主従関係から君臣関係となる武士道精神（精神を鍛錬し、君国の為には死を見ること羽毛の如き干城の士を目指す精神）に付け替えられ、天皇制国家主義が強調され、国民精神を天皇制国家のもとに統合して、国際情勢の緊迫化に伴う未曾有の危機に対処していくべきだとする教育理念の醸成がなされた。国民の人格を国家的に養成訓練して、国家総動員体制下の人的資源に組み込み、国防力の第一義に位置付けたのである。国家への忠誠心を国民、とくに青年たちに植えつける方法として大きく二つの方法がとられた。一つは「精神上より」武徳を涵養する方法で、講話や演説、『武徳会誌』その他書籍の発行、教育機関の設立、武庫の設立の方法がとられ、今一つは「技術上より」武徳を涵養する方法で、演武場の設立、武徳祭、演武大会、武術講習、武術の認定試験の実施、武術家の保護の方法がとられた。

　太平洋戦争敗戦後の1946（昭和21）年11月、GHQにより剣道、柔道、弓道などは軍国主義に加担したとして武道禁止令を受けた。その後、生き残りの道を模索し、1950（昭和25）年、文部省の新制中学校の選択科目に柔道は採用を果たすことになった。がその解禁に際し、「競技スポーツとしての柔道」を誓約させられた。

　近年、「柔道ルネッサンス」という柔道会での動きにおいて、嘉納の原点に返ろうという運動がある。嘉納が主張した「精力善用」・「自他共栄」により人間形成を目指すことに焦点がおかれている。前者については民族を超えてその普遍性、原理は追求されていくべきことであろう。しかし後者においては、今日「自国民ファースト」という風潮が高まっている現況下、及び戦前の日本国民が国是に靡（なび）いていった様態を思い起こすと、仲間内だけの共存共栄志向には払拭できない懸念が残る。

嘉納治五郎について

　嘉納治五郎（以下嘉納と略す）は、安政の大獄に続いて桜田門外の変が勃発し、300年続いた武家政治が終焉を迎え、維新政府が発足して新しい時代が始まるという激動の時代の1860（万延元）年、父次郎作希芝と母定との間で、三男二女中末っ子として1860年12月9日現在の神戸市に生まれる。

　父の次郎作希芝は、日吉神社の社家、正三位、生源寺希烈の三男[18]（9男6女中）で、大坂の幕府廻船方の御用を務め、1867（慶応3）年には日本最初の洋式船舶による江戸〜神戸〜大坂間の定期航路を開いた功労者であり、維新後には新政府に出仕し、1884（明治17）年には海軍権大書記に任ぜられている。

　母は、灘の「菊正宗」を屋号に持つ酒造元を本家筋に持ち、冥加金を幕府に献納し苗字帯刀御免の特典を授けられた酒造家、嘉納次作の長女（3女1男中）であった。父は母方の養子となり嘉納家に入る（ちなみに、養父は次郎作を養子に迎えるに際して、次郎作のすぐ下の弟、作之助を次女の婿、そのすぐ下の弟、作五郎を三女の婿として迎え入れている。すなわち、一家三人の娘に三人兄弟を婿に迎えているのである。三女は結婚前に没したにもかかわらず、そのまま婿として迎え入れている）が、養父の早い逝去により、相続人となる。しかし、養父の四十九日法要の席上、相続を養父の末子長男に譲り、自分の弟等をその補佐役、母子を相談役として残し、単身家を出ている。1869（明治2）年、母定が45歳の若さで早世すると、幕府の廻船方を務め江戸に住まいする父のもとに引き取られる。1871（明治4）年、治五郎12歳の時のことである。

　上京すると、漢学、語学などを学び、18歳の時に開成学校（現

東京大学）に編入後、東京大学文学部政治学科および理財学科に進み、卒業後さらに哲学科選科を卒えている。生来虚弱非力で子供の頃から同輩にいじめられることがしばしばであったことから、非力な者でも大柄な強者にも勝つことができるという「柔術」に関心を持ち、指導者を探し求めた末に、天神真楊流の福田八之助に入門したことが柔術との最初の関わりだとされる。嘉納は、大変な稽古熱心であったようだが、いくら稽古を重ねても師範に並びつかないことに疑問を抱き、師範に質問するが、師範は「習うより、慣れよ」、「見て覚えよ」、「数をこなせば、できるようになる」との答えばかりで、教育理論も手順もない。所謂「以心伝心的教授法」であった。そこで、合理的な理論の必要性を感じ、古書を探し求め、他の流儀をも見聞したうえで、各流の長短を取捨し、攻防の研究を熱心に行ったという。他にも、嘉納の最後の遺稿ともされるカイロ会議の直前の講演の草稿中に次の様なものもある。「幼少の頃に私は昔の所謂柔術と云うものを学んだ。所が其の柔術と云うものには根本原則がなかった。一人の先生は、人を投げるには斯う云う風に腰を持って行って斯う云う風に手を引く。或いは咽喉を絞めるには斯う云う風にする。仕方は色々教えられたが、斯う云う原理に依るとか、此の原理の応用だとか云う意味には一向教えられて居なかった。それ故に段々研究して見ると、一人の先生の教える所と他の先生の教える所が違って居る。何方が正しいかと云うことは判断する根拠がない。是が私が柔術に深い研究をやり始めた理由である。結局色々の先生から色々の流派に亘って学んだけれども、一つの教え方と他の教え方が違った時には、どうしてこれを解決するかと云うことに苦しんだ。それから段々研究の結果遂に今のような原理を考え出したのである。己の果たそうと思う目的の為に、精力を最善に活用しなければならぬ。これで総てが説き明かせた。」そのような修行経験を基に、「小よく大を制する」、「柔よく剛を制する」、

「相手の力を利用することによって相手を制する」といった「柔術理論」を確立して、「講道館柔道」の道場を設立するに至る。1889（明治22）年には、柔道を学校正科へ採り入れるにふさわしいものだということを文部大臣以下、教育界の要人たちに印象づけようという意図を持って「柔道一般並びにその教育上の価値[38], [39]」を講演し、柔道は体育法、勝負法、修心法の３つの目的を持った人間教育に資すべき心身修養の文化であるとした教育思想を加えた。さらに、明治末から大正の初め頃にかけて、柔道は単なる技術鍛錬の運動とは異なり、人間教育に資する心身修養の文化であり、体育、勝負、修心の３つを目的とした人間教育であり、最終目標として「精力善用」「自他共栄」の２つの指導原理を実生活へ応用するという人間形成の道、すなわち教育的観点こそが柔道の修行であると強調して説く「柔道理論」を新たに加えた「講道館柔道理論」を確立していった。嘉納は道場主であり、また、学習院〔現在、学習院は私立であるが、1847（弘化４）年に華族の学習所として開講し、1884（明治17）年には宮内省所轄の官立学校となり、1947（昭和22）年４月に私立学校となった〕の教師でもあった。1883（明治16）年学習院の講師となり、谷干城（西南戦争の際、熊本鎮台指令官）が院長に就任すると信任を得、翌年には、学習院幹事に、1886（明治19）年には学習院教授兼教頭となるが、1889（明治22）年に陸軍中将子爵三浦梧楼が第４代院長に就任すると、嘉納は三浦院長と意見が異なり、性格もあわないように感じていたことから、1889（明治22）年９月に欧州への外遊を勧められ受諾し、1889〜1891年（明治22年９月13日〜明治24年１月６日）外遊している。

　嘉納が、第１回の外遊から帰国したのは1891（明治24）年１月であるが、４月には学習院教授、宮内省御用掛を免ぜられ、文部省参事官を命ぜられる。８月７日には竹添須磨子と結婚、須磨子の父は竹添進一郎といい、肥後天草郡上村（現・大矢野町）出身の漢学

者・外交官である。ここにまず最初の熊本との縁が結ばれる。

　新居を浦賀の松崎山に構えるが、それもつかの間、結婚6日目には、文部省から熊本の第五高等中学校長兼文部省参事官の辞令が出て、新妻を姉の嫁ぎ先、麻布市兵衛町の柳邸に預け（須磨子がまだ華族女学校卒業前の生徒であったためとされる）、柔道指導の助手として肝付宗次（鹿児島県出身。1889〈明治22〉年入門。後に呉の海兵団や江田島の海軍兵学校の柔道教師を務めた後、朝鮮に渡り道場を経営）を帯同し、熊本に赴任した（五高在籍期間1891〈明治24〉年8月13日〜1893〈明治26〉年1月25日）。赴任後一月にも満たない間を以て講道館を自ら論旨退館処分とした大倉（後の本田）増次郎を英語科助教授（4カ月後には教授）として招聘し、翌年には有馬純臣（講道館の6番目の入門者）を政治学、理財学の教授として招聘した。

　富裕階級の出自と草創の東京大学出身の学閥による体制側の豊富な人脈を持ち、楽天的で現実適応主義的傾向が強かった。此のことが垣間見える出来事が清国留学生に「日語日文及普通科」を教授するために設けられた教育機関「弘文学院」での楊との論争である。先ず、「弘文学院」の説明から話を進める。

　1896（明治29）年清国公使祐庚より清国留学生の教育を依頼された。時の文部兼外務大臣西園寺公望は、これを高等師範学校校長嘉納治五郎に委嘱した。そこで、嘉納は、当時高等師範学校教授だった本田増次郎に神田三崎町に家を持たせて、監督として学生の世話をさせ、数名の教師等と共に「日語日文及普通科」の教授を行わせた。その後、1899（明治32）年10月7日、同じく神田三崎町に新しく学舎を設け、三矢重松を教育主任に迎え、論語より名を取り亦楽書院と名付けた。その後も留学生が増えてきた事により、外務大臣小村壽太郎のすすめによって、塾舎をひろげ清国留学生の教育を目的とする学校を設立することにした。

1901（明治34）年12月、牛込区西五軒町に弘文学院を創設、後に宏文学院と改めた。理由は、留学生の中に、清朝第六代の皇帝乾隆帝の諱弘暦の「弘」を避け「宏」の字を用いる者が多かったためだろうといわれる。中国には古来、天子や諸侯の生前の名（諱）を避ける風習があり、代字、改字、欠字、欠画などの方法がとられた。諱と同じ字の官名、地名、物名などが改廃された例も多いという。[121]

　1902（明治35）年4月12日設立認可、清国の張之洞から日本政府に対し、「信望ある教育家」の派遣を要請された。外務大臣小村壽太郎は、東京高等師範学校校長であり弘文学院（清国留学生に「日語日文及普通科」を教授するために設けられた教育機関、宏文学院1906〈明治39〉年1月15日校名改称、1909〈明治42〉年7月28日閉鎖）学院長として留学生教育に尽力していた嘉納にその任を託した。帰国後、1902（明治35）年10月21日、卒業をまっていた湖南省派遣の速成師範科生に、この視察から得た事柄をふまえて講話をした。議論の主題は、「中国の救亡に役立つ教育とは何か」というものであったが、嘉納の、「あくまでも体制維持を前提とした平和的漸進的方法によるべし。現在は『種族競争』の世界である。白色人種が最強で黄色人種はこれに敵わない。我々は互いに手をとりあわねばならないのだ。中国の国体は、『支那人種（漢族）』が『満州人種（満州族）』の下に臣服することで成り立っており、この名分に外れてはならぬ。民族の優劣によるものなのである。英国人の見方によれば、その『性根（性質・民族性）』に、すでに主僕の別がある。それは、長い期間に自然とできあがったもので、今になって変更できるものではない」と主張したことに対して、楊度が、「先生が真に中国のために教育を考えるのなら、『満州人』には、圧制に長けた『悪根性（悪い性質）』を取り除くよう、『支那人』には、服従に長けた『悪根性』を取り除くよう、また、平等と

同胞愛をもってそれぞれ自立するよう、教えられたい。道徳教育とは、人の『悪根性』を取り除くためのものである。衝突を避けて現状を維持する目的で、『支那』に服従を、『満州』に遜譲を教えるのは、『満州』の『悪根性』は取り除いても、『支那』の『悪根性』を取り除くことにはならない。教育により悪弊はかえって増すのである」と主張し、嘉納は、「至極もっともだ」と賛同したとされる。[121]

　多数決が正義であるとせざるを得ない政治の世界と、道徳教育として育むべき正義とのギャップを、嘉納はどのように自認していたのであろうか？　個人の正義は胸の奥に閉じ込めるもので、個人の人生は政治上の倫理観で生かされるものと自覚していたようにも思われる？

　欧米の他、アフリカ・アジアなどへの渡航での度重なる在外経験等により1909（明治42）年の春、クーベルタンの友人の駐日フランス大使ゲラールから嘉納に、日本のオリンピック参加を進められ、嘉納がその申し出を承諾すると、その5月にはベルリンで開かれたIOCで、嘉納は正式にIOCの委員に選出された。正式にオリンピックへの参加を要請されたのは、1910（明治43）年頃、会長クーベルタンからとされる。1911（明治44）年7月、大日本体育協会を設立し初代会長となる。1882（明治15）年8月学習院教師、1885（明治18）年3月（26歳）理財学教授。1886（明治19）年（27歳）学習院教授兼教頭。1891（明治24）年（32歳）第五高等中学校校長。1893（明治26）年（34歳）第一高等中学校校長兼文部省参事官。1897（明治30）年（38歳）東京高等師範学校校長。1898（明治31）年（39歳）文部省普通学務局長。

　1920（大正9）年（61歳）叙正三位、勲一等瑞宝章。1922（大正11）年（63歳）貴族院議員（勅撰）。1938（昭和13）年IOC総会（カイロ）で第12回オリンピック競技会を東京に、冬季大会を

札幌の開催誘致に成功し、ギリシャ、アメリカを経てバンクーバーからの帰国途上の船中で肺炎のため５月４日逝去（77歳）、同年叙従二位、旭日大綬章。明治〜昭和の教育者。講道館柔道の創設者。IOC委員。大日本体育協会初代会長。

「講道館柔道」の創立：柔術家嘉納治五郎の誕生・独立

　古い時代の素朴な格闘術は、武家が政権を握るという特異な環境の中で、長い間練り磨かれ、いわゆる柔術という独特の内容と形式を整えつつ発達してきた。一定の様式を備えた「柔術」として体系化されたのは桃山後期以降江戸時代を中心としてのことで、古流柔術は竹内流、堤寳山流、荒木流、夢相流、三浦流、福野流、制剛流、梶原流、関口流、渋川流、起倒流、楊心流、扱心流、灌心流、良移心流、眞神道流、日本本傳三浦流、為勢自得天眞流、為我流、吉岡流、四天流、不遷流、双水執流、天神真楊流、良移心頭流、殺當流、一伝流、竹内三統流、大東流等179流あったとされる。

　江戸時代においては、中国兵法の古典『三略』にみられる「柔能制剛」による剛強に対しても術理をもってすれば、「柔」らかい力の働きでこれを制御できるということで、「柔術」と呼称され、居合術とともに剣法（当時の名称には、剣法・兵法・剣術・芸術・撃剣などが用いられているが、剣法が最も多く用いられている）の一部とされる。「柔術」という名称も、柔術、柔法、組討、鎧組、和術、体術、捕手、小具足、腰廻り、拳法、白打、手博などと呼ばれていた武技の総称とされる。しかし例えば、柔術、体術は主として投げ、絞め、抑えるなどの術、捕手、小具足は捕縛を主とする術で、拳法、白打は蹴りや突く術を主とするなど、各々の内容には多少の相違があったともされる。いずれも嘉納が言うように「無手或いは短き武器を持って、無手或いは武器を持っている敵を攻撃し、又は防禦する術」であったためか、柔術家の社会的地位は剣術家に較べるとはるかに低かったようである。おそらくその理由はその成

立にあり、中世から近世初頭においては武士達の戦場における闘いの中心が「刀」を以てするものであり、その刀戦において柔術はその一部をなすものでしかなく、柔術における組み討ちもまたそれを終熄(しゅうそく)させたものが「脇差」による「止め(とど)」であったという事情と関係が深いとされる。

　明治維新以後は外来文明迎合の余波を受けて柔術は大いに衰退の憂き目を見るに至った。明治初期〜大正期においてさえ、講道館関係者は別として一般の人々にとって、「柔道」という名称の認知度はそれほど高くはなく、寧ろ伝統的な「柔術」のほうがポピュラーであった。1879（明治12）年には警視庁巡査教習所の設立にともない剣術の採用を嚆矢として剣術・柔術が警察に制度的に位置づけられた。

　嘉納は「柔道」という名称の言及において、「柔道」を用いていた流派の代表例として出雲の「直信流」をあげているが、嘉納が学んできた直系の「日本伝起倒柔道」という名称について言及を避けている。「柔道」という名称は、嘉納が学んできた起倒流ですでに使われていたのに触れることを避けている。講道館創立（1882〈明治15〉年5月）とされる当初、講道館は柔術流派の一派にすぎず、嘉納自身もその技の体系は天神真楊流、起倒流の二流派を折衷させたものであり、「最初のうちは、両派の形を、昔のままで教えていた」と語っている。その後、二流派のみならず柔術各派の様々な技を比較検討し、各々の長所を活かすべく近代化し再構築し、1887（明治20）年頃には二流派の折衷的な段階を脱して講道館独自の技の体系を形成していったとされる。1889（明治22）年、すなわち講道館を開設して7年後の講演の中で、「柔道とは耳新しい言葉」であろうが、と断ったうえで、「これは畢竟(ひっきょう)、従前の柔術について出来るだけの穿鑿(せんさく)を遂げました後、その中の取るべきものは取、捨てるべきものは捨て、学理に照らして考究いたしまして、今日の社

会に最も適当するように組立てましたのでございます。そうしてその柔道と申すものは、体育勝負修心の三つの目的を有っておりまして、これを修行いたしますれば、体育も出来、勝負の方法の練習も出来、一種の智育徳育も出来る都合になっております。」と「柔道一班並ニ其教育上ノ価値」[38), 39)] で述べていることも、「嘉納が初めて道場を開いたことで講道館柔道創始の年とされる1882年には、今日一般に認知されている『講道館柔道』ではなかった。」との論拠の事例といえる。

　その他にも、講道館開設当時、柔術に対する人々のイメージがあまり好ましくなく、見世物化して賤しい物、野蛮、粗暴、危険といったイメージがあったために、「柔術」にかえて「柔道」としたとか、応用面を意味する「術」という呼称よりも、応用に対する原理を示す語として「道」という呼称を選んだとかの後付けの解説が主流を占めている。が、「講道館柔道」・「日本伝講道館柔道」という呼称については、嘉納は自身の修行してきた流派の名称を受け継いだに過ぎないのではないかと推察できる。その論拠を列挙すると、「写真図説　柔道百年の歴史」[67)] にみられるように、教えを受けた飯久保から1883（明治16）年10月に指南者としての資格を授けられた嘉納の免状には、「日本伝起倒柔道」とあり、その飯久保もまたその師、竹中鉄之助より1856（安政3）年付けで授けられた免状に「日本伝起倒柔道」と記されている。嘉納が「講道館」を創立したとされる1882（明治15）年5月には、嘉納は未だどこからも免許皆伝の資格を授かってはいない。この時点ではまだ「講道館柔道」とはいえず、「講道館」という柔術道場を開設したに過ぎず、後になって「日本伝講道館柔道」という呼称を用いるようになったと推察できる。すなわち、名称については単に先例に倣っただけで、当初、「講道館」は「柔術」の中の一派にすぎないと考えていたと推察できる。その他の証しとして、1885（明治18）年6

月保科四郎（幼名志田四郎、後の西郷四郎）に贈った本体証書には流派名が記されていないこと。嘉納は1882（明治15）年8月学習院講師となり、1886（明治19）年学習院の「教授兼教頭」になったが、当時も依然として「柔術」であり、1888（明治21）年9月「学習院院長事務取扱」になった後、「柔道」という名称を使用し始めたこと。1869（明治2）年1月に山下義韶に贈った本体証書および1885（明治18）年9月に贈った山田（富田）常次郎あての本体証書には「起倒流嘉納治五郎」と署名していること。1888（明治21）年10月の雑誌『日本文学』に掲載した「柔術及び其起源」の中で、「柔道」を「柔術」の一つと位置づけながら「講道館に於てなせる柔道講義」に言及したこと。1912（大正元）年9月23日、横山作次郎の没後に授与した八段位の段証書で初めて「日本伝講道館柔道」という名称を記し、西郷四郎の死後1923（大正12）年1月14日に贈った六段位の段証書では「講道館柔道」と記していること。1935（昭和10）年11月24日山下義韶の没後に贈った十段位の昇段証書には「講道館」、1937（昭和12）年12月22日に永岡秀一に授与した十段の段証書には「日本伝講道館柔道」と記していること。1942（昭和17）年5月31日二代目館長である南郷次郎が秋枝三郎に授与した四段位の段証書では「講道館柔道」を用いていること等がその証しとして列挙できることである。因みに、今日の段位認定証書では「日本伝講道館柔道」という名称が用いられている。

　嘉納が先例に倣っただけの「柔道」という呼称については、明治期〜大正初期頃は、国内でも伝統的な柔術のほうがポピュラーな名称であったために敢えて拘らず、通りのよい柔術を用いることが多かったようである。「柔道」という名称の認知度はまだ低かったのである。嘉納は講道館開設当初から旧来の「柔術」との違いをはっきりと意識して名称を「柔道」としたというわけではなく、道場開

設後にも従来の柔術各派の様々な技の穿鑿（せんさく）を続け、比較検討、分類、理論化する中で、7年後つまり1889（明治22）年頃から、呼称「柔道」と公言出来るだけの理論化に光明が見えてきたとして発表したとされる。

1889（明治22）年5月11日、嘉納29歳の時、大日本教育会の依頼により、文部大臣榎本武揚、伊太利公使ら多数顕官の来場を得て講演を行っている。その講演草稿が「柔道一班並ニ其教育上ノ価値」[38],[39]である。その講演で、嘉納は、講道館創立の経過、柔道の目的、柔道体育法、形、乱取り、柔道勝負法、柔道修心法、その教育的価値について言及した。柔道修心法のなかでは、1．徳性を涵養する事、2．智力を練る事、3．勝負の理論を世の百般のことに応用して、物に接し事に当たって自ら処する所の方法に熟練させること、の3点について解説している。2．智力を練る事については、「観察、記憶、試験、想像、言語及び大量」が特に必要だと力説する。最も大切なことは、自他の稽古をよく意識して観察し、いろいろな場面を記憶しておき、熟考しながら実際に試してみる（試験）ことが必要である。ついでその変法、応用方法まで考えて（想像）試み、うまくいってもいかなくてもその方法を言語で、道筋を立て、分かり易く説明できるようにする。巧く事が出来ない時にはその原因を言葉で説明が出来るようにする。最後に、新しい思想を嫌わず容れる性質と種々さまざまの事を同時に考えて混淆（こんこう）せしめぬように纏（まと）める力（大量）が必要である[54]とした。

以後、梃子の原理や重心の理論など科学に基づいて各種の技の理論化を図り、言葉による理論的な説明と理解が大切であることを説き始めた。「JUDO」として世界津々浦々にまで周知させたばかりか、「柔道」に「わざ・術」と「みち・道」の両輪を整備し成熟・浸透させ、認知させた功績については今さら言及するまでもない。

1894（明治27）年1月には、文部省通牒によって、学校の課外

における武術指導に対して公費が支給されるようになった。

　1884（明治17）年に初めて作られた入門帳が1882（明治15）年に遡って記名されるなど、講道館は大日本武徳会解散時、全ての流派や大日本武徳会の入門や段位をそのまま受け入れ、懐の広いところを見せるなど、講道館創立当初の状況には不確かなことも少なくはない。

「柔術（武術）」から「柔道（武道）」への呼称の変更を、国内都道府県郡市町村部まで幅広く周知させ、認知させたことに大きく関わっているのは、武術の統一団体として1895（明治28）年４月に創設され、1946（昭和21）年11月９日解散処分を受けるまでの51年の間、武術（武道）界の"総本山"として君臨した「大日本武徳会」の功績でもある。

「大日本武徳会」については別に項を設けるが、正負の両功績があり、国内に広く「武術」から「武道」という名称への転換を周知させ定着させたことこそは最大の正の功績であろう。

「大日本武徳会」の目的は「大日本武徳会記要」の一文に見られるように、「教育勅語」の理念と相同である。「大日本武徳会」は国家権力に寄り添い国民の意識の醸成を果たした。逆に、国家権力は、「大日本武徳会」の組織を利用することで国民の意識の醸成を果たした。嘉納は大日本武徳会創立当初から発起人として関係し、後には商議員として柔道部門の実力者総帥として、教職者を指導する立場として国民の意識の醸成にも尽力した。このことは、嘉納の著述書（中学修身書[90]や女子修身書）によっても明らかである。嘉納は「柔道原理」を「心身の力を最も有効に使用する道」すなわち、「精力善用の道」として提唱し、教育の「みち」となして哲学的、倫理学的立場から柔術、武術を柔道、武道と改称することを前向きに先導した。このことは「大日本武徳会」が1902（明治35）年「武術家優遇例」制定を設けた際、嘉納が委員長を務める

「柔術」部門において、1903（明治36）年の第1回目から「柔道範士」・「柔道教士」とし、「柔道」という呼称を用いたとされることから言及できる。また、国の非常時に対し、「自他共栄」として国民の意識の醸成にも尽力し、1938（昭和13）年には、国民精神の発揚、精力善用、自他共栄の三大綱領を実現するためとして「報国更生団」を結成し、国家の為に自己を犠牲にして尽くす、国民の精神を推進した国民精神総動員運動の遂行に協力するといった国策にも従順かつ積極的な姿勢を示した。にもかかわらず、講道館は何等の積極的役割をも果たしていないとの批判を受けている。[21]

「術」から「道」へ：呼称の移行および国内伝播史

　現在は「自由乱取り様式の試合」により勝ち負けを争っているが、1900（明治33）年以前は、「演武」により互いの技量を検証し合い優劣を争うことが一般的であった。

　1899（明治32）年、大日本武徳会で技術技法の異なった柔術流派間の試合が行われるのに際し、統一的審判規定を定める必要性にも迫られ、嘉納治五郎（講道館柔道、武德會範士）を委員長に、星野九門（四天流柔術、武德會範士）、戸塚英美（楊心流柔術、武德會範士）、関口柔心（＝鈴木孫八郎、関口流柔術＆楊心流柔術）、上原庄吾（良移心頭流柔術）、近藤守太郎（起倒流柔術）、佐村正明（竹内三統流柔術）、山下義韶（講道館柔道）、横山作次郎（講道館柔道）、磯貝一（講道館柔道）、半田弥太郎（大東流柔術）を委員として大日本武徳會柔術試合審判規定が制定された。

　また、同（1899）年に新渡戸稲造が著した"Soul of Japan"が、1908年に『武士道』として邦訳され、日本の精神文化である武士道の評価を海外で高め、武士道を意味する「武道」という呼称が好感を持たれた。

　1906（明治39）年8月には、中等学校体育への正科編入に備え、流派毎のバラバラな形ではなく、全国一律に指導することができる「一定の形」も準備された。京都市武徳会本部の記録（1906〈明治39〉年7月24日）に、全国から集まり撮影した集合写真が「大日本武徳会柔術形制定委員名簿」に添えてあり、流派名と氏名の添え書きが付されている。嘉納治五郎（講道館柔道、武德會範士）を委員長に星野九門（四天流柔術、武德會範士）、戸塚英美（楊心流

柔術、武徳會範士)、関口柔心（＝鈴木孫八郎、関口流柔術＆楊心流柔術）、山下義昭（講道館柔道）、横山作次郎（講道館柔道）、磯貝一（講道館柔道）、永岡秀一（講道館柔道）、平塚葛太（楊心流柔術）、矢野廣次（竹内三統流柔術）、片山高義（楊心流柔術）、江口弥三（扱心流柔術）、稲津政光（三浦流柔術）、竹野鹿太郎（竹内流柔術）、田邊又右衛門（不遷流柔術）、今井行太郎（竹内流柔術）、佐藤法賢（講道館柔道）、大島彦三郎（竹内流柔術）、津水茂吉（関口流柔術）、青柳喜平（双水執流柔術）からなる計20名が記されている[111]。

「一定の形」の準備については下地があった。1899（明治32）年5月に、小澤一郎らが、正科編入の前提条件である形と流派の統一を、武徳会を通して実現していこうと、武徳会に対して「各流派の形を廃し一定の形の制定」、「各流派名を廃して一定の流名の制定」、「各小学校の唱歌の全廃」の３項目からなる建議書を提出し政治的次元で論じていた。

　制定された「大日本武徳会制定柔術形」の内容は1908（明治41）年に便利堂書店から『大日本武徳会制定柔術形』として出版されている。注目したいのは、委員名が「大日本武徳会柔術形制定委員」であり、10流派20名の柔術形選定委員が選出され、集合していることが付記されていることにある。武徳会において、この時点でも講道館柔道は柔術の中の一流派として周知されていたことが知れる。

「剣術形」について、武徳会は1912（大正元）年に「剣道形」と命名したものの、その教員養成機関は依然として「武術」専門学校（1919〈大正８〉年に「武道」専門学校と改称）であった。

　また「武術の正科編入」および「そのことに係わる流派の統一、形の統一、試合規程の統一」等を先導したのが剣術系の人々であったことも注目すべきことである。

1902（明治35）年6月3日の「武術家優遇例」制定時から、範士・教士は、長年にわたり「武術を鍛練」した「品行方正」（教士）で、「斯道の模範」（範士）となる人物でなければならないと定められていたとされる。その後、1914（大正3）年9月の武術家優遇例の改正によって、「剣道」「柔道」という名称を範士・教士のみに特別に使用すると明文化したのは、彼らが技術と人格を兼ね備えた人物であること、剣術・柔術はそれを目標とすべきであるということを明示するためであり、それに到達していない段階のものを「剣術」「柔術」として区別するという目標規定としての用法ではなかったかと坂上[94] は推測する。剣術から剣道へ呼称を変えたのが1914（大正3）年、柔術から柔道への名称転換は1903（明治36）年、嘉納はこの点において「武術」から「武道」への転換を先導したと言えるだろう。

　1911〜1912年に中等学校での正科編入が文部省にて認可された後、1912（明治45）年に武術専門学校の目標規定として、「剣道」「柔道」という専攻名称が設定されたことにより、「剣道」「柔道」という名称の範士・教士だけの限定的な使用法に終止符が打たれた。

　1914（大正3）年9月には武術家優遇例とともに剣道柔道階級規定が改正・施行され、規定の名称そのものが「剣道、柔道」に変更され、「剣道ハ一級乃至六級」とし、「柔道ハ初段ニ始マリ十段ニ及フ段下ニ更ニ一級乃至六級ヲ設ク」とするなど、段級の高低にかかわらず全てを「剣道」「柔道」という名称で表記することになった。「武道」という総称は、武徳会の規則（1898年1月〜1909年6月）でも使用され、前述の如く嘉納が委員長を務める「柔術」部門においては1903（明治36）年の第1回目から、「柔道範士」・「柔道教士」とされ、「柔道」という名称が使用されていた。が、「武道」という総称が武徳会において統一され、公的に使用されるようになるのは、1918（大正7）年8月からである。

「大日本武徳会」について

結成の経緯

　大日本武徳会結成の起点は、武術教育による精神鍛錬とそれを支える団体の組織化を目指したことによる。1895（明治28）年4月17日、京都の平安神宮設立祝賀の一環として、武徳殿の建設と演武大会に発する武術の一地方的団体「大日本武徳会」が、京都に計画され結成された。一次衰退の憂き目を見たものの、日清戦争（1894年8月〜1895年4月）下で、挑発せられた敵愾心と、殆ど極端な迄興奮した忠君愛国心との二つの潮流に乗じて起こった日清戦争の勝利を追い風に、大日本武徳会は「国家への忠誠心の育成が会の本旨である」と改めて定義し、皇族を歴代の総裁に戴き、政財界、旧華族、軍部の庇護の下に、全国府県知事、警察署長を支部長とするという人事構成により、国民の意志を強くし、武道再興熱を昂騰させ、全国的な組織にまで成長した。さらに資金調達の方策として各府県の支部が警察機構や郡市町村役場などを通じて税金を徴収するかのように入会金を集めたこと、および各支部の会員と入会義金の募集目標を割り当て、また、その義金を「按分比例」によって支部に分与するといった財政システムにより、会結成から9年後の1904（明治37）年5月までに、38の府県に支部を設置し、884,600名の会員を有するまでになった。1909（明治42）年には財団法人化し、組織の強化がはかられた。同年の段階で、会員数151万人、資金量181万円の一大団体となり、1910（明治43）年5月には165万人超もの会員を有する全国的規模の武術団体にまで組織化されて、武術の総本山として最大の会員数を誇る団体となった。嘉納は大日本武徳会創立当時から発起人として関係し、後には商議員

（1900年1月21日〜）となり柔道部門の実力者総帥としてその発展に尽力した[108]。

「大日本武徳会趣意書（1906〈明治39〉年11月、武徳会会長大浦兼武・同副会長木下廣次）」には、「常に皇室と国民との関係を思ひ、護国の責任を分担し、礼儀を重んじ、廉恥を知り、業務を勤め倹素を守り、余力以て公共の利益を増進し、暇日には武術を講習し、心胆を錬り、筋骨を壮にし、其操行衆人の模範たるべく、一旦緩急あれば、身を挺して義勇奉公の誠を致す。是れ即ち個人の武徳にして、大和魂と称するも、要するに比範囲を出でざるなり。」として、術の身体的修練を積むことによって、「武徳」の人格・精神が形成されるという論理が示されている。

結成後の推移（「術」から「道」へは、「柔道」から始まった）

大日本武徳会は、日清戦争での勝利により軍事的な実用性を最大の価値基準とする事業方針を打ち出し、陸軍で使用されている小銃射撃（射的）を筆頭に、馬術、銃剣術（銃鎗）、剣術、柔術、水泳、漕艇（漕艇術）の7種目を順に序列づけ、「現今実用に適するもの」と「現今実用に供すべからざる武芸と雖も保存の必要あるもの」としての弓術と古武芸を位置付けた。即ち、伝統的な武術の継承より軍事種目の奨励に力点を置くことにしたために、「射撃決戦論」が勢力を得て軍隊剣術の衰退をみるようになった。

しかし、日露戦争（1904〈明治37〉年2月〜1905〈明治38〉年9月）後には「攻撃精神の価値」や「白兵戦闘の必要」が痛感され、これを契機に軍隊剣術が隆盛に向かい、武術の保存と奨励から国家への忠誠心の育成に重点が変更され、教育勅語と同一の、青年に対する武徳の涵養の重要性、即ち、戦争に際して自己犠牲を厭わない国家への忠誠心の育成が最上位に掲げられるようになった。忠君愛国の高上的思想と精神とは偏に武士道の精華にして平生武徳会

が唱導する所と吻合するとして、当初の「術」の熟達保存以上に国家への忠誠心を国民、特に青年達に植えつける「道」へと舵を切った。そのために「剣術」、「柔術」よりも耳障り好く耳新しい「剣道」、「柔道」の呼称、総称「武道」への変更を決め、1899（明治32）年1月改正規則で会の目的を「武道ヲ奨励シ武徳ヲ涵養スル」と明記した。

　大日本武徳会での「武術」から「武道」への名称変更は、日清戦争の勝利を追い風に、戦場における武術を教育武道として、「勝利至上主義のわざ・術＝技術」と「忠君愛国の思想涵養のみち・道＝武徳の涵養」を両輪として浸透させようと意図しての「武道」・「剣道」・「柔道」への名称変更であったと思われる。

　1900（明治33）年には、技術技法の異なった（古流）柔術各流派間の試合が行われるに際し、大日本武徳会において統一的教授法を講じる必要性とともに統一的審判規定を定める必要性に迫られ、大日本武徳會柔術試合審判規定制定委員会が設けられ、嘉納委員長以下、前述の諸委員によって評議され、「大日本武徳会柔術試合審判規定」が制定された（1899〈明治32〉年施行、1919〈大正8〉年に大日本武徳会柔道試合審判規定に改称、1943〈昭和18〉年に新武徳会柔道試合審判規定として大幅に改定）。

　大日本武徳会が「剣道」「柔道」を範士・教士のみに特別に使用し始めたのは、彼らが技術と人格を兼ね備えた人物であり、剣術・柔術はそれを目標とすべきであるということを明示するためであったとされる。範士・教士は、1902（明治35）年6月3日に「武術家優遇例」が制定された時点から、長年にわたり「武術を鍛練」した「品行方正」（教士）で、「斯道の模範」（範士）となる人物でなければならないとされた。最上位の称号の審査を最初に担当した3名の選考委員の中で委員長の職責を担う嘉納は、1903（明治36）年5月8日の第一回から「柔道」という呼称を範士・教士のみに特

別に使用し、「武術」から「武道」への呼称転換を先導した。第一回の「柔道範士」は楊心流の戸塚英美（千葉）と四天流の星野九門（熊本）の二人に授けられ、1905（明治38）年5月6日の第二回目で嘉納本人が授与されている。

　1905（明治38）年以降になると「剣術」部門においても「剣道」という呼称の使用が始まり、両部門においては以後継続的に「剣道」、「柔道」の使用が始まる。1909（明治42）年には財団法人化し、組織の強化が図られた。同年の段階で、会員数151万人、資金量181万円の一大団体となっていた。1912（明治45）年には武術専門学校の専攻を「剣道又は柔道」とした。正式に「剣道」・「柔道」という呼称が定着してくるのは、1914（大正3）年9月に武術家優遇例を改正して、「剣道」・「柔道」に改称された後のことであるが、同年12月に委嘱された武術選考委員は「柔道」・「剣道」・「居合」・「弓術」・「槍術」に区分されていた。1914（大正3）年9月に武術家優遇例とともに改正・施行された剣道柔道階級規定では、規定の名称そのものが「剣道・柔道」に変更され、その第3条には「剣道ハ一級乃至六級トシ」、第4条には「柔道ハ初段ニ始マリ十段ニ及フ段下ニ更ニ一級乃至六級ヲ設ク」とされ、段級の高低にかかわらず全てが「剣道」「柔道」という名称で表記されることになっている。1919（大正8）年8月には「弓道」が名称を変えた。1928（昭和3）年5月大日本武徳会本部に弓道場が建立され、その落成式の式辞の中で本郷会長は、「弓術」から「弓道」に名称を変えた理由について、「武術による心胆鍛錬を通して武士道精神、天皇制国家主義を養成し国民精神を天皇制国家のもとに統合し、国際情勢の緊迫化にともなう未曾有の危機に対処していくべきとする強い願望からである」というようなことを述べている。

　大日本武徳会商議員で、後に嘉納らとともに大日本武徳会の範士・教士の称号の審査を担当した渡邊昇は、大日本武徳会宮城支部

の演武会で行った演説の中で、「教育勅語は武徳会の依て起る所以なり」とより明確に述べている。嘉納と教育勅語草案との関係については明らかではない。

　1918（大正7）年4月「武道家表彰例」と改称され、「武道」という総称が、武徳会において統一され公的に使用されるようになるのは、1918（大正7）年8月からであるが、それ以前の大日本武徳会の規則（1898〈明治31〉年1月～1909〈明治42〉年6月）でも使用されている。日露戦争での日本の勝利が決定的になった1905（明治38）年以降における武徳会では、勝利が軍事的な実用性、近代化という価値だけでは説明できず、戦意の優劣としての武士道と白兵武術（射撃困難な近接戦闘）教育の伝統を継承することが勝利の決定的要因と考えられるようになり、忠君愛国の士を武術によって養成していこうとする国家的・軍事的意義にも合致するとして、次第に軍事種目から剣道・柔道を中心とする伝統武術へと移行していき、1921（大正10）年半ばには、「剣・柔・弓道等に全力を注ぐを以て最も上策と認むる」との新たな方針に転換された。「実用に供すべからざる武芸」と位置づけられた弓術さえも、前述のように、本郷会長が落成式の式辞の中で、「武術としては今日既に実用を離れたるものと雖も之に依りて心身を鍛錬し国民的精神の発揚に効果を奏するものにたるに於ては益々其の隆盛を希ふへきは当然」と述べるまでに至っている。このような変更は、学校教育の中の正課編入に備え、流派毎のバラバラなものではなく、全国一律に指導することができる「一定の形」や「試合規程」の統一化を図る必要性などが共鳴して準備された。

　1928（昭和3）年の落合幾造氏[52]の柔道教書に代表されるように、戦前の柔道の書籍に次の様な主張が認められることを見過ごすことは出来ない。

　柔道の理と其目的において、「柔道とは何であるか。柔道の目的

は何であるか。即ち柔道は心身を鍛練修養し所謂武士道精神を養ふの道である。即ち柔道は吾人が心身を鍛練修養し武士道精神を養ひつゝ以て国家社会に貢献せんことを目的として修業すべきまごころの大道である。

而して柔道によりて吾人の心身を鍛練するには、柔道固有の一定の理によりて之を鍛練するのである。然らば柔道固有の理とは何ぞや。曰く心身順正の理である。心身有効の理である。心身自在の理である。心身強健の理である。而して其の修業の目的は国家社会のために、自己の修養し得た心身の力を貢献するにあるのである。」また、「一、柔道の心身鍛錬の主眼及修行の淬礪（さいれい）」の中で、「1．心身を鍛練して国家社会に靖献せんことを期せよ」との主張も認められる。

1937（昭和12）年、金丸英吉郎[33]は「柔道本義のなかで、柔道の原理を『柔の理』に於いて之を解釈すれば、身体的方面及精神的方面の二方面がある。― 中略 ― 先ず技術的柔道に於ける『柔の理』に依れば、心身一体二方面の活動が吾々人間の眞の活動であり、自己完成は自他完成の基である。之れは結局社会的完成であり、国家的の完成の道である。― 中略 ― 而して柔道に依って養はる々所の眞、善、美、勇の一大精神を発揮して、心身相一致して完全なる人格を以て国家の為献身的に努力を捧ぐる事が其の大眼目である。而して柔道精神の本義とする所である。」と主張するなど、柔道が軍事効果を期待した手段として利用されてきたことを窺い知ることができる。

厚生大臣の諮問機関「武道振興委員会」の設置

1938（昭和13）年、武道審議会の設置が帝国議会で承認された。1939（昭和14）年12月23日、厚生大臣の諮問機関「武道振興委員会」が設置され、武道を総合統制する団体の組織化や政府内部に武

道関連部署の設置等を政府側に答申した。

５省共管の大日本武徳会の発足へ

1941（昭和16）年５月、厚生省体力局武道課が新設された。同年12月８日太平洋戦争が開戦した。同年12月同じく厚生大臣諮問機関の「国民体力審議会」が、新設する武道団体は政府の外郭団体として、厚生省、文部省、陸軍省、海軍省、内務省５省共管によるものとし、既存の武徳会を包含する形で新たな武道団体に改組・帰一させる旨を答申した。同年講道館においても、「立ったまま絞技、関節技を掛け、技が相当の効果を収めた場合に限り寝技に移れる。」旨改正され、立った状態からの固め技を認めるようになった。

政府の外郭団体・新大日本武徳会の発足

1942（昭和17）年３月21日、既存の大日本武徳会は改組され、会長に内閣総理大臣東條英機、副会長に厚生大臣小泉親彦、文部大臣橋田邦彦、陸軍大臣東條英機（会長兼任）、海軍大臣嶋田繁太郎、内務大臣湯沢三千男の各大臣と学識経験者１名をそれぞれ招き、理事長に民間人、各支部長には各地の知事をあて、本部は京都の武徳殿から東京の厚生省内に移転した。こうして陸軍・海軍・内務・厚生・文部の５省直轄の政府５省が共管する体制に改組され、「皇国民の錬成」を目指した新たな大日本武徳会、所謂「東條武徳会」が発足し、戦争翼賛団体の性格を強めた。同年度末には、全国に支部を建設し、会員数224万人、資金量559万円という膨大な会員と莫大な資金を持つ巨大組織となった。

政府の外郭団体となった新大日本武徳会は、大日本学徒体育振興会、大日本剣道会、日本古武道振興会、皇武会、講道館などを包摂組織とし、統制を行った。また、剣道、柔道、空手、銃剣道、射撃道などの各部会を設け、各武道の振興にも寄与した。柔道審判規定

も新たに作成され、第二条に「試合は当身技、投技、固技で決する。但し、普通の試合では当身技を禁止する」という旨の条件付きで、当身技の使用を認める条項を追加し、防具着用による当て身技の使用の実施を認め、特殊なケースとして防具を使用しない試合の実施も示唆されていた。また関節技も緩和され、等級による制限を設けながら、脊柱以外の全ての関節への攻撃を認めた。

　1943（昭和18）年、柔道の実戦性についての再検討が行われ、柔道範士栗原民雄（後の講道館十段）を中心として、技術以外の面での柔道試合の戦技化が図られた。「実戦的修練を目標とした白兵戦闘に実効を挙げ得る短時日の修練」を旨とした柔道の指導方針を発表するなど、柔道の戦技化を推奨していった。稽古場や服装について、「柔道は戸外に於いても如何なる服装にても実施し得るやう工夫し砂場芝生等を道場として活用せしむこと」とされ、野外戦技を想定した総合的稽古も実施された。

　また、稽古の形態についても、「従来個人的修練のみに傾き易きに鑑み特に団体的訓練を教習せしむこと」とされ、複数人で自由に攻防をする自由掛けなどが行われるなど、柔道は実戦を目的とした教材に変えられ、軍事的な技術とみなされうる訓練や、軍国主義の養成が行われた。

　1942（昭和17）年12月石黒敬七氏（NHKの『とんち教室』という番組において、ユーモアあふれる解答で一躍有名人の仲間入りを果たし、「石黒の旦那」の異名を持つ。講道館柔道8段、大日本武徳会柔道10段）はその著『柔道　其の本質と方法』[50]において、柔道とは何であるかの項に、「柔道は心身の力を最も有効に使用する道である。柔道の修行は、攻撃、防禦の練習によって、身體、精神を鍛練、修養し、斯道の神髄を體得することである。そうしてこれによって己を完成し、世を裨益し、また一旦緩急あらば一身を国家に捧げて御奉公し上げるといふ事が、柔道修行の究極の目的で

ある。」と記している他、柔道と心理・道徳の頁でも「道徳的見地から柔道修行によって得られるべき徳育を列挙してみると、― 中略 ― 君国の為容易に身命を擲つ覚悟があるようになる。」と記している。

又同書に講道館第二代目館長である南郷次郎氏（海軍軍人、最終階級は海軍少将）の次の様な訓話を掲載している。「実に柔道修行は一言にして之を盡せば盡忠報国の準備を整えるための修行に外ならない。蓋し死生の域を離れて、大東亜戦完成の準備を整えるためと言えよう。此の故に単に技の巧拙、強弱に終始せず、修行によりて皇国臣民としての生命観に対する修養工夫を平素の柔道に於て鍛練修行すべきであり、光輝ある柔道修行者の歴史に顧み、其の伝統を踏襲し、時の平戦を問はず其の修行の成果を国家に貢献し、過去先輩の名を恥づかしめざるの用意を切望して止まない。――」。石黒氏曰く、臣道の実行指導者たらん、の記述を認める。

1952（昭和27）年、日本柔道普及会[77] は、「終戦と共に、わが国の一切のものが、その本来の姿に立ち戻りつつある。柔道もまた、スポーツ柔道として、故嘉納先生の偉大なる精神えと脱皮しつつある。柔道の修行を志す人々は、先づこの柔道本来の精神を明確に把握し、文化的平和的な民主日本の再建の為に貢献することを心がけるのでなければ、修行の目的はゆがめられてしまうであろう。」と記し、また、スポーツ柔道の国際性について、「1936年に国際オリムピック委員長ラツール伯を、その翌年にはアメリカ国際オリムピック委員ガーランド氏夫妻を、講道館道場に招待して、柔道を観覧に供したという事実も、フランス・スポーツ委員会に於て、正式にスポーツとして柔道が公認されているという事実も、既に柔道がスポーツとして国際的に認められている証明とみることができる。― 中略 ―、ともすれば軍国主義者の道具の如く曲解され勝ちであった柔道は、この国際的な理解の上に立って、今こそ柔道の本

来の眞価を高揚しなければならないのである。」と記している。

　1954年、嘉納履正氏は[98]、柔道の本質とスポーツとの関係について、「講道館の道はとりもなほさず己を完成し世を補益するといふ大理想であり、精力善用自他共栄といふ講道館柔道の精神である。」とし、「講道館柔道の本質を知悉（ちしつ）しない人々が、武道である柔道からスポーツとしての柔道にかはった様に認識しているのであって、私に言はすれば、広い基盤に立つ柔道のスポーツ面が脚光を浴びたので、柔道そのものにはかはりなく ― 後略 ―。」「日本の敗戦直後学校の武道が全面的に禁止になったが昭和二十二年には極東委員会から日本教育制度改革に関する指令が発せられ、その中に次ぎの様な言葉がある。『剣道のような精神教育を助長する昔からの運動もすべて廃止せねばならぬ。体育はもはや精神教育に結び付けられてはならない。純粋な集団体操訓練以外のゲームや娯楽的運動にもっと力を入れるべきである云々』と。― 中略 ― ただ精神教育を助長するといふ点は、精神教育の内容に問題があるのであって、占領軍の考えた精神とは超国家思想或は皇国精神等の意味を指したのであろう。しかしながらスポーツ本来の楽しむとか慰むといふ様な点は一部の柔道指導者には欠けていた所がなかったとはいへない。これは柔道が兎角精神修養といふ様な厳しい面を持つ武道から発生したものであると共に、講道館柔道となっても外来のスポーツとちがひ、その道徳的目的を強調している点が、兎もすれば行きすぎた形に流れた理由であろう。」などと記している。

民間団体へ・解散・消滅

　太平洋戦争（1941〈昭和16〉年12月8日～1945〈昭和20〉年8月15日）における敗戦により、大日本武徳会は、全国の武道組織を統制する政府の外郭団体から民間団体へと組織を改編し、人員も刷新された。また、各武道組織への統制も消滅した。しかし、設立

当初から旧内務省との密接な結びつきがあったために、敗戦後に連合国軍総司令部／連合軍最高司令官（GHQ/SCAP）により解散を命じられ、1946（昭和21）年11月9日に内務省による資産没収・強制解散処分を受けて大日本武徳会は消滅し、その財産は国庫に接収された。さらに1947（昭和22）年には、改組後に会役員の地位にあった者のうち1312名が公職追放となった。

　1945（昭和20）年11月および12月、GHQ/CIE の意向に基づく文部省通達によって、学校武道が禁止された。体錬科武道（剣道、柔道、薙刀、弓道）の授業廃止、正課外の武道の部活動の禁止、さらに一般人も含めて学校または付属施設での武道の活動が禁止され、1946（昭和21）年11月、GHQ/CIE により剣道、柔道、弓道などは軍国主義に加担したとして武道禁止令を受けた。

強制解散処分後の動態：大日本武徳会再建運動・そしてスポーツ柔道へ

　このような状況下、国内での再開の努力や文部省による嘆願書の提出などにより生き残りの道が模索された。柔道においては、早くから海外への紹介や普及に努力を図るなど国際化がある程度進んでいて、GHQ 関係者や進駐軍のなかに柔道の理解者やこの機会に学びたいと希望する者がいたりしたことに助けられ、講道館は生き残ることができた。柔道会の組織は、武徳会の解散により全国柔道有段者会となった。

　1948（昭和23）年には大日本武徳会で取得した段位を講道館の段位として認める特例の処置が取られた。

　1949（昭和24）年5月6日には、講道館有段者会を発展的に解消して全日本柔道連盟が結成され、10月26日、日本体育協会へ仮加盟しスポーツ柔道へ進展。国内での再開の努力や文部省による嘆願書の提出、海外の柔道連盟の発足などを受けて、「競技スポーツ

としての柔道」を誓約の上、翌1950（昭和25）年9月には学校柔道が解禁され、新制中学校の選択科目に柔道が採用された。1953（昭和28）年には学習指導要領で、柔道、剣道、相撲が「格技」という名称で正課の授業とされた。

　1954（昭和29）年、京都と東京で大日本武徳会再建運動が起こり、京都派と東京派は、各々財団法人大日本武徳会の設立認可を文部省に申請した。これに対し、（旧）大日本武徳会の事業を継承する全日本剣道連盟、全日本柔道連盟、日本弓道連盟は「類似の団体を設立することは武道界を混乱に陥れる」として共同で反対した。文部省は1年近く慎重に審議した結果、民主的に組織されて健全に活動している連盟が既に設立されており、体育行政上適当でないとの理由から、設立認可申請を却下した。そのため任意団体として発足したが、2012（平成24）年12月3日をもって一般社団法人に移行した。この出来事は全国の武道界を揺るがす大問題となり、1956（昭和31）年5月30日、全日本剣道連盟、全日本柔道連盟、全日本弓道連盟が提携し「日本三道会（会長・全日本剣道連盟会長、副会長・全日本柔道連盟会長＆日本弓道連盟会長）」を結成した。

　1959（昭和34）年には日本相撲連盟が加盟し「日本志道会」と改称された。また、後に全日本剣道連盟は他の連盟との段位の二重登録を禁じたため、（新）大日本武徳会の規模は一気に縮小した。

　1903（明治36）年から範士・教士という最上位の称号を授与するようになった称号制度は、全国的規模で武術家を認定するシステムとして機能し始め、各流派を代表する武術家を緩やかに抱え込んでいったが、大日本武徳会が全面的に統括することができたのは剣術のみであった。柔術では最上位の称号の審査を最初から担当した3名の選考委員の一人嘉納が、独自に講道館の段位を持つ多数の門人を有しており、弓道では大日本弓道会・生弓会・射覚院・射徳会などの団体がそれぞれ独自の段位・称号制度を持ち、会員を組織し

ていた。そのような中で、3名の選考委員の中の北垣国道（会長、のちに商議員、1884〈明治17〉年に山岡鉄舟の春風館に入門）と渡邊昇（商議員、神道無念流の剣術家であり、1903〈明治36〉年5月に武徳会剣術範士を授与されている）の2名（両者ともに高級官僚であり、貴族院議員であると同時に剣術家）がいた剣道のみは他流派、他団体の段位・称号など一切を認めてこなかった。

　大日本武徳会が発行した武道の階級、柔・剣道形等は、今日に至るも最高の権威として多大な影響を与え続けている。称号制度については、剣道や弓道においては引き継ぎ、柔道では廃止した。しかし、柔道においては、講道館が他流派の段位や大日本武徳会の段位をそのまま受け入れた。その結果、全国の修行者のほとんどが、講道館の柔道を学ぶようになり、講道館は分裂することもなく肥大化発展することになった。

大日本武徳会の武術教員養成所の校名変更（武術→武徳→武術→武道）

- 1905（明治38）年8月：京都に「武術教員養成所」を設置（剣術と柔術の2科）
- 1911（明治44）年：「武徳学校」と改称
- 1912（明治45）年1月23日：「武術専門学校」認可
- 1919（大正8）年：「武道専門学校」と改称

武術の学校体育への正科編入運動

　1877（明治10）年以降頃から国内の学校教育の場への武術の正科採用を推す声が剣術家を中心に出されるようになり、1883（明治16）年文部省は体操伝習所に対し剣術や柔術の教育に対する利害適否を調査するよう通達した。

　文部省が中学校令施行規則の一部を改正し、「剣術（撃剣）と柔術」を学校体育の随意科目として採用するのは、中学・高校が1911（明治44）年7月、師範学校が翌年6月である。剣術家・水戸東武館館主小澤一郎（武徳会茨城支部常議員兼幹事）は、この時期の剣術の学校正科編入運動の中心的人物の一人で、1895（明治28）年長野市の剣術家・修武館館主柴田克己（両者ともに士族）、1897（明治30）年から1910（明治43）年の間、関重郎治、星野仙蔵（衆議院議員・武徳会剣道教士）、小沢愛次郎（衆議院議員・武徳会剣道教士）らと連名で、維新後の実際の戦争においては剣術によって「功ヲ奏スルモノ」が多くいたとして、剣術による「尚武ノ美風」の養成を強調し、その意義を武徳会の存在によって補強するという論理によって、「多数ノ青年」に「剣術ノ貴キヲ、知ラシメ」るため、高等学校・尋常師範学校・尋常中学絞・小学校の正科に「撃剣ヲ加フルノ協賛ヲ得ンコトヲ希望」するとした衆議院ないし貴族院宛の正科編入の請願書を計14回提出し、1900（明治33）年2月に貴族院で可決されている。このように、武術の正科編入を実際に推進したのは剣術系の人々であり、嘉納は学校体育の正規のカリキュラムの中に武術を編入することに関して、当初積極的ではなかったようである。この当時、なかなか正科にならなかった原因として、怪我の多発、教士の不足、予算不足の問題等が考慮されてい

たからであった。

　議事のなかでは、「形」の練習による技術以上の武士道を中心とした日本精神性の向上や、実践の場での進退の駆け引きの向上が期待でき、戦争でも役に立つと訴え要請している。

　また1899（明治32）年５月、小澤と柴田は、「今や社会の形勢競ふて武術を拡張せんとするの時運に際会せり此の秋に方り文部省は我輩の熱望と天下の興論とに賛成し正科に編制せんとするや期して待つべし」という認識にたち、武徳会に対して、

　　大日本武徳会々員諸君に建議す
　　一　各流派の形を廃し一定の形を制定せんとす
　　二　各流派の流名を廃し一定の流名を付せんとす（竹刀は三尺
　　　　八寸以内を以て定寸とす）
　　三　各小学校の唱歌を全廃する（唱歌に代えて剣舞の採用を要
　　　　求。著者挿入）

　の３項目からなる建議書を提出し、正科編入の前提条件である形と流派の統一、および公教育機関を通じて青少年への剣術・剣舞教育の実施を、武徳会を通して実現していこうと政治的次元で論じた。

　こうした剣術界の活動や尽力により、1911（明治44）年男子中学校体操科に「撃剣及柔術」がはじめて任意採用され、1913（大正２）年でもまだ「撃剣及柔術」であり、1915（大正４）年になり、高等師範学校は、体操、柔道、剣道の３コースからなる「体育科を設置」した。1926（昭和元）年、文部省は武術の競技スポーツ化を否定する含みをもって「撃剣及柔術」を「剣道及柔道」に置き換え、「遊戯及競技」と別教材に位置付けた。以後「撃剣」「柔術」という呼称は死語となり、「武道」という呼称が定着することとなっ

た。このことは武術の競技スポーツ化を嫌い、精神的訓練に宗教的、人格的成果を期待しての結果でもある。しかし当時、学校の現場では、「剣道及び柔道競技等に在りては特に礼節を重し徒に勝敗に捉わるるが如きことあるべからず」と、武道と洋式競技の区別なく、フェアプレイに相当する「礼節」について言及しなければならないほど勝利至上主義が横溢していたために、闘争的な競技を成立させるための前提として「礼節」について言及し、「礼に始まり、礼に終わる」とする試合時の礼法・約束に関心を払っている。

学校体育と柔道

　日本の学校教育においては、1898（明治31）年に旧制中学校の課外授業に柔術が導入された。

　1911（明治44）年男子中学校体操科に「撃剣及柔術」が任意採用を果たし、1913（大正2）年でもまだ「撃剣及柔術」であった。1915（大正4）年高等師範学校は、体操、柔道、剣道の3コースからなる「体育科を設置」した。1926（昭和元）年、文部省は「撃剣及柔術」を「剣道及柔道」に置き換え（これは武術の競技スポーツ化の否定である）、「遊戯及競技」と別教材に位置付けた。

　1931（昭和6）年、剣道と柔道は「我国固有の武道」と位置付けられ男子中学校の必修とされた。1938（昭和13）年、小学校に武道が正課として採用され、その究極の目的は「心身ヲ錬磨シテ武道ノ精神ヲ涵養スルニ資セシメル」にあるとされた。当時の身体運動の効果についての基本的考え方は、精神を修養したからといって必ずしも身体が鍛えられるというわけではないが、身体を鍛練すれば精神は自ら修練せられるものとされ、そこに体育運動の尊いところがあるとされていた。武道は武術としての目的ばかりか、あらゆる精神的要素と体育的要素とを具備しているとされていた。殊に柔道は他の体育運動と異なり、体育のため以上に精神修養の要道として考案され発達してきたものとされる。1941（昭和16）年には国民学校「体錬科」が「体操及遊技競技」からなる「体操」と、剣道と柔道からなる「武道」に大別されたように、同じ競技でありながら、日本武道と洋式競技とは峻別された。木下[66]は、国民学校の実体が競技スポーツ化すればする程、「競技」スポーツという技ではないことを強調する名称が必要とされた。術と技に本質的相違の

あるはずはなく、相違を主張しようとすれば、技術を生み出してきた日本と西洋の精神の相違を強調することになり、これが、形而下の可視的「術」に代わる形而上の精神的な「道」の文字の採用であったとする。

第二次世界大戦（1939〈昭和14〉年9月～）・太平洋戦争（1941〈昭和16〉年12月8日～1945〈昭和20〉年8月15日）下において、柔道は実戦を目的とした教材に変えられた。戦況が深刻になるにつれ、学校においても、明治以来の「体操科」は「体錬科」と名称を変えた。「体錬科武道」が実施される間、当身技が学校柔道を中心として組織づけられ、発展した。国民学校体錬科においては政府主導の皇国思想の養成と戦技能力の鍛錬が求められた。体錬科の教材として「教練」、「体操」（徒手体操、跳躍、懸垂、角力〈相撲〉、水泳など）、「武道」（剣道、柔道、銃剣道）が課せられ、柔道と剣道は偏ることなく併せて行うこととし、常に攻撃を主眼として行うことが説かれた。体錬科武道の柔道の内容は、「基本」として「礼法」、「構」、「体の運用」、「受け身」、「当身技」が、「応用」として「極技」、「投技」、「固技」があった。終戦末期に至っては、当身技は従来の指導体系を放棄して、白兵戦闘的動作へ移行し、そこで終戦を迎えた。

終戦に伴い、日本の民主化政策の一環としてGHQ/CIEによって「武道」の実施に対する処置が検討された際に、CIEは武道を軍事的な技術とみなし、軍国主義を助長する精神教育を養成するものとして警戒した。これに伴い武道という枠組みに位置付けられていた柔道は、剣道や弓道同様軍国主義に加担したとして1946（昭和21）年11月、武道禁止令を受けた。1947（昭和22）年、極東委員会から日本教育制度改革に関する指令が発せられ、「剣道のような精神教育を助長する昔からの運動もすべて廃止しなければならない。体育はもはや精神教育に結び付けられてはならない。純粋な集団体

操訓練以外のゲームや娯楽的運動にもっと力を入れるべきである云々」という様な言葉がある。

　柔道復活の陳情は相次ぎ、文部省の請願書による改革案（1．教育的価値について、2．実施方法について、3．審判について、4．一般人の関心について、5．競技会について、6．柔道界の組織について）が総司令官に提出され説明された。これに対しGHQから「学校柔道の復活について」という覚書が日本政府に出され、柔道は明治期から海外進出して相応の評価を得ており、また剣道に比べて戦技上の実績が認められなかったことが有利に働いてのことか、CIEからの注意事項として「実施してよい柔道とはあくまでも大臣の請願書に規定された柔道であること」と念押しされた上で、スポーツとしての柔道が学校体育へ復活することが認められた。しかも「実施方法について」においては、"段別の外に体重別・年齢別の試合の実施"など、そこで提示された新しい柔道には、"競技スポーツ"に向かうべき下地があった。その結果、戦後「スポーツとしての柔道」は取り分けて国内の斯界をも風靡し、修行者はもっぱら「乱取り」練習に興味を持ち、試合における勝敗にのみ熱中するようになった。

　その後国内での再開の努力や文部省への嘆願書の提出、海外の柔道連盟の発足などを受けて、1950（昭和25）年文部省の新制中学校の選択科目に柔道は採用を果たすことにはなった（弓道は1951年、剣道は1953年に、しない競技としては前年の1952年に）が、しかし柔道は武道禁止令の解禁に際し、GHQの一部局である最高司令部民間情報教育部（CIE）によって「競技スポーツとしての柔道」が誓約されることとなった。それはいわば便宜的なものとも捉えられるものでもあったため、日本の指導者の中にはいつか再び武道を精神教育の中心として復活させようという志を持つ者も多くいた。しかし競技スポーツへの流れの中で、柔道の核心部分に

変容が生じ、競技に勝つための「身体（体力）強化」論が強まり、競技力向上のための「強化」のみが柔道実践の中心となっていき、「柔道は畳の上のスポーツ」として限定されるようになって、戦前までのかなり強く意識されていた「人間形成の道」としての追求、特にその「修心」面、「徳育」面の追求が、急速に弱体化していった。しかし近年まで、「武道」や「修行」そして「礼儀」という観点から「徳育の低下」を食い止めようとする傾向は少なからず残ってはいた。このような行動面における徳育の低下への憂慮は基本的に、たとえ「競技スポーツとしての柔道」、「近代スポーツとしてのJUDO」を容認する者であっても、「他の競技スポーツと柔道は単純には同一ではない」という認識から発しており、柔道による徳育の効果は、人間としての「生き方」や「生活」に結びつくものでなければならないと考えていた。ところが、柔道が世界的なスポーツに変身した時点で、多田氏が云う [76] ように、そこに含まれていたナショナリズムな精神的伝統つまり非近代的な文化の残滓を払拭しなければならなかった。そして「競技スポーツとしての柔道」として、「畳の上での勝ち負け事」に限定されてしまい、精神的伝統の延長線上に存在した武道独特の修行観や段位に対する価値観、あるいは礼儀作法という行動面においての徳育の低下を招くことになってしまった。「勝利志向の強まり」は「畳の上」の時空のみへと価値観を限定させ、「日常の社会生活へ応用する」といった側面は全く強調されなくなり、「競技スポーツとしての柔道」への関心のみが高騰し、勝ちさえすれば目的が達せられたと考えるような「勝利志向」の傾向が横行しだして、柔道を生活や生き方に応用するという、幅広い視野観は失うことになってしまった。しかし、GHQ/CIEが考えた精神教育は、超国家思想或いは皇国精神等を助長する一部の精神教育に限定されるものであって、精神教育に含まれる全てではなかったと考えられる。にもかかわらず、「競技スポーツと

しての柔道」は、日本では、国際舞台での勝利が、柔道の発祥国としての意地と誇りによってより強く求められるが故に、「勝利」を「人気への促進」という価値観と安易に結びつけ、最終目標としての価値へと転換してしまったようで、道徳的精神教育全てを排除放棄しようとしている。修行者の動機づけを高め、教育的価値の体系を保持するための手段的価値に位置づいていた「勝利」が失われてしまったために、「目の前の勝敗に囚われるな」と幾度唱えても、「勝利が目的」化したことによって空念仏に終わることとなった。

　1953（昭和28）年の学習指導要領で、柔道、剣道、相撲が「格技」という名称で正課の授業とされた。

　1958（昭和33）年10月、中学校学習指導要領および、1960（昭和35）年10月、高等学校学習指導要領の改訂において、保健体育科の内容に相撲、柔道、剣道が「格技」という運動領域の名称で位置付けられた。

　1989（平成元）年3月、改訂中学校学習指導要領、高等学校学習指導要領で「格技」から「武道」に名称を戻し、「武技、武術などから発生した我が国固有の文化」であると強調した。実体が競技スポーツ化すればする程、「競技」スポーツという技ではないと強調する必要性に迫られてのことであった。形而下の可視的な「術」に代わる形而上の精神的な「道」の採用である[66]。またこの名称採用の背景には1899（明治32）年に著し、1908（明治41）年に『武士道』として邦訳された新渡戸稲造"Soul of Japan"や柔術から近代的生命を与えた講道館柔道の影響もあるとしている。

　1998（平成10）年12月、学校教育法施行規則の一部改訂および中学校学習指導要領の改訂、→2002（平成14）年度から実施。

　2012（平成24）年4月から中学校体育で男女共に武道（柔道、剣道、相撲から選択）が必修となった（中学校武道必修化）。

改めて「戦時中における柔道修行の目的」

　1928（昭和3）年に長谷川泰一[49]は柔術を学ぶ目的について次の様に記している。「柔術を学ぶ目的、及びその主義には左程著しい変化もなかったが、次第に體育的、又は修身的傾向を帯びてきたことが認められる。其れが明治維新後、社会の状態が一変して以来、柔術の意義も、漸次変化して来て、単に戦場に於ける組討ちの為の術として、平素練習するのではなく、之より余程深き意に解せらるるに至ったのである。即ち現今に於ては、健全なる體軀と剛健なる精神とを養成し、『心身の力を、最も有効に使用する道』であると、言ふ意義に解せられ、攻防の術は寧ろ、第二義的のものとなった。」

　以後、落合（1928年）[52]、金丸（1937年）[33]、永岡＆櫻庭（1938年）[116]、石黒（南郷館長訓話を含む1942年）[50]と続く各位の書中の柔道の理とその目的や柔道修行によって得られる徳育についての主張を経時的に列挙してみると、「君国の為容易に身命を擲つ覚悟があるようになる。柔道修行は一言にして之を盡せば盡忠報国の準備を整えるための修行に外ならない。」と同意の主張が続き、道徳的目的が超国家思想或いは皇国精神等の面において強調され、柔道は軍事的効果を目的とした手段として推進される等、柔道愛好者にとって不都合な過去の事実も耳に逆らうことなく素直に受け入れた上で総括し、今後の「柔道」のあり方を追求することが求められる。

「柔術」および「柔道」を他国へ紹介・普及に貢献した歴代の人々

　他国へ紹介・普及に貢献した歴代の人々には、講道館からの山下義韶夫妻、小泉軍治、谷幸雄、佐々木吉三郎、桑島省三、會田彦一、石黒敬七、高垣信造等や嘉納本人がおり、その業績が多大であったことは、今さらここで取り上げることはしない。その他近年では、青年海外協力隊の体育隊員として柔道指導に関わっておられる方も少なくはない。その他にも、講道館からはみ出して国外へ脱出し、多大な貢献を為したと思われる例（ブラジリアン柔術と前田光世、グレイシー柔術、イギリス、アメリカ、フランス、ドイツ、ロシア、グルジア、アルゼンチン、パラグアイ等）も少なくはなく、海外への「JUDO」発展に大きく貢献していることを付加しておくにとどめる。

改めて「講道館柔道」とは

「講道館柔道」とは日本古来の武術であった「柔術」を、嘉納治五郎（1860－1938）という明治〜昭和の教育家であり、講道館柔道の創始者である人物が、様々な流派を研究してそれぞれの長所を生かしながら集成、体系化していく過程で、梃子の原理や重心の理論などに基づいて自らの創意と技の理論化を図り、出来るだけ少ない力で効果的に相手を制する技術のシステムとして編成し、技を言葉によって合理的に説明できるものとしてその真価を世に問うとともに、人間形成を目指す「柔道」へと昇華させたものとされる。

　講道館柔道の本義および指導理念は次の要約に示されている。「柔道は心身の力を最も有効に使用する道である。その修業は攻撃防禦の練習に由って、身体精神を鍛練修養し、斯道の神髄を体得することである。そうして是に由って己を完成し世を補益するのが、柔道修行の究極の目的である。」

　この後も柔道の修業による人間完成の追究を重ねた。具体的には、個々の目的を果たすために心身の力を最も有効に使用するという一原理、この原理を精力最善活用の原理と称え、これを「柔道」と命名し、「柔道とは精力最善活用の原理に基づいて心身を鍛練し人事百般の事を律する方法の研究と練習とをすることである」として、「これらの研究もし、実行もし、また宣伝もするというふうにならなければならない」と具現化したものである。

　すなわち、嘉納は柔道の原理、目的、意義、修行方法、技に至るまでの総てを説明可能なものとして構築した他、さまざまな講道館の試みについても機会を得る毎にそれらについて解説し勧奨するという活動を展開した。

「1910（明治43）年、柔道は身体を鍛練する事より云ふ時は体育法となり、精神を修養する事より云ふ時は修心法となり、娯楽を享受する事より云ふ時は慰心法となり、攻撃防禦の方法を練習する事より云ふ時は勝負法となる、とあるように娯楽としての柔道の面も唱っているので、決して講道館柔道は単なる武道的な厳しい面のみを強調するものでなく、心を慰むるものとして、即ちスポーツの字義通りの内容も具備するものである。」と嘉納履正氏は主張する。[98]

　今日、柔道はスポーツ競技としてポピュラーとなり、柔道選手を目指して入門する若者も少なくないが、皆が皆揃って一流の競技選手になれるわけでもない。嘉納柔道は、道場で相手を投げたり、抑えたり、首を絞めたり、四肢の関節を逆に極めたりする攻撃と、逆にそのような攻撃に対する防禦の練習を積むこと、すなわち、相手を制し、制されないようになる為の気力や体力および智力をつくす練習を繰り返すことによって、自分の身体と精神を合理的に無駄なく最も有効に働かせる方法を身に付けることを目標に工夫されたものであり、人生の中での目標が適うように精神と身体を巧みに働かせる方法・原理を学び、応用することを学ぶものであるとされている。所謂「術」を学ぶこと以上に「道」を学ぶことを主眼としたものとされている。嘉納柔道は、身体の訓練に止まらず、心、精神、道徳、倫理、教育などの訓練を含む思想の育成と、実践及び人事万般の事に応用するための研究から実行へと進むことを求めて心身を訓練することを求めている。

「形」の演武で次の様な場面をしばしば目にすることがある。端的に言えば、取と受、両者共に自分の所作を上手に演じてはいるのだが、なにか噛み合っていない。各々は互いに上手に形を演じてはいるのだが、制し制される双方の間合および理合いが共に不自然で適切でない。取と受、双方共に自分から動くところと相手に動かされ

るところを自覚しないままに我儘に動いている場面に遭遇すること
が多々ある。そこでそうすることになっているからそうする。自分
がやりたいように、すなわち自分だけの都合で振る舞っている。形
を練習する場合には、お互いに動き・動かし・動かされている、す
なわち能動的動作と受動的動作を明瞭に自認しつつ、一所作、一所
作の理合いを自覚しながら、初めのうちはゆっくりと、練習を重ね
るうちにそれなりのスピードで動くまでに、繰り返し練習する必要
がある。共に学ぶ仲間同士、初級者は初級者なりに、上級者は上級
者なりに、弛まず地道に柔道の原理の理解に努めながら練習するし
か道はない。常に究める態度を維持しながら練習に取り組むこと
は、Active learning の考えにも通じることであろう。

　1941（昭和16）年3月国民学校令が公布され、同年4月からそ
れ以前の小学校が国民学校に改められた。初等科6年、高等科2年
で、ほかに特修科（1年）をおくこともできた。国民学校の目的は
「皇国ノ道ニ則リテ初等普通教育ヲ施シ国民ノ基礎的錬成ヲ為ス」
ことが本旨であった。教科の編成を改め、教科書も新しく編集され
た。

　第二次世界大戦後は、1947（昭和22）年の新学制により、初等
科は新制の小学校に改められ、高等科は新制の中学校設置の母体と
なった。

　1949（昭和24）年には全日本柔道連盟が結成され、1962（昭和
37）年には財団法人日本武道館が発足、1964（昭和39）年には柔
道のオリンピック種目採用など、国際的にも「スポーツJUDO」は
発展している。この様な流れを客観化して眺めると、今日の柔道
は、日本古来の伝統文化ではなく、明治中期以降に武術や武芸が近
代化される過程で加工修正され、敗戦後にスポーツ化された近代文
化であると云うことが出来る。日本固有の「柔道」を追究する心は
残してほしいものだ。

序説 ――「嘉納柔道の定義」の具体化変説

　嘉納治五郎は、1913（大正2）年2月の講道館の機関誌『柔道』に、「柔道は心身の力を最も有効に使用する道である。柔道の修行は攻撃防禦の練習に由って身体精神を鍛練修養し、斯道の真髄を体得する事である。そうして是に由って己を完成し世を補益するが柔道修行の究竟（きゅうきょう）の目的である。」と発表した。これによって「精力善用」、「自他共栄」が御旗となり、今日に至ってもいまだ二者は柔道を表す金言として発信されている。しかし今日の指導者のなかには、この金言と柔道指導の実践躬行（じっせんきゅうこう）との間に浅からざる溝を認識し、埋める策を模索しつつも講じかね、ついには社会生活へ応用する具現法について模索することすら忘れてしまったかのような指導者も少なからずいる様な気がする。

　1930（昭和5）年4月の『柔道』には、「柔道の修行者は道場練習以外の修養を怠ってはならぬ」と題して、「柔道とは精力最善活用の原理に基づいて心身を鍛練し人事百般の事を律する方法の研究と練習とをすることである。」と具現化し、個々の目的を果たすために心身の力を最も有効に使用するという一原理、この原理を精力最善活用の原理と称え（とな）、これを柔道と命名し、この原理を攻撃防禦（ぼうぎょ）に応用する武術、身体を強健にしかつ実生活に役にたつような目的に応用する体育、智を磨き徳を養う（ち）ということに応用する智徳の修養法、衣、食、住、社交、執務、経営等人事百般のことに応用する社会生活の方法の4部門に区分したうえで、これらの研究もし、実行もし、また宣伝もするというふうにならなければならないと具体的に明示している。すなわち、精力最善活用の原理を人間生活全ての事に応用する方法の研究と実行をし、さらに宣伝をもすべきであると具現化変説したのだが、国家間の時局が緊迫しだすと、「精力

善用を国家に応用すれば皇室を奉戴するという道徳が第一義である」として、「どこまでも皇室を国民結合の中心として仰いでゆく事が精力善用の根本義である」と主張した。

　柔道人は「精力善用」、「自他共栄」という金言を御旗としているが、嘉納の柔道修行の徳目の中の「道のためには艱苦をいとわず、容易に身命をなげうつ覚悟があること」という徳目については未だ消化しきれていないように思われる。戦後に「スポーツ柔道」の実践を、柔道再興の約束事としたとはいえ、勝つための柔道のみが横行闊歩し肥大化し続けるのも気掛かりである。「スポーツ柔道」の実践を咀嚼不十分のまま併せ呑み、未消化のままに競技面の勝利のみを命題化し、追求している？　現実に、勝つための柔道教本は書店の棚を独占している一方、特に社会生活への応用についての柔道研究書や柔道練習書は閑却（かんきゃく）の観を呈しているように感じられる。Active に JUDO を practice し learning する、嘉納柔道は human science の一部門でもある。実施方法については一考も二考もありそうである。

　嘉納自身も、「一般の道場では修行の順序として乱取りを主として教え、それがまた血気盛りの者には面白い（おもしろ）ので、勢いその方の練習に気を取られて、広くかつ深い意味における柔道は閑却されやすいのを遺憾と思っている。」と憂えているが、柔道指導者は、道場内の実技の応用を、個人の社会生活が存続し発展していく為に応用する方法を模索探求し、「人はなぜにこうしなければいけないのか、どういう訳でそうしてはならないのか、理論に基づいて誰もが反対の出来ないような説き方で指導する方法を模索していかなければいけない」とする嘉納の原点に回帰する努力を怠らない様にしなければいけない。所謂、「乱取から始め形も練習することによって、その乱取や形の根本原理を理解し、その原理を百般の事に応用する練習をし、習慣を養うことを怠ってはならない」のである。

「柔の理」とは

　日本においては古来「柔術」、「体術」、「やはら」などと称して「柔の理」をその原理とした攻防修行法（武術）が発生し、発達してきたとされる。スポーツが「先」を競う「攻めの文化」であるのに対して、武道は「後の先」すなわち「待ちの文化」であると言われる。「柔の理」とは「相手の力に順応してその力を利用して勝を制する理合い」即ち武道で言うところの「後の先」のことを言う。武道には「三つの先」、すなわち先々の先（＝懸の先、相手の先に先んずるの先で相手が発しようとしてまだ発しないのに、忽ちその気の動く所に虚を認めて技を施し機先を制する事）、先、後の先があると言われている。

　日本柔道普及会（1952年）[77] は「三つの先」について、次のような修業上の基本的注意事項をあげて解説している。

　相手と組んだ場合に、最も大切なことは、常に機先を制し、好機をつかんで攻めたて、相手を倒すまで手をゆるめないことである。つまり、常に先をとって攻めることが必要なのであるが、先には、(1)先々の先（懸の先）、(2)先（對の先）、(3)後の先（先後の先）がある。

　「先々の先」、即ち懸の先というのは、相手が何等かの攻撃に出ようとするのを、事前に見抜いて技を掛け、相手に先手を打つことである。つまり、相手の先に先んずる先であって、勝敗を争う場合に、一番重要なことである。

　「先」、即ち對の先とは、相手が先をとって掛けてきたときに、その技がこちらにまだ掛からない先に、こちらから逆に技を掛けて、相手を制することをいう。

例えば、相手が払腰を掛けようとして、その動作を起こしてきたときに、こちらはその隙をつかんで、逆に体落としを掛けて相手の技を封ずるというような場合が、これに当たる。

「後の先」、即ち、先後の先とは、相手から技を掛けてきた場合に、その掛けられた技を逆に利用して、相手の虚をつくとか、または相手が技の失敗を感じて、体制を立て直そうとして体の崩れたところを、反対に制圧することをいう。

　例えば、相手が小内掛けで来たときに、その技の成功しなかったのを感じて、その技を掛けるのを止め、体を退こうとして体が前に傾いたところを、反対にこちらから跳腰を掛けて倒すような場合をいう。

　勝敗は先を如何にとるかによって決するが、ただ先をとることばかり気を奪われているとそこに心が止まってしまう。これを「止心」といって、技の上達には最も大きな障害になるものである。止心に陥ると活発な心の働きが失われ、自分から危機に陥って惨めな敗北を喫することになる。

　また「懸待一致」に注意を促す。「懸待」とは、待つうちにも懸ける気をふくみ掛けるうちにも防ぐ技を備えていることであって、防ぐことは攻めるためであり、攻めるうちにも防ぐ構えを備えていることを懸待一致という。

　攻めることだけに気をとられていると、かえって隙が出来る。その隙に乗じられるとどうにも施す術がない。そうかといって、防ぐことばかりに気を奪われていると、止心となり、相手に先を与え、勝つ機会を失ってしまう。

　技を掛ける機会に次の様な6例を挙げる。一、相手の構えの不備に乗じる。二、相手が技を掛けようとする出鼻に乗じる。三、相手が迷っている状態に乗じる。四、居附いて動かない状態に乗じる。五、相手の焦りに乗じて制する。六、相手が技に失敗し身心の乱れ

ているところに乗じる。

　技の掛け方については４例を挙げる。一、相手との距離を適当にとる。二、力の運用をうまくやる。三、相手の崩れをもどさない。四、心・気・力の一致を忘れないこととする一方、修業心得篇の修業の基本的態度について、中野正三氏の講話を取り上げ話を進める。

「―― 私はどんな相手と稽古する場合でも、相手に自由に好きな所をとらせてから、自分でとるようにしている。いまだかって相手をきらったということはない」という話を紹介し、「稽古に際しては、お互に好きなところを握らせるくらいの襟度と、常に正しい姿勢で頑張らずに正々堂々と、ひたすらに技の上達を心がけ、技を楽しむ態度が大切である。

　自分より技のすぐれている人と練習する。自分と同格の人と練習する。自分より後進の者と練習する。さらにはやりにくい相手と練習する。自分より長身の者、短身でも体重のある者、左または右の極端な構えの者に対しては、相手の好むところを持たせて練習する。始めの間は不利で投げられることが多いが、練習を重ねるうちに策戦（ママ）が上手になり、平気になって来る。これとは反対に、自分の得意の技を生かすために、自分の好むところを無理にでも握って積極的に攻める練習も必要である。臨機応変に使いこなす練習が大事である。」と。

　昔の柔術の極意にある、「自然本体は無心の構え、柔能く剛を制するは柔（やわら）の原理なり」という原理を、嘉納は「柔道原理」として三つの理に分析し、それらの原理によって個々の技を理解し、練習方法に生かすことを希求している。三つの理とは、①（構えについて）自然体の理：どのような攻撃に対しても即応できる攻防自在の姿勢の在り方、②（攻防について）柔の理：どのような相手の攻撃力にも無理に逆らわないで、その力を無効にする体捌き、③（攻撃に

ついて）崩しの理：相手の姿勢を崩し、又は、体の固着に乗じて勝機をつくる、であり、この三つの理に基づいて「形」で技を習い、「乱取り」に生かす道を示している。

　嘉納は、「攻撃防禦の方法の練習を暫く続けてみると、肉体的な発達のみに止まらず、精神的にも変化が生じてくることに気が付き、攻撃防禦の練習に由って培った原理は人生百般の事にも応用することができるものであることを知り、広く人々にも学ばせたいと希求して『講道館柔道』という武術を創設した。」とされ、その後、「講道館柔道の目的は単なる攻撃防禦の方法の練習としての意義に止まることなく、原理の研究、身体精神の鍛練修養、人事百般のことを律する方法の研究と練習へと進化していった。」とされている。

柔道の練習の視点を何處に求めるか

　戦後、GHQ/CIE から武道禁止令を受けた後、武道復活の約束事として精神性を排除した教育に基づくスポーツ「JUDO」が世界に拡散し、「JUDO」が世界共通の認識となってきた。この波は、我が国においても、勝利志向の「スポーツ柔道」の高まりとして拡散する一方、終戦前までかなり強く意識されていた「人間形成の道」としての追求、特にその「修心」面、「徳育」面を強く追求してきた「柔道」は、急速に弱体化してきた。しかし、柔道を通しての「人間形成の道」の追求、特に「修心」面、「徳育」面の指導を期待して柔道を学ばせようとする声は少なくない。すなわち、保護者が柔道に期待する第一位は、道徳人としての成長である。

　（注：GHQ/CIE から日本政府に出された認可の条件は、「学校柔道の復活について」という覚書に、注意事項として「実施してよい柔道とは、１．段別・体重別・年齢別の試合の実施、１．戦時中行ったような野外で戦技訓練の一部として集団的に行う方法の全面的廃止、１．当身技、関節技等の中で危険と思われる技術を除外した柔道であること等」を含めたものであった。）

　スポーツの一種としての柔道即ち「スポーツ柔道」での徳育の低下は、人間としての「生き方」や「生活」への結びつきを疎遠にした。勝利志向の「強まり」と、弱者への配慮や他者肯定の「低下」との間には避けがたい相関があり、「競技」の時空のみへと視野を限定させ、柔道を生活や生き方に応用するという幅広い価値観を見失わせる。「勝利」という価値は「競技化の促進」という価値と容易に結びつき、次第に目的的な価値へと転換していった。

　全ての人が柔道競技のチャンピオンになれるわけでもない。全て

の人に勝利だけを目指した練習を課す指導は、日本柔道の方向性とは異なる様に思われる。「柔道」には、技能習得の経験を通して、人としての「生き方」や「生活」に結びつく行動の仕方を学び、自己の完成を目指すという一定の伝統的な考え方が包含されている。「競技」の時空のみへ視野を限定せず、技能の習得練習などを、自己への内なる対峙として十分に咀嚼吟味し、自己形成の材料として応用するという「柔道」の原点に立ち返り、精神性を重視した人間教育から、生活や生き方に応用するという幅広い視野観を養うことに努めるべきであると思う。勝つための柔道や、身体を強健にし、実生活に耐えうる身体をつくる柔道、肉体的な攻撃防禦の為に柔道の原理を応用する柔道なども確かに大切な piece, part である。しかし、そこで止（とど）まって終（しま）っては「スポーツ JUDO」の域を脱することは出来ない。勝つ柔道を目的とするに止まることなく、技能の習得などを通して生活や生き方に応用するという幅広い価値観を求めて、心身を鍛練し、智徳を養い、人事万般の事を律する方法に基づく行動の仕方を学ぼう。

　京極氏 37) は、「柔道は業の熟達を得るのも勿論だが、精神の修養を重視しなければいけない。その為には、行為や言語を慎み、服装も正しくしなければいけない。下着の紐や帯が解けたりしているのに、これを直さずに稽古を続けたりしない様に深く注意しなければいけない。服装が乱れた時には直ちに正坐してこれを直さなければいけない。端正な態度は武道にとっては最大の要件である。（旧表現を現在風に意訳している）」と記している。

　相手を制することを目標にした畳の上での練習から、自分の身体と精神、気力・体力・知力を合理的に無駄なく、最も効果的に働かせる方法を身に付けるための練習へ導線を繋ぎ直す必要がある。そのような練習は日常生活の態度にも応用することができ、自分の目指す目的が適うように精神と身体を巧みに働かせる練習に応用でき

るものである。日常の生活の中に組み換える練習を怠らない様にしなければいけない。

　練習するには、正しい練習の仕方があることの認識を持つことが大事である。「柔道の理」および「精力最善活用の原理」に基づいて、道場での非日常的な攻撃防禦の所作の中の身体感覚を習・修得すること、そして無意識下で表出できるまでに刷り込みを重ねること、身に付けたものを道場外での日常の生活の中で無意識に、反射的に表出できるようにすることである。それも最も効率的に、効果的な結果が得られるように、そうすると為した所作は他者から見ても優美に見えるようになる。間違った方法でやると、かえって害を大きくするとすることになる。

　新渡戸稲造は自著『武士道』[23), 100)] の中で、「礼式は、一定の結果を達成するための長年の体験から生まれた、最も適切な方法であって、何かを為そうとするには、必ず最良の方法があるはずである。その最良の方法は、最も経済的であると同時に、最も優美なる方法である。（イギリスの経済学者、スペンサーは）優美という事について定義を下し、動作の最も経済的な方法であるとした。」と述べている。

　柔道練習の実際でも、練習の相手も自分よりすぐれている人と練習する場合、同格の相手と練習する場合、自分より後輩の者と練習する場合、更にはやりにくい相手とする場合等に分けて工夫と努力をする必要がある。

　日常的な諸々の事象を、スムーズに、スマートに、美しい所作によって無意識的に表出できるように、身体感覚を養う事によって、最善の効果が得られる経路へ反射的に接続できる神経回路を養成することになる。非日常的な攻撃防禦の練習の中から、心身を最も有効に活用するという根本原理を探究し、その原理を日常的な諸々の事象に組み替える習慣を養い、人事万般の事が最良に処理できるま

での感覚を養う努力をすること、そこに柔道の練習の真の目的があるのではないかと思う。道場内での所作を練習・修得することで、道場外での日常の万般の事象に対しても応用でき、心身が養い育まれ、最良の効果が残せるようになる。「精力最善活用の原理」を自問自答しながら、初めは意識して感覚を養う練習をし、最終的には、無意識的にも表出できるようになることを目標として身心を練ろう。最良の効果を無駄のない美しい動きによって無意識的に、反射的に表出できるように身体感覚を養い、成熟させる練習を積むところに柔道練習の意味するところがあると言える。

　戦前までのかなり強く意識されていた「人間形成の道」としての追求、特にその「修心」面、「徳育」面の追求が、急速に弱体化してしまった。これは、武道禁止令後の約束事である事から致し方ないことではある。しかし近年まで、「武道」や「修行」そして「礼儀」という観点から「徳育の低下」を食い止めようとする傾向は少なからず残っていた様に思われる。このような徳育の低下への憂いは、基本的にたとえ「競技スポーツとしての柔道」を容認する者であっても、「他の競技スポーツと柔道は単純には同一でない」という認識の上で発せられていると思う。柔道による徳育の効果は、人間としての「生き方」や「生活」に結びつくものである。「スポーツ柔道」では競技場内での出来事に限定されてしまい、柔道の延長線上に存在する武道独特の修行観や段位に対する価値観、あるいは礼儀作法という精神面においての低下は避けられないと思われる。「日常の社会生活へ応用する」といった側面は全く強調されなくなり、「試合場での勝敗」への関心のみが高騰し、勝ちさえすれば目的が達せられたと考えるような「目前の勝利」のみを志向する傾向が横行しつつある。このような「勝利志向の強まり」は、益々「畳の上」の時空のみへ価値観を限定させ、柔道を生活や生き方に応用するという幅広い視野観を見失わせるとの考えは適正だと思う。日

本では、国際舞台での勝利が、柔道の発祥国としての意地と誇りによって特に強く求められるが故に、「勝利」が「人気の促進」という価値観と容易に結びつき、最終目標としての価値へと転換してしまいがちというのも的確なことである。修行者の動機づけを高め、教育的価値の体系を保持するための手段的価値に位置づいていた「勝利」が失われてしまったために、「目の前の勝敗に囚われるな」と幾度唱えても、「勝利が目的」化したことによって空念仏に終わることになるのである。

「修心」面、特にその「徳育」面では、1985（昭和60）年頃までは、柔道の原点に立ち返り、人間教育を重視した事業を進めようと、「武道」や「修行」そして「礼儀」という観点から「徳育の低下」を食い止めようとする論調が盛んにあった。それら徳育の低下への憂いは基本的に、たとえ「競技スポーツとしての柔道」を容認する者であっても、「他の競技スポーツと柔道は単純に同一ではない」という認識から発せられていた。特に戦前来の多くの指導者には、武道が有する「真剣味」こそが精神の高揚に役立つとする「武道としての柔道」論も根強く残存し、「修行」という弛まぬ継続性が人間を向上させ、「礼儀」は日常生活全般に浸透したものでなければならない、とする価値観も継承されていた。

　柔道による徳育の効果は、人間としての「生き方」や「生活」に結びつくものでなければならないのに対して、所謂「スポーツ柔道」では競技という場に限定されてしまうことが問題なのである。加えて、武道独特の修行観や段位に対する価値観、あるいは礼儀作法という行動面においての低下も憂慮される。技能の習得の過程で、自己の内への対峙を通して心身の調和を図り、自己実現を目指すという過程に「武」の「道」、精神性の高揚の定着を求め、一定の行動様式として表出できることを追究して、武道人として望ましい行動の仕方を身に付けていきたいものである。

良い指導者とは

　指導者またはコーチ或いは先生という人達は必ずしも弟子達より競技力が上でなければ務まらないものなのかどうか、という点について岡部平太氏[55]は「良いコーチというのは畢竟生まれつきだという感が深い」としている。なぜならば、「柔道のように技術を尊ぶ技であっても、人の筋肉や体力には年齢的に発達の限度があり、その限度を超えればよし技の熟練は持っていながらも、所謂実力的に衰退を免れぬだろう。いな衰退することが寧ろ人間の自然の姿である。そんな場合、実力が衰退したらもはや先生は務まらないのか。勤まらないとしたら、アマチュア柔道家ならば兎も角、職業としては随分みじめな職業になってしまうのではないだろうか。コーチの場合は、全くこれとは異なった考えでその職務は成り立っている。」とした上で、コーチに必要な資格とは、「先ず第一に、勝負全体を見通す感の鋭さにある」とし、勝敗については、「肉体に於て劣るか、精神に於て劣るか、技術に於て劣るか、或はそれらの総力に於て劣った方が敗者となる。」と述べています（下線部は筆者の加筆）。

「全日本柔道連盟いわゆる全柔連の性格」について

　久富達夫氏[83]は「柔道界にはプロフェッショナルはいない」という前提において「全柔連はアマチュア団体であると明記した」ことについて次の様に論究している。「競技による収入を生活費としている」職業運動選手とは違い、「競技の指導をその生活上の本務としている」所謂専門家乃至は指導者の位置を如何に規定するかについて、「生活上の本務を他に持っていてその余暇にスポーツを楽しむ」純粋アマチュアと異なる性質を持っている者との違いから位置付けが難しいと指摘する。さらに、全柔連と講道館との関係について、全柔連は全日本の柔道の統括団体である、とすると、柔道界における講道館の位置についてどのように理解すればよいのか。「表裏一体」という人もいるが、この表現は当たらないと思うとしたうえで、「講道館の性格をどう解釈するかによって明らかになると思う」として話を繋ぎ、終戦直後英語の表現が必要とされた頃、College とか Institute とかの言葉を使っていた講道館は、そのとおり「研究」と「教育」がその主たる内容をなしていると考えられるとした。また1955（昭和30）年に発行された講道館編纂の欧文柔道教本には Head Quarter という文字が使ってあるが、これは柔道会に於ける講道館の位置に重点を置いた表現であり、「全柔連」は講道館を本山とする柔道の全国的組織であるとしている。

　1952（昭和27）年の竹田著[69]には講道館柔道・試合審判規定（全日本柔道連盟公認）や全日本柔道連盟規約が附録掲載されている。戦後の柔道再開時、全日本柔道連盟（以下全柔連と略す）が講道館の事業（試合審判規定の制定）に公認を出しているように、全

柔連は創設時、柔道界のHead Quarterとして設立されたものと思われる。しかし、全柔連創立1949（昭和24）年5月6日から2009（平成21）年までの初期から成熟期迄の間、全柔連会長職を、嘉納の子（嘉納履正初代会長）、孫（嘉納行光二代目会長）と嘉納家に継承させるなど、柔道会のトップの座を嘉納家に継承させることによって、講道館をHead Quarterとして崇める様に運営していくことが柔道界にとって、いわんや国策として有益であるとの思惑から舵が取られてきたものと思われる。所謂政治的判断により住み分けが決定されたと思われる。このような思惑は、全柔連規約の中からも見て取れる。

　全柔連規約の中の「第二章・目的及び事業、第三条　本連盟は柔道の普及発展並に斯界の親睦融和を図るのを目的とする。第四条　本連盟は前条の目的を達成する為に左の事業を行う。（一、試合大会等の開催並に後援。二、講習会、講演会等の開催並に後援。三、柔道に関する調査研究。四、段級の審査。五、指導者の養成並に資格検定。六、資材並に施設の斡旋助成。七、試合並に審判規定の作成。八、刊行物の発行。九、前各号の他必要と認められる事業。右の事業施行規則は別に之を定める。）」これに付随する中で特に、「四、段級の審査」の主体は講道館に移譲して共存しているように思われる（例えば、全柔連の主要大会の中には、出場するための最低段位を設けている大会が認められる）。この様に、日本の柔道界は講道館を軸として展開するなど共存共栄を図ってきた。なお、現在の全柔連の事業項目は(1)柔道に関する競技者および指導者の育成、(2)柔道に関する競技会および講習会の開催、(3)柔道用具の公認および検定、(4)柔道に関する国際交流および国際貢献、(5)その他この法人の目的を達成するために必要な事業、である。

　これらのことは1968（昭和43）年時点での学校柔道においても確認できる。羽川[113]は、文部省学習指導要領・指導の手びき書準

拠、学校柔道読本において「正式試合の審判は全日本柔道連盟で決めたものによるが、中学校、高等学校生徒の場合は、この中に付則として決めてある規則に従って審判される。」として、「講道館柔道審判規定（全日本柔道連盟公認）」を掲載している他、「附　昇段資格に関する内規」までをも掲載している。

　多田浩二[76] 氏は、「エスニックなスポーツであった柔道が世界的なスポーツに変身して行った過程で、そこに含まれているナショナリズムな精神的伝統つまり非近代的な文化の残滓を拂拭しなければならなかった。」近代スポーツとしての JUDO はあくまで JUDO であって、柔道ではないという。そこで著者は、普遍性がある技は全柔連が担い、道は武道の伝統をつぐ講道館が担うと役割を分担していくことで互いの立ち位置を確立していくことを提案する。

　加えて近年は国際柔道連盟が世界の柔道界の Head Quarter として認められつつある。日本の柔道界の正念場でもあり、どのような舵取りが最良なのか思案の為所である。

「講道館柔道」における段級制について

　講道館柔道では進歩の段階を示す方法として、上達の程度に応じて段級制をとっている。嘉納が段級制を始めたのは、そもそも門人たちにモチベーションを持続させるためという意図に基づいたものだが、私は柔道の修行を通して人間性を高めることを奨励するためでもあると解釈している。

　即ち、「柔道の基本的な進歩の基準点を、１．柔道の技術、２．人間としての品性、３．柔道の理解、４．実生活への応用、５．柔道上の功績等と定め、段級の基準を、柔道が強いかどうかという技術的に進歩しただけではなく、道徳、人格形成、社会、コミュニティや自分の周りのより大きな世界に対する貢献という点でも進歩する事とし、前述のような点を総合的に考慮する」としているからである。

　昇級・昇段のためには全国の各団体が講道館の認可を受けて行う昇級試験・昇段試験を受験する必要がある。級の試験は受験者同士の試合形式で行われ、結果が優秀であった場合は飛び級も認められる。初段以上では、試験は試合・柔道形の演武・筆記試験の３点の総合成績で判定を行うのが基本であるが、実施母体により異なる場合もある。（注）初段の試験に合格した時点で正式に講道館への入門が認められ、会員証が発行されると共に黒帯の着用が認められる。

「しゅぎょう」は「修行」と「修業」が区別され、柔道では前者を言う。後者「修業」とは体を鍛え、技能や技術を磨くことを言う場合に用いられるが、前者には「正しい行いを身につける」とか「行いを立派にする」という意味が含まれるからである。

　そのような意味から、紅白帯を有する六段〜八段者は師範資格を

有し、四段〜五段者は師範代資格を有しているものとの認識があったように思う。段位制について嘉納は、六段に達すれば「乱取および形の修行に熟達したもの」とみなして乱取り・形の指南を許可し、「昔ならば皆伝とでもいうべき階級」である十段には「柔道全般に対して師範たる資格」を与えるとし、さらに努力次第で「十一段にも十二段にも進むことを得る」と言っていたなど、「師範」とは識見・人格がすぐれ、他の模範となりえる人或いは学芸の上で実力を持ち、教授する資格を持っている人を指すとされている。それ故に、講道館門人は、高段者を目指し、黒帯さらには紅白帯、紅（赤）帯を目指し、技能や技術を磨き、人間的にも成長することを目指しているのである。それぞれの学校や警察、巷の道場等では、指導される人々と共に、技術や人間的に成長する事を信じ、紅白帯を有する者が師範として、黒帯の上級者である四・五段者が師範代として広く活躍しているのである。このような仕組みこそ、嘉納治五郎が目指した「講道館柔道」だと思われる。また、「師範とは嘉納治五郎講道館創始者以外にはいない」と主張される指導者の方々が存在するが、私はそこまで拘る必要はないと考える。現在指導してもらっている高段者を「師範」として尊敬することも当然あってしかるべきだと考える。そのことによって講道館柔道の創始者である嘉納の評価が下がるとは思えないし、各々の道場で教えを乞うている高段者を師範と呼ぶことも至極当然なことで、しかもそのことは講道館の段級制度のなかに確立されていると考えるからである。局部で血液を構成する成分の一部が滞り、固まり始めると遂には全身の腐敗そして死へと波及してしまう。

　近年、日本の柔道の技術的競技面における統合団体である全日本柔道連盟において「柔道指導者のさらなる資質の向上および指導力の強化を図り、これをもって日本柔道の普及・発展に寄与することを目的」とした「柔道指導者資格制度」なるものが設けられて、指

導者の区分、指導者の位置付けおよび資格、指導者資格基準、指導者の義務その他を規定し、平成28年4月1日から既に運用されている。

　私はこの制度に、講道館の「段級制度」との乖離を感じている。講道館と全柔連との担う役割の差と言えるかもしれない。段位に対する価値観の低下が際立ってきていると感じている。講道館柔道において紅白帯を保持している高段者が、全柔連では上級指導者として認定されていないケースが多々あることがわかってきているからである。このことは講道館の段級制度が十分に理解されていないことに因があるのか？　それとも講道館がスポーツ柔道（JUDO）化へ舵を切りつつあるのか？　武道の部分を切り捨て、技術面のみの追究へ向かおうとしているようにも思え、試合成績本位の価値観に重点が置かれ、人事万般の事に応用する研究や練習といった側面が軽視されつつあるように思えるのである。このような技術面、競技面のみを追求する制度が価値を拡大し、肥大化していくと「講道館柔道」を理解しようとする人々は減少して、講道館の段級を望む者は減少し、ひいては講道館の段級制度の崩壊へと続き、ついには講道館自体の存在も危ぶまれる事態となることだろう。世界大会に出場する程の柔術家のなかには、練習のための練習ではなく、試合の為の練習を心掛けてきたと大言壮語し、子供たちにも自分と同じ生き方を求める人もいる。このようなことでは、スポーツ柔道は世界的に拡大したとしても、武道としての本質は消褪していくことは火を見るより明らかである。このような連鎖が続かないことを願うばかりである。国にもよるが、世界の大会に出場するための、段位の基準はない。とにかく試合に勝利し続ければよいのです。そして、そのような大会に出場したり、勝利したりすれば、多くのあらゆる現場で、優秀な指導者として迎え入れられる現実がある。そこには講道館柔道の段位は必要とされない。逆に、国内の大会には出場す

るために一定の段位を必要とする大会もあり、合理的とは認め難い手段によって取得させるケースもみられる。また、主要な競技大会において優秀な成績を得た者は特段の措置によって昇段を与えられるようにもなっている。すなわち昇段のための5項目の進歩基準のなかでも、勝利を点数で表す評価が群を抜いて高いのである。このような勝利の特段の評価はスポーツ柔道を促進する反面、柔道を生活や生き方に応用するという幅広い教育的価値観を求めて入門させよう、或いは入門しようとする人達の道を塞ぐことになってしまうと思われる。最近のスポーツの中には小・中学生であっても成人の国際大会に出場が可能な競技もある。柔道においても、今後いろいろな場面で講道館柔道の原則に反したルールの変更が求められることも増してくることだろう。

　講道館の帯の色は、技の上達や経験、人としての成長の証しのレベルを表している。このような講道館柔道の「段位制度」を色褪せさせてしまう全柔連の「柔道指導者資格制度」は、「嘉納柔道」を敬愛する者として残念でしかない。あくまでも、国内においては講道館の段級制度のもとで、指導者のレベルを認定するようにすべきであり、この二者の間に違いが生じてくると、すなわち全柔連の認定者が講道館の段級制度よりも上位に認定されることが続くことになると、講道館の段位を望む者は減少してくるだろうと思われる。とくに高段者は必然的に高年齢者が多い。高年齢者の高段者が若い中段者より指導者として下位に認定されるとなると、講道館の段位収得についての必要性を思慮する者も増加してくることだろう。思慮深い指導者は、経験を積ませる意味で早くから大会等の監督や指導者という役を、若い人に譲り、サポートに回る傾向が認められ、そうでない指導者は、いつまでも役職にしがみ付く傾向が認められている。講道館の段位と指導経験は並行・平衡・平行的であり、必然的に同行的なものと考えるべきだと思う。

「講道館昇段資格に関する内規・講道館女子柔道昇段資格に関する内規」[25)]

平成27年4月1日改正によると、初段、二段、三段、四段、五段候補者の評定において、初段、二段、三段、四段、五段候補者の審議は、（審議の原則）5．によって検討し、技術体得の程度のうち、歩合と巧拙を試合成績により評価した得点、修行年限及び形の修行状況の関係を示した表により評定されます。

（審議）

1．講道館審議会における昇段候補者の審議は、講道館審議会規則のほかこの内規に従って行われる。

ただし、講道館長の提案による特別事由がある昇段候補者については、この内規によらないで審議することができる。

（審議条件）

2．この内規に示された最少年齢、修行年限、試合成績等は、最低の基準を示したものであり、この基準に達しない者は審議の対象にならない。

（逐次昇段）

3．段位は逐次昇段することを原則とする。

ただし、特別の事情がある者については、次段位に昇段できなかった事由につき精査した上で、1階級だけ跳んで昇段することを認める場合がある。この場合の修行年限は、その成績に適合した、昇段する両段の所用年限を併せたものとする。

（最少年齢）

4．昇段最少年齢は次の基準による。

ただし、抜群昇段及び特別昇段については、この基準にかかわらず昇段させることができる。

昇段する段位	初段	二段	三段	四段	五段	六段	七段	八段
昇段できる最少年齢	満14歳	－	－	－	満20歳	満27歳	満33歳	満42歳

（審議の原則）

5．昇段候補者の審議は、柔道精神の修得、柔道に関する理解、柔道技術体得の程度（技の理論、姿勢、態度、歩合、巧拙等）及び柔道の普及発展に尽くした功績について評定する。

ただし、柔道精神に反する発言、行いがある者は、昇段を認めることができない。

（実技、筆記、口頭試問等）

6．昇段候補者の審議は、修行状況、試合成績等を記述した書類資料によるだけではなく、実技、筆記、口頭試問等の考査を併せて行うことができる。

（形の審査）

7．(1)各段位昇段において審査される形は次表のとおりとする。

昇段する段位	審査される形
初段	投の形のうち手技・腰技・足技
二段	投の形

三段	固の形
四段	柔の形
五段	極の形
六段	講道館護身術
七段	五の形
八段	古式の形

(2)初段、二段、三段、四段、五段及び六段候補者については、講道館又は推薦を行う団体が実施する実技試験において「合否」の評定を受ける。

(3)七段候補者については、講道館又は推薦を行う団体が実施する実技試験において、「秀」「優」「良」「可」「不可」の評定を受ける。

(4)八段候補者については、講道館が実施する実技試験において、「秀」「優」「良」「可」「不可」の評定を受ける。

(5)障がい等の理由で演技ができない者については、可能な範囲で該当の形の知識を審査することができる。

(6)特例として、身体の事由によって衝撃を受ける技、形が無理な初段、二段及び三段候補者は、柔の形をもって受験することができる。

(初段、二段、三段、四段及び五段候補者の評定)

8. (1)初段、二段、三段、四段及び五段昇段候補者の審議は、5(審議の原則)によって検討し、技術体得の程度のうち、歩合と巧拙を試合成績により評価した得点、修行年限及び形の修行状況の関係を示した次表により評定する。

昇段する段位			初 段	二 段	三 段	四 段	五 段
評定される形			投の形のうち 手技 腰技 足技	投の形	固の形	柔の形	極の形
試合成績と修行年限	評定		無段における得点、年限	初段における得点、年限	二段における得点、年限	三段における得点、年限	四段における得点、年限
	秀	大会成績		全日本柔道選手権大会、世界柔道選手権大会又はオリンピック競技大会柔道競技で3位以上			
		修行年限		半年以上	1年以上	1年以上	1年半以上
	優	大会成績	10点以上（又は全日本柔道連盟の強化選手に選考されていること）				
		修行年限		1年以上	1年半以上	2年以上	2年以上
	良	大会成績	6点以上				
		修行年限	1年以上	1年半以上	2年以上	3年以上	4年以上
	可	大会成績	3点以上				
		修行年限	1年半以上	3年以上	4年以上	5年以上	6年以上

(2)得点は、講道館、全日本柔道連盟及び講道館段位推薦委託団体が主催又は後援した大会のものに限る。

(3)試合の得点は次のとおりとする。ただし「不戦勝ち」等、試合が行われなかったものを除く。

2階級以上上位段者に対する「勝ち」2.0点

1階級上位段者に対する「勝ち」1.5点

同段者に対する「勝ち」1.0点

1階級下位段者に対する「勝ち」0.5点

2階級下位段者に対する「勝ち」0.3点

2階級以上上位段者に対する「引き分け」1.0点

1階級上位段者に対する「引き分け」0.75点

同段者に対する「引き分け」0.5点

(4) 全日本柔道選手権大会、世界柔道選手権大会又はオリンピック競技大会柔道競技で3位以上に入賞し、現在の修行状況が優れている者については、「秀」として取り扱う。

(5) 全日本柔道連盟の強化選手に選考された者は、その指定を受けている期間中「優」として取り扱う。

（試験）

9．(1) 原則として「可」の評定の修行年限を満たす初段、二段及び三段候補者については、8．（初段、二段、三段、四段及び五段候補者の評定）に規定する試合得点によらないで、実技試験を実施して昇段させることができる。

(2) 試験の内容については付則1で定める。

10．（六段候補者の評定）及び11．（七段及び八段候補者の評定）省略

（抜群昇段及び特別昇段）

12．(1) 講道館春季・秋季紅白試合及び講道館大阪国際柔道センター前期・後期紅白試合において、一度に連続して勝ち抜いた得点が6点以上あり、かつ、その中に「一本勝ち」が5点以上ある成績をおさめた四段以下の者は、抜群として修行年限及び昇段最少年齢にかかわらず、即日昇段が認め

られる。ただし抜群昇段は２階級を限度とする。

(2)全日本柔道選手権大会、世界柔道選手権大会又はオリンピック競技大会柔道競技において、特に優秀な成績を挙げた四段以下の者は、修行年限及び昇段最低年齢にかかわらず昇段させることができる。

（功績昇段）

13．功績による昇段は原則として１回限りとし、次の年限を必要とする。

なお、功績による昇段の審議にあたっては、功績によらなければ昇段できない事由及び功績の内容について精査する。

昇段する段位	初段	二段	三段	四段	五段	六段	七段	八段
経過年限		初段昇段後７年以上	二段昇段後８年以上	三段昇段後９年以上	四段昇段後１０年以上	五段昇段後１５年以上	六段昇段後１８年以上	七段昇段後２１年以上

付則１　試験

本則９．（試験）で定める試験は、次のとおり実施するものとする。

１．原則として初段から三段までの候補者で、本則８（初段、二段、三段、四段及び五段候補者の評定）で定める「可」の評定の修行年限を満たすもののみを対象とする。

２．試験は３人以上の試験官が実施する。

３．試験の内容は次の項目とする。

　　①礼法

②姿勢・態度

③受け身

④技の知識

⑤形

⑥試合又は乱取り

4．試験は上記の各項目を総合的に判断し、評定する。

5．歩合、巧拙において、試合成績により昇段する者との差がない
　ように十分注意して評定を行う。

柔道衣（上穿、下穿各部の名称）、帯の結び方

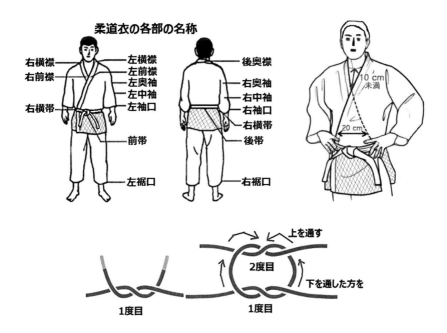

柔道衣の各部の名称

右横襟　　　左横襟
右前襟　　　左前襟
　　　　　　左奥袖
　　　　　　左中袖
右横帯　　　左袖口

　　　　　前帯

　　　　　左裾口

　　　　　　後奥襟
　　　　　　右奥袖
　　　　　　右中袖
　　　　　　右袖口
　　　　　　右横帯
　　　　　　後帯

　　　　　　右裾口

10 cm
未満

20 cm

上を通す
2度目
下を通した方を
1度目　　　1度目

試合場

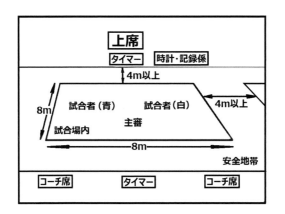

上席
タイマー　時計・記録係
4m以上
8m　試合者（青）　試合者（白）
　　　主審
　　試合場内　　　　　　4m以上
　　　　8m
　　　　　　　　安全地帯
コーチ席　　タイマー　　コーチ席

柔道の進歩を示す方法としての帯の色

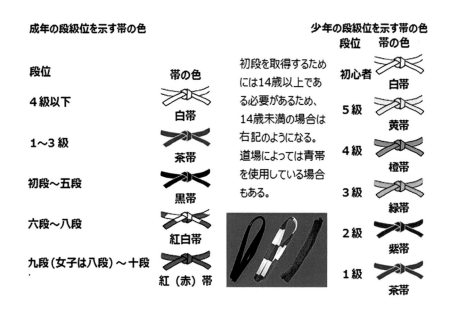

成年の段級位を示す帯の色

段位	帯の色
4級以下	白帯
1〜3級	茶帯
初段〜五段	黒帯
六段〜八段	紅白帯
九段（女子は八段）〜十段	紅（赤）帯

初段を取得するためには14歳以上である必要があるため、14歳未満の場合は右記のようになる。道場によっては青帯を使用している場合もある。

少年の段級位を示す帯の色

段位	帯の色
初心者	白帯
5級	黄帯
4級	橙帯
3級	緑帯
2級	紫帯
1級	茶帯

女子の帯

　講道館の女子有段者は5分の1幅の白線入り黒帯を用いてきましたが、1999（平成11）年のIJF理事会で差別的と見なされてIJF主催の国際大会での使用が禁止され、男子と同じ黒帯のみが用いられることになりました。国内大会では白線入り黒帯が従来通り用いられています。しかしながら、2016（平成28）年からは全日本学生柔道連盟主催の大会では女子も男子と同様の黒帯が用いられることになりました。2017（平成29）年11月の講道館杯から白線入り黒帯を廃止することが決まりました。これにより国内の大会でも女子も男子と同じ黒帯を用いることになりました。

「礼法」について

　礼は社会的活動や行動を円滑に営むために不可欠な要件で、社会秩序を維持していく為に大切な要素である。武道の礼は、相手に対する敬意の度合いや自分の謙虚さおよび自分を向上させてくれる相手の存在に対する感謝の念などを表現するものであるとされ、武道の礼が形式ばってみえるのは、見られることを意識した「様式美」を内含しているためであるとされる。従って、柔道場での練習では、青少年に、日常の生活の中に例を取り、人間関係をスムーズにするための必要性から生まれる社交的態度を教え、他人との間の間合に置き換える研究と練習を行わせるべきであるとされる。指導者によって若者達の柔道観は左右される。柔道人は教養ある人として当然日常の礼法に通暁することが期待せられる。柔道によって儒教に代表されるような強い道徳的意志と、物事の本質を単純直截に掴み取る態度を養成すべきで、目指すところは技術的な問題（技の熟達）ではなく、人間としての真の生き方を求め、強い道徳的意志によって自己の人間完成に向かうところにあるべきだと主張される。そして社会の中での道徳教育の指導者であることを自認できるまでに指導すべきであるとされる。

　礼法は、多様な日常生活の中で、人と人との間の生活をいかに円滑に進めるかという必要性から編み出された智慧であり、「文化の一形態」である。他の価値観を持つ人との間では折り合いをつけなければいけないことが多々ある。そこで、人間関係をスムーズにするためにルールあるいは文化が生まれてきた。それが礼法やマナーで、人と人との交わりの中で、人間関係をスムーズにするとともに、見られることを意識し、相手に対する敬愛と感謝の念を込めた

行為として様式化、約束事化して追求し、起居動作の中にみられる
ある種の社会的規約とした。しかし、それらはその文化圏に固有の
血と土の産物であるがために、他の文化圏に伝えることは不可能に
近いものが含まれる。その民族に「特殊」なもので、一般から見れ
ば「不合理」なもののようにもみえるものも含まれている。が、そ
の民族にとっては「特殊」なものではなく、心を安らがせるもので
あり、なんとも快いものである。

　マナーと言う立居振る舞いの約束事は、見る人と見られる人がい
て出来ている。個人の内部にある価値観、倫理観、美意識といった
ものはマナーの領域には入らない。それらは外部から立ち入ること
の出来ない個人の心の問題である。いかなる嗜好を持とうと美意
識、思想信条を持とうとそれはいけないと他者が規制することでは
ない。しかし、そうした個人の心の問題でも、それが社会的な関わ
りを持つときはマナーの問題となってくる。他の価値観を持つ人と
の間で折り合いをつけなければならないとき、そこにマナーが生じ
てくる。

　礼法は、普通には礼儀作法或いは行儀などと言って、外に出て恥
をかかない様に躾として、即ち何々家の子として恥しからぬように
と殊更に厳しく育てられてきた。それらがやがて教養の元となり、
その後のいかなる教えにも優って、その人となりをつくる上の土台
となってきたとされている。精神教育も、ただ抽象的に説くばかり
では効果はなく、より具体的に示すことで生きた教えとなり、実践
修身として家庭教育が、殊に母親がその主体をなして行われてき
た。日常、朝から晩までいつでも常住坐臥、気安く、極めて簡単
な、容易いものから教えることによって、知らず知らずの間に礼法
の心を知り、方法を体得し、教養の基礎となるように躾けてきた。
母親の眞愛を以ての厳しさは、いじけることも、ひがむこともな
く、その時はやや苦しく、冷たく感じることも、後に愛の深さを感

じてくれるようにごく普通の態度で行うことが肝要とされてきた。まず、学校教育では行われない教えであることの認識をもつ必要もあった。

　元来、礼法というものの心は、教敬和親にあり、時代と共に変わるものではないが、形に表す方法となると、時代、その時、その場合等に即応して、変化していくものであるとされる。即ち、形式においては一応一定してはいるものの、決して固定したものではなく、伸縮性がなければならず、時代や環境に適応しつつ変化していくことが必要とされる。然るに、従来の礼法を、時代に即応することを知らないで、徒（いたずら）に煩瑣（はんさ）に、今日では全く用いられなくなった作法ばかり教えて、現在必要なものを忘れるようであってはいけない。

　礼法には儀式礼法（儀礼）と日常礼法（日常礼）の二種類がある。前者は、冠婚葬祭或いは特殊な供応といったような場合に用いる儀式的なもので、後者は朝起きる時から寝るまでの日常生活に必要な礼法である。何れも教敬和親を以て心と為す点においては変わりはないが、ただ表現形式に違いがある。

　礼法は心と形の融合したもの：人は、心に尊敬の念を持っていても、これを形に表すことを知らなければ何にもならないし、また形ばかり出来ていても心がそれに伴わないと、その形は虚礼になってしまう。従って、礼は常に心と形が関連して一つになっていなければならないものである。

　礼法と作法の違い：作法という言葉には、形のことを主として、心がおろそかになっている感じがあり、礼法は心と形を兼ね備えたものであることを強調した使用法である。

　礼は恭敬（きょうけい）を本とし和親（わしん）を旨（むね）とする、これが礼法の心であり、これを形に表すのには、作法と方式と心得との三つがある。作法というのは動作の方法をいうので、日常の立居振る舞いとか、物の受け

渡しとかいったようなものをいい、方式は物の仕方、即ち言葉遣い、手紙の書き方、贈り物の包み方、結び方などをいう。心得というのは、礼法の本当の心をよく理解し、これを常識化して、作法とか方式とかを実際の場合場合に巧みに運用していく、その働きが心得である。礼法は、過ぎれば卑屈ともなり、繁文縟礼ともなるし、また反対に、足りなければ、驕慢とも見え、不作法ともなる。心得があって初めて作法、方式が生きてくるわけで、作法、方式と並んで極めて大切なものである。

　礼法は徳育を具体化したもの：我が国の礼法は皇室儀礼が根本になっている。皇室を敬い奉る心から、臣民の悉くが上の御定めになったところに従って総ての礼を定めてきたのである。従って我が国の礼法は、真の日本精神をその中に蔵しているのであって、礼法の振興は、また国体の本義を明らかにする所以でもあるとされる。そこに礼法の大切なところがあり、我が国の徳育は茲から出発すべきものであった。

　徳育といっても、ただ修身で総てのことを抽象的に説き聞かされただけでは、なかなか頭に入りにくいものだが、礼法によって、これを具体的、実践的なものにして、頭に受け入れやすいものにすることが大切である。要するに徳育を具体化し、実践的にしたのが礼法である故に、これが振興されることによって、徳育も勢い徹底することが出来るわけである。

　礼法やマナーは他人の目を意識することで、振る舞い方を心得てきたとされている。間近から見つめる他者の視線が、日本人の美しさを形成してきたとされ、見られることを意識し、相手に対する敬愛と感謝の念を込めた行為として様式化、約束事化して追求し、起居動作の中にみられるある種の社会的規約となった「文化の一形態」が武士道を形成すると共に、誰が見ていようと見ていまいと関係ない、礼はその人の内部に本質的に備わっていればこそ外に現れ

ると、反面的に考えられるようになってきた。茶道などでは、型の美は礼と一致し、究まるところは人間の在り方であるとして伝統化されたと考えられている。

　通常、今日礼法という「日常の作法」（人と人との交わりの中で、相手に対する敬愛と感謝の念を込めた行為[79]、約束事であり、起居動作の中にみられるある種の社会的規約[47]）は、人間関係がスムーズに結ばれていくためのルールである。

　柔道人の礼法とは"柔道試合における礼法"に成文化されている礼法をいうと思われるが、近年は、大日本武徳会、講道館、全日本柔道連盟など時代に即して斯界で規定の改正が繰り返され、現在では世界柔道連盟も加わり、国内の指導者らは情報整理に戸惑う場面も多くなっている。2020年現在、"柔道試合における礼法"に成文化されている礼法は、所謂講道館ルールと国際ルールの二種のルール内に存在するのに加えて、国内では国際ルールと講道館ルールの両者に忖度した所謂国内ルールを作成し用いることもあるために、三種のルール内に存在すると思われる。指導者も選手も無意識のままに形式として器用に使い分けているようである。礼法が持つ意味や歴史などに意識を及ぼすことがないままの指導故の結果であろうと思われる。講道館ルールは今や講道館主催の全国高段者大会と、講道館の昇段審査のための礼法及び形の中の礼法が残されているのみで、通常では国際ルールに規定されている礼法を基礎としている。その様な中に、日本の伝統的作法から組み立てられてきた柔道礼法も少しずつ姿を変えつつある。「2018〜2020年・国際柔道連盟試合審判規定」（公益財団法人全日本柔道連盟、2018年8月27日）[3]には「柔道試合における礼法」としての特別な項目は設けられていない。

　スポーツのルールは本来、他の文化的あるいは社会的活動から独立して存在するもので、非日常的な時間と空間を保証する虚構の約

束事であるはずだが、いわゆる「武道」と称されるものの一つとされる日本の柔道は、これら競技におけるルールを日常的な生活のなかの習慣として営むように教育する躾教育を目的とした一面を持っていた。柔道の礼法は、そのような一面を持つものとして指導されてきたが、現在の様に社会がグローバル化し、多様な文化が混在してくると、日本で成文化されている礼法（ルール）がいつまでコンセンサスを維持し続けられるかは見通せない。早晩何がしかの変革が起こることは想定される。日本国内で、講道館が段位の認可権を維持し続けることが可能な限り、あるいは段位を望む人々が少なくないうちは何とか維持できるであろうが、柔道入門者や段位を望む人の減少が今後進んでいくと、講道館ルールに規定されている礼法も、少しずつ、或いは一気に変更されていくことになるかもしれない。

「武道の価値は人格形成にある」という言葉や「技能の習得を通して人間として望ましい自己形成を重視するという武道の伝統的考え方を理解し、それに基づく行動の仕方を尊重することができるようにする。とくに礼儀作法を尊重し……」と改訂指導要領[24]にあるこれらが今後も意識されていくことを望むのみである。

　武道では、稽古を始める前にまず神前への礼を行う。柔道の教書その他の礼法の項目で神棚、神殿等の名が出現してくるのは、1930（昭和5）年の尾形源治著[48]に「道場に出入りの際にはまず神殿に敬礼をすること」との記載が初出で、続いて木下[66]が道場への神棚設置を1934（昭和9）年とし、友添[108]は1937（昭和12）年講道館に神棚が祭られたとしている。この行為は、「稽古の安全と内なる自己との対峙を通して自己実現を目指し、自己と心身の調和をはかる過程であるという自覚を持つように行うもの」とされ、「武道は礼に始まり礼に終わる」と評され、武道では「礼」を特に初めと終わりにおいて丁寧に行うことが求められる。それも厳格なる形式

として求められ、礼を行うのに体を屈するという形が先であると主張され、形とともに心を重く考える趣旨がある。その様な一定の手続きによる作法と型による約束事の忠実な遵守が、人間関係を円滑にする上で、意味を持つと考えられてきた。技の力量以外に、礼儀を重んじる精神鍛錬が求められているのである。このような行動様式は、日々の行動の反芻によって形成されると考えられている。

「武道は礼に始まり、礼に終わる」という言い習わしのように、「武道をやれば礼儀正しくなる」ということが喧伝されているが、この言い習わしは明治末期の造語であり、それまで個人指導が中心であった武道の稽古法に一斉指導法が取り入れられ、稽古の前後に一同揃って黙想をし、師や朋輩に対して坐礼を行う「正坐 ― 黙想 ― 坐礼」という一連の流れが礼法化された結果、その一連の礼法を、のちに「武道は礼に始まり、礼に終わる」と称するようになった [103] という。

　指導法については、戦後は教師中心の一斉指導、画一的形式的指導の是正から出発し、学習者が生きる指導法が、個別、班別指導や多様な学習様式により、教材の特性、男女差、個人差などを考慮して行われてきている。しかし、実際には、考え方、目標、教材、指導法が総合的に、一貫してとらえられることは少なく、目標の変化に注目しても、教材の取り扱い方、指導法の改善には至らない傾向が強い [74]。

　外来のスポーツにおいても最初と最後には相手を称え合うことは勿論あるが、武道での様な丁重さや形式の正確さは要求されていない。これらは、お互いの気持ちの響きがあれば形は臨機応変に表れても良いという考え方で、形式ばかりにこだわって心のこもっていない動作は虚心である、すなわち「形ではない、心を伝えられればよい」とする考え方で、武道の礼とは対象的である。

　講道館柔道における礼は「礼は、人と交わるに当たり、まずその

人格を尊重し、これに敬意を表することに発し、人と人との交際を整え、社会秩序を保つ道であり、礼法は、これらの精神を表す作法である」とされる。「精力善用・自他共栄の道を学ぶ柔道人は、内に礼の精神を深め、外に礼法を正しく守ることが肝要である。」と「柔道試合における礼法」[45],[46]の"礼法制定の趣旨"に説明され、1、敬礼 ①立礼 ②坐礼（正坐のしかた、坐礼、正坐からの立ちかた）2、拝礼 3、個人試合における礼法 4、団体試合における礼法 ①団体試合を始める場合 ②団体試合を終わる場合 ③団体試合における個々の場合の項目が規定されている。

　しかし、「講道館柔道試合審判規定」は今や講道館主催の全国高段者大会で採用される以外、国内の全ての大会で採用されなくなってしまった。

　IJFの「柔道試合審判規定」では「立礼」のみ規定され、「坐礼」は規定されていないため、「坐礼」は今や「講道館柔道における昇段のための礼法」専用を呈する様になってしまった。「形」の中に正坐への所作、即ち坐り方・立ち方や、前進・後退時の前後への踏み出す一歩目の足は左右どちらか等の所作があるではないかという人もいるであろうが、まず柔道人の8〜9割方は昇段のための「形」としか思っていないようである。正坐は日本の文化であり、他国の文化には見られない。しかしそのことはあまり意識されることはない。日本ではいまだ、正坐が習慣として一部で残っている。正坐の所作、即ち、坐り方・立ち方について、柔道の形の指導や昇段のための諸式において、あまり意識されることなく指導されている。一方、なぜそのような所作をしなければならないのか、疑問を持つこともなさそうである。しかし他の文化圏の人が日本の柔道を学びに来た場合には、説明し理解してもらう必要がありそうである。説明もなしに、形式のみを厳しく指導しているままではいけない。近代スポーツの成文ルールは一度それが制定されると、絶対

至上主義的金科玉条となり、その権威は疑われることなく、疑問を
さしはさむ余地がなくなってしまう。[76] もしもという仮定の話とは
なるが、IJF で「形」の競技が行われるようになれば、「坐礼」に
ついても「当然の如く」変容が生じてくることになるだろう。

　柔道における礼法の他の所作についても同様で、進退における最
初の出足あるいは引き足が左足か右足かとか、立位から坐位へ、あ
るいは坐位から立位へ移るときの最初の引き足あるいは出し足が左
足か右足か、形における取と受の位置が左右どちらか等について、
なぜそうするのか、なぜそうしなければならないのか説明し、日本
の文化の歴史を理解してもらうように努めなければならない。ただ
形（かたち）を押し付けるだけでは意味がないし、納得も得られないであろ
う。

　団体戦での整列の仕方についても国際ルールでは上席側に軽い階
級が来るように順に整列する（体重の重い順、即ち一番重い選手が
審判の近くに位置するように並ぶ）[2], [3] のに対して、国内ルール
では主将を上席とする編成順に整列（主審は、下坐の中央に、副審
はその両側に、１名の場合はその左側に整列）[27], [28] する。

　また国内ルール[27], [28] では、個人試合や団体試合における礼法の
正面に対する礼は、対象により拝礼に代えることができる。拝礼の
作法は、「拝礼は、敬礼と同様な方法であるが、体の前に曲げる度
が深く、立礼の場合は体を前に自然に約45度に曲げ、両手は膝頭
まで滑りおろし、坐礼の場合は、両手の人差し指と人差し指と、拇
指と拇指とが接する様にし、前額を両手の甲に接するまで体を前
に曲げ、両ひじを下につけ敬意を表する。」とされる。直近（2019
年）の審判員研修会では、立礼は上体をおよそ30度屈した状態で
２秒静止させる申し合わせが行われている。

　有職故実（ゆうそくこじつ）という言葉がある。平安時代の公家は礼儀やそれに伴う
生活文化一般について詳細な知識体系を作り上げてきた。その知識

体系を継承することそのものを公家の家業としたものがあり、これを有職と言い、貴族政治の後を継いだ武家政権は、有職を補綴する知識体系を作った。これを故実と言う。公家有職と武家故実を合わせて有職故実と言う。

『風俗辞典』[118] によると、我が国では応神天皇（270 − 310）の頃から大陸文化の影響を受け、奈良時代に隋や唐の様式によって礼法が整えられ、そして平安時代に宮廷礼式が完成された。鎌倉時代になると幕府の礼法すなわち武士の作法が確立され、室町時代に、今日までもその影響を及ぼすこととなる小笠原貞宗によって小笠原流として規定され、幕府の礼の一端を司るようになった。武士の礼法（弓馬礼法）として、「男は坐るときに、上坐の足を半足退いて坐り、女は半足出して坐るのが原則」があったが、この形式では、その場面、場面で上坐の足、下坐の足を判断しなければならない不便さがあった。そのために、これをもう少し簡略化して、男性は、右足を半歩退いて坐り、立つときは左足から立つ方式をとり、教えるようにした。これを「右坐左起」という。一方、女性は、右足を半歩出し、左膝を先に下ろしながら坐り、立つときは右足から立つと教えるようにした。これを「左坐右起」という。そして江戸時代にはこの小笠原流礼法が武家礼法としてほぼ統一された。しかし、明治になり礼法は大いに乱れたが、1880（明治13）年には小学校に礼法が採用され、明治末期に女子の「作法要項」が作成される過程で武家の婦人の作法が採用され、これが学校教育の場で長く実践されていくことにより、女子の作法が男子をも含めた礼法として今日までもその影響を及ぼすことになる。すなわち、明治末期になると日本の女子教育は急速に発展し、それと共に、学校における体操教育と伝統的な作法との間に齟齬が生じ、坐作進退についての統一が急がれることとなった。体操と作法との調和の議論は、1904（明治37）年に設置された体操遊戯取調会に付託され、東京女子高等師範

学校（現：お茶の水女子大学）で具体化が図られた。その結果、起居の法式は「左坐右起」を採用し、進退は「左進右退」の方式を採用することになった。

　進退の「左進右退」は、体操の行進も左足から一歩進むことから異論は出なかったが、起居については、男の方式と女の方式を併存させることで妥協が図られた。すなわち、江戸時代までの礼法は男子が主として修め、明治末期からは主として女子が修めることになった。そして1941（昭和16）年、この様な流れに沿った国民共通の礼法として「礼法要項」が文部省によって編纂制定され、国民学校をはじめ師範学校、中学校、高等女学校、各種実業学校、青年学校等における礼法指導の参考資料として、学校教育の現場で実践されていくことになる。これらのことはまた、柔道にも影響を及ぼしてくる。中村 8), 101) によると、坐礼における立ち方、坐り方については、古来男（武士）は左足から、女（武家の婦人）は右足から立つのが原則で、講道館では早創期より両膝をつく爪先立てた姿勢からの礼を採用（自然本体で立っていて膝の関節を曲げながら上体を下ろし、殿部が踵の上に乗る程に下げた後、両膝を畳に付ける。畳に膝がついたら両手を両膝の前に約五寸ばかり膝から離して畳につく。この場合に指先は軽く揃えてやや内側に向けるのである。而して上体はそのままに肘及び肩の関節に依って上体をやや下げるのである。この場合にも相手に注目するのではない、自然のままである。— 中略 — 終わったならば今と反対の順序に手を畳からはなし、膝をはなして立つのである。坐っている場合は、そのまま右の要領に準じて行うのである。道場における坐り方は正坐を正体とするのであってあぐら、立膝または足を横に出す如きは之を許さない。これ柔道その物からの要求である。その坐り方は普通の坐り方と別に変る所はないが一通り説明しよう。先ず足はその親指と親指とを重ねる、膝と膝とは殊更に密着する様にするのではなく、自

然の角度に開いて上体を何れにも傾かぬ様にその土台の上に正しくのせる。これは自然本体の時と同様である。手は両膝の上に四指をやや内側に向けてのせる。この形は変化が自由であり、安定である。この坐り方は衛生上害が無いばかりでなく『道場で坐る時間は自己全生活中の幾分なる故』又有益である。腰部の筋肉が上体の正位を保つために働く事を習慣づけられて腰に強みが出来る、欧米人と日本人の腰の強みの差のあるのはこれに依る事と考えられる。その他百般の事すべて柔道という大道を修行する道場に於いては、その大道に対する敬虔の念ありて一挙一動いいかげんにせず常に礼に合わねばならぬのである。）[40] し、正坐の仕方では坐る時は右足から引き、立つ時は左足から立つ（いわゆる右坐左起）武士（男性）の作法を採用していた。「礼法要項」が発表される前年1940（昭和15）年に出された講道館の「柔道修行者礼法」には、正坐について「先つ右足をその爪先が左踵の線にいたる位に退」いて、右膝から坐り、立ち上がるときは「坐るときとは反対に左膝を立て」てから立ち上がると記されている。しかし前述の様な理由により1942（昭和17）年、その礼法を改正し、正坐で坐る時は左足から引き、立つ時は右足から立つ「左坐右起」（婦人の作法）とし、当時日本柔道の全国的組織であった大日本武徳会も、1943（昭和18）年に「大日本武徳会柔道修練者礼法」を改正し、1906（明治39）年の「乱捕りの形」制定時からの「右坐左起」を、「左坐右起」とした。これにより「左坐右起」が柔道共通の礼法となった。また、正坐は、それまでのような爪先立ちの姿勢ではなく、足の甲を畳につける姿勢に変わり、「左坐 ― 正坐 ― 坐礼 ― 右起」という一連の作法が整えられた。

　以上のように、「左坐右起」に統一されたのは、戦時中のことである。そのため、一時は軍国主義の名残と見なされ、敬遠されたこともあった。しかし、それでもなお受け継がれ、稽古の始めと終わ

りは一同揃って「左坐右起」の坐礼が行われている。また、学校における武道の授業（主に柔道と剣道）でも「左坐右起」の方式を礼法として教えている。そこには、相手を尊重し、己を律する「自他共栄」「師弟同行」の心を育むという大きな目的があるためとされる。

　つまり、坐礼は、正坐と同じように上半身を楽にすると共に、両足を尻の下に敷くことによって足を無力化し、下半身の可動性をゼロにすることで相手に敵意のないことを示す姿勢である。そして、屈体の礼、すなわち拝むことにより、自己の真心をすべて相手に捧げる姿勢をとるとされる。このオロガム、折れ屈んで額づくということは、「おれが、おれが」という我欲を捨てることであり、すべてを神に委ねることをも意味し、これに「三息」の教えが加わることにより、通常の呼吸における吸気で頭を下げ、呼気の間は屈んでいて、吸気で頭を上げる一連の動作が、次第に何事にも動じない「待つ姿勢」へと繋がっていくとされる。

　一般的に、スポーツが「攻めの文化」「動的な文化」であると言われるのに対し、武道は「待ちの文化」「静的な文化」であると言われる。これは、武道が「礼──謙虚な待ちの姿勢」からすべてが始まるという特質を持っているからだとされる。別な言い方をすれば、スポーツは「先」を競うものであり、武道は「先」だけでなく、「後の先」のわざを大事にしてきた文化であることが主張される。坐礼一つとっても、そのことを自覚して行わないと、単なる「左坐右起」の形式に堕としてしまう恐れがあるので、注意したいものである。

　柔道の礼儀作法は、もとは勧進相撲の指建礼に起源し[99]、形の礼、乱取りの礼、仕合の礼等幾通りかがあり、相撲の蹲踞礼の様な、腰を下ろし、両膝を開き、踵を尻に付けて膝を畳に付けず、両手を膝頭のうえに置き、相手の眼をみる礼や、その様な蹲踞姿勢より、

両手を畳につき、上体を少し前に屈する礼（その時頭を下げる必要はない）や、両足を爪先立て、両膝と両手を畳につけ頭を肩の高さまで下げる礼や半身になって片膝をつく礼等があった[34), 97), 98)]。現在の「講道館柔道試合における礼法」[45), 46)]では坐礼のなかで「正坐するには、直立の姿勢から、まず左足を約一足長半ひいて、体を大体垂直に保ったまま、左膝を左足先があった位置におろす（爪立てておく）。次いで、右足を同様にひいて爪立てたまま右膝をおろす（この場合、両膝の間隔は大体握り拳二握りとする）。次いで、両足の爪先を伸ばし、両足の親指と親指とを重ねて臀部をおろし体をまっすぐに保って坐る。この場合、両手は、両大腿の付け根に引きつけて指先をやや内側に向けておく。」と正坐の仕方について規定している。また上坐、下坐については、古来日本では、太陽が通る方を向いて陽の出る方を上位としたことに起源し、天子南面して東を上位として、向かって右側が上坐、向かって左側を下坐としていた。しかし、1915（大正4）年大正天皇即位式のおり国際的慣例に従って、天皇が向かって左、皇后が向かって右に位置する様に皇室行事が一部改められる[114)]（またこの左上右下といった左が上坐で右が下坐だという説は中国の『礼記』に由来して、心臓が左にあってこの心臓を守る左手を大事にするところの思想に基づくという説もある[97)]）。このことは洋式の礼法が日本の礼法に影響を及ぼしてきたということで、これより、日本における左右尊卑は逆となり、左大臣と右大臣との尊卑の逆転や[97), 98)]、雛人形の雛飾りにおける男雛と女雛との飾る位置の逆転[99)]等が起こり、柔道もその影響を受ける[99), 100)]。例えば、道場における坐付きでは正面に当る方を、上坐（じょうざ）として、正面に向かって左を優位、右を下位とすることとなった[102), 103)]。現在ではいつのまにか古来の右優位、左下位となっているが、その他、柔道の形においても取と受の位置が逆となり、正面に向かって取は左に、受は右に位置するようになる。なお

一部の形（古式の形・柔の形・護身術）においては旧来の位置（取は右、受は左）がそのまま残されている。前述した1941（昭和16）年の「礼法要項」[97]でも「御先導は御道筋中央を、姿勢を正し……進行方向に向かって左側を歩む」とか「天皇陛下の御写真は式場の正面正中に奉掲する。皇后陛下の御写真は、天皇陛下の御写真の左（拝して右）に奉掲する」と記述されている如く、右上左下すなわち右側上位の考え方が示されている。

（昭和16年5月、帝国法令編纂協会による文部省制定の禮法要項は以下のように要約される。

「禮法の要旨：禮は、上、皇室を敬い奉り、下、億兆の相和する心より起る。これ我が肇國の精神の中に存するところ、これを正すは、方に國體の本義を明かにし、社會の秩序を維持する所以である。君臣の義、父子の親、長幼の序、上下の分、みな禮により自ら斎ふ。即ち禮は徳の太宗、人倫の常経にして、國民の必ず履むべき要道である。

禮は元来恭敬を本とし親和を旨とする。これを形に表すのは即ち禮法である。禮法は實に道徳の現實に履修されるものであり、古今を通じ我が國民生活の規範として、すべての教養の基礎となり、小にしては身を修め、家を齊へ、大にしては國民の團結を強固にし、國家の平和を保つ道である。宜しく禮法を實践して國民生活を厳粛安固たらしめ、上下の秩序を維持し、以て國體の精華を発揮し、無窮の皇運を扶翼し奉るべきである。」

前篇は、諸礼法に通ずる基本的な事項を掲げたもので、後編は、国民生活の実際に即して具体的の項目を便宜上、皇室・国家に関する礼法、家庭生活に関する礼法、社会生活に関する礼法の三大部に分けて記述されている。）

1992（平成4）年の「柔道大会・試合運営要領」[51]によると、試合者が試合の始めと終わりに立礼又は坐礼する位置を示すために、

試合上の中央約3.64ｍ（2間）離れた場所に赤及び白のテープ（正面に向かって、赤は右側、白は左側）をつけ、試合者は柔道衣を着用し、原則として赤または白の紐を各々帯の上に締めて、それぞれの赤白の示された位置に向かい合って立つことになっている[45), 46)]。赤紐をつけている方が先に呼ばれる。これは正面に向かって右側が上席で、左側が下席であるという思想に基づいていて、柔道の初心者は白帯であり、九段、十段は赤（紅）帯であることを考えても赤帯の方が優位であり、赤テープ側が上席であることと合致する。主審は下坐の中央に、副審は其の両側に整列する。副審が1名の場合（2審制）は、副審は主審の左側に整列する。すなわち、正面に向かって右側が優位である。IJFの所謂国際ルールでは、変更が繰り返されつつも現ルール（2018〜2020年）では、試合双者のうち最初に呼ばれる選手は青の柔道衣を着用し、主審の左側に、続いて呼称される選手は白の柔道衣を着用し右側に相対する[3)]。赤白の紐については1955（昭和30）年5月6日改正の講道館柔道試合審判規定から登場する。なお戦後第1回目の講道館柔道試合審判規定の制定は1950（昭和25）年3月26日に行われている。この他、進退時における最初の進み足あるいは退き足が左足か右足かという問題に関して、現在の柔道試合における礼法[45), 46)]『柔道大会・試合運営要領』、㈶全日本柔道連盟発行、1992（平成4）年では進退について「……左足から一歩前に進んでそれぞれ自然本体に構える。……右足から一歩さがって直立の姿勢になり、互いに立礼を行い……」と個人試合における礼法のなかで"左進右退"を規定しているが、これは、「上坐」と「下坐」の位置に関係があり、古来、日本では前述の如く、正中を最上位とし、その左（向かって右）を次位、正中の右（向かって左）を第三位とみなしたために、向かって右側が上位となり、左側が下位となっている。そこで、進退時には下坐足（左足）から進み、上坐足（右足）から退く所謂「左進右

退」という作法が生じてきたとされる[101] (講道館柔道試合審判規定 2000〈平成12年〉1月12日改正、試合の開始；第6条. 左足から一歩前に進んでそれぞれ自然本体に構える。試合の終了；第7条. 右足から一歩さがって……)。また、団体試合を始める場合には、主将を上席とする編成順に整列して向かい合うことと規定され、正面側から主将、副将、三将、中堅、五将、次鋒、先鋒の編成順に整列することになっている（国際ルールでは逆の整列）他、団体試合を始める場合、主審は下坐の中央に、副審はその両側に、一名の場合はその左側に整列することになっている[45),46)]が、これも古来の考え方に由来しているかと思われる。現在では講道館規定での試合は一試合のみとなり、その他全ては国際試合規定での試合となっている。

　稽古を始める際には、先輩は上席から下席に向かい、後輩は下席から上席に向かい、互いに礼を交わすようにする。

　武道では、特に稽古の始めと終わりにおいて神前への礼、師への礼、互いの礼を丁寧に行うことが求められる。それも厳格なる形式として求められ、礼を行うのに体を屈するという形が先であると主張され、形とともに心を重く考える趣旨がある。その様な一定の手続きによる作法と型による約束事の忠実な遵守が、人間関係を円滑にする上で、意味を持つと考えられている。技の力量以外に、礼儀を重んじる精神鍛錬が求められるのである。

　武道での行為は、稽古の安全と内なる自己との対峙を通して自己実現を目指し、自己と心身の調和をはかる過程であるという自覚を持つように行うものだとされ、「武道は礼に始まり礼に終わる」と評される。このような行動様式は、日々の行動の反芻によって形成されると考えられている。

日本古来の考え方
（左上右下）

皇后	正面	天皇
右大臣		左大臣
下座		上座

1915年以来の考え方
（右上左下）

天皇	正面	皇后
右大臣		左大臣
上座	↑	下座

（正面に向かって）

柔道にみる座付の例　　　↑
（正面に向かって）（考え方の新旧）
道場における座付

	左	右	
大正〜終戦頃まで？	左優位	右下位	（新）
現在の座付	左下位	右上位	（旧）
形における位置	左取	右受	（新）
審判の位置（二人の場合）	副審	主審	（旧）
試合開始線のテープの色	左白	右赤	（旧）
試合者が締める赤又は白の紐の色	左白	右赤	（旧）
IJFルール	左青柔道衣	右白柔道衣	
進退における足の順	左進	右退	（旧）
正坐で坐る時、立つ時	左坐	右起	（女子作法）

　京極氏は著書[37]（1933年）の中で、当時の柔道に於ける敬礼について以下のように記載している。態の上から「坐礼」と「立礼」との二種に分けて使用されているとして、まず、

「一、坐礼について：一人は上坐を背にし、他の一人は下坐を背にして、相対し約一間の距離を保ち、膝関節を届げ、殿部が踵の上に乗る迄に体を落し片膝ずつ静かに畳に付け、足の甲は畳に付ける事なく踮先きにて支え、両手は約肩幅にして五指を軽く付け、僅かに内側に向けて両膝の前約五六寸の距離に同時に畳に付き、頭及び体は平になる様にして僅かに両肘を届げ、体を下げて礼をするのであります。この場合の視線は頭と共に移動して畳の上に移すので、注目する必要はないのであります。斯く敬礼終れば、以上述べた動作を反対の順序で両手を畳より離し、次に片膝ずつ畳より離して静かに体を起して立つのであります。この敬礼は形及び乱捕を行う始と終とに用いられている。坐礼に就て二、三心得べき事を述べてみましょう。

　　Ａ、両人相対する時、上坐の位置には年長者か高級或は高段の
　　　人が坐るのです

B、両人相対する場合、約一間の距離を保つことは其の最短距離を示すものです。道場の広狭にも依りますが、普通約二間ぐらいを適当と言われて居ります。頭を衝突する迄に接近するのは正しい敬礼を為し得ぬ点から言っても、よろしくないのであります。故に形を行う場合及びその他の敬礼は道場或は場所の広狭、自他の身長によってきめるが適当であります。

C、両膝は畳に付けた場合、足の甲を畳に付けずに趾先で支ふるのは相手に突然の襲撃を受けた場合に直に体を変じて之に応じ得る用意に他ならぬのであります。足の甲を畳に付けることを柔道では『死足（しそく）』と云って居ります。

　二、立礼：立礼は自然本体に立ち体を約15度前方に傾け、視線は体と共に次第に移すのであります。」── 以上

（※剣道においては坐礼に「三息の教え」というのがあり、通常の呼吸における１．吸気で頭を下げ、２．呼気の間は屈んでいて、３．吸気で頭を上げるという教えがあるとされる。

　形や試合における相互間の立礼において上体を屈する、或いは傾ける角度について、戦前・戦中・戦後の柔道指導書には15度説と30度説がある。柔道では後者の方が多いようである。直近［2019年］の審判員研修会では、立礼は上体をおよそ30度屈した状態で２秒静止させることを申し合わせている。剣道の場合、立礼のときの頭を下げる角度について以下のような取り決めがなされているそうである。「三節の礼」というのがそれで、「一者、武の祖神に対する礼、二者、師に対する礼、三者、生徒相互間の礼」というのがあり、神前への礼は45度、師への礼は30度、相互の礼は15度という取り決めがなされている。）

　敬礼の方法を文字で説明すると、上記のようになるが、このよう

な形式は、さほど厳格に考える必要はないと徳川義親氏は解説する[93]。

「例えば、上体は45度とか30度傾けるときめてはあるが、必ず正確に45度、30度でなければならぬというわけではなく、礼の真の本は心であるのだから、形式はそれほど厳格にしなくてもよい。又これに囚われてはいけないのである。併し、そうかといって一般に示すのには一通りの基準が必要だから、45度、30度というふうに定めたのである。本当にその人の恭敬の心を現すのであれば、それが50度になり、60度になっても差し支えない。ただ形に囚われて、書物に45度、30度と書いてあるから45度、30度にしなければならぬと思って、一生懸命そんなことばかり考えていることが、いけないのである。

　礼で大切なのは丁寧に見えることである。ぞんざいに見えてはいけない。そこで、どうしたならば丁寧に見えるか、先ず第一に心懸けねばならぬのは静かに行うことである。頭を下げるのも、上げるのも、大急ぎでやると不自然で而も粗末に見える。頭を下げた途端に直ぐ持ち上げると、低いお辞儀をしても少しも丁寧に見えない。下げた頭を暫く其儘止めて、それから徐に上げると稍稍高めなお辞儀であっても丁寧に見えるものである。これは敬礼に必要な要領である。」

「間合」とは

「間合」とは、攻撃や防禦のために対峙する相手との間の適正な距離をいう。武道における間合は空間的な間合の他に、時間的な間合や互いの「気」的間合などがあり、それらは互いの動きのなかで刻々と変化するものである。

　JUDO における「間」あるいは「間合」は、他人と自分との間に介在する隔たりまたはタイミングをいい、それには空間的距離や心理的距離（心理的な間合、心の間合）、動作と動作との間の時間的・空間的間合等があり、勝負の場においては尚更に一瞬たりとて同じ状態はない。時々刻々と変化する関係の中で、ある一瞬を読み勝負をかける。「間」という用語は、ある状況や状態を示す言葉として、気・息、技や動きに生命を吹き込む「見切り」などとともに、失われていく日本文化としてさらに深化し、磨き直す時でもある。ポイント制の採用で攻撃が止まるとすぐに反則をとられるために、終始動き回りポイントを稼ぐスタイルが流行り、手数の多少による「判定」が際立って増加している。相手の呼吸を計り、予測する、すなわち相手との空間的、時間的、意識的な間を前提として、千変万化する勝負の状況に柔軟に応じることの出来る心の余裕を持って相手の動きを読み、勝負を決める能力を養うことが重要である。

　稽古とは、いってみれば自己の身体を一定の「形」にはめこんでいく訓練であるが、講道館柔道の「形」の解説において、嘉納は、「形」を練習する時の「間合」の取り方に幅を持つようにと注意を喚起している。ここでいう間合とは空間的距離のことを指している。「形」の解説における間合について、身長五尺二・三寸（約

158〜160 cm）の人が行うものとして相互の間合を記載しているため、その人々の身長如何により実際に臨んで相当の斟酌（しんしゃく）をする必要があることを注意している。またその距離何尺という時は、立って居る相互の足の指先から測った寸法を述べている。

平常「形」を練習する場合の受、取の位置について、当初、道場の都合によって上席に対して不敬にならぬ限り必ずしも二間（三間）とする必要はないとも記載されている。現在では試合場の広さが規定されていることや、どこの練習場でも一定の広さを持っているために、形の中で双方の取る間合を規定しているが、演武する人々の身長如何により実際に臨んで相当の斟酌（しんしゃく）をする必要があることは当然である。そうしないと十分な理合いは示せない。

京極氏[37]も「両人相対する場合、約一間の距離を保つことは其の最短距離を示すものです。道場の広狭にも依りますが、普通約二間ぐらいを適当と言われて居ります。頭を衝突する迄に接近するのは正しい敬礼を為し得ぬ点から言っても、よろしくないのであります。故に形を行う場合及びその他の敬礼は道場或は場所の広狭、自他の身長によってきめるが適当であります。」と記載している。

形の教科書ともいうべき講道館発行の小刷本においてもさまざまな間合が存在する。嘉納治五郎も形を演じる時の間合については、前述のようにわざわざ、受取相互間の間合は、両者の身長如何により実際に臨んで相当の斟酌をする必要があると一節を付与しているのだが、現在ではそれらの間合については一律に成文化され、規定されてしまっていて、演武者の考える余地はなくなってしまっている。

形は文法で、乱取りは作文に例えられ、文章を書くためには両者を極めて初めて能文の士となれるとされる。両者のどちらに偏っても能文の士にはなれない。

野中日文氏[105]は、武道の心得である「間合」を人間関係での間

合に置き換え、他人との間合の取り方、つまり「間積もり」として教え、他人との付き合い方の実力をつけさせる技術こそが大事であり、対人関係における武道の「間積もり」の応用とは、自分と他人との間に存在する「距離」を効果的に使いこなして互いに侵さず侵されない付き合い方を心掛けるという事であると主張されている。失われた日本の伝統的思想としての「間合」を講道館柔道の「形」の中から抽出し、人間関係での間合に置き換え、他人との間合の取り方として教え、他人との付き合い方の実力をつけさせる技術の研究と練習をし、日常の対人関係の中で応用できるようにすることこそが必至であると思われる。

柔道における「礼の仕方」について

　礼は文化の一形態であり、いかに生活を円滑に進めるかという必要性から編み出された知恵であり、あくまでも恭敬の意を表す社会の中で慣習化されている敬意表現の規範的形式である。礼をする時はあくまで、相手に対する敬意を表し、自分の謙虚さを失せず、自らを向上させてくれる人々に対する感謝の念を再確認するためのものとしての礼の意義を失わぬようにすることが肝要である。敵対している意義を礼にまで表すのは好ましからざる行為である。現今、いたずらに頭を深く、長く下げるような丁寧過ぎる所作をみることがあるが、このような礼は反って慇懃無礼な振る舞いとみられかねない。直近（2019年）の審判員研修会では、立礼は上体をおよそ30度屈した状態で2秒静止させることを申し合わせている。礼も柔道の一部と捉え修行しなければいけない。

　柔道における礼の仕方には、立って行う「立礼」と、坐って行う「坐礼」とがある。

　立礼は、両足の踵を密着させ、両足の内側間は一定の開きを持ち（体型によって母指間の距離や内側の開き、角度など規定が難しいためである）、上肢は下垂し、手掌を体側に密着させ、手指は互いに密着させて伸展した直立の姿勢から上体をおよそ30度曲げ、指先を膝頭の少し上まで滑り下ろし、約2秒間静止する。ちなみに、剣道では下げる頭の角度について「三節の礼」というのがあり、「一者、武の祖神に対する礼、二者、師に対する礼、三者、生徒相互間の礼」がそれで、それぞれは45度、30度、15度と定められ、剣道人の常識として受け継がれているという。

　坐礼における立ち方、坐り方については、後述するが、日本柔道

の全国的組織であった大日本武徳会が、1906（明治39）年の「乱捕りの形」制定時からの「右坐左起」を、1943（昭和18）年に柔道修錬者礼法を改正し、「左坐右起」としたことにより「左坐右起」が柔道共通の礼法となった。

　これ以降現在では、互いに向き合い、自然体の姿勢から、まず左足の足先を爪立てながら約半歩退き、左膝を足底のあった位置の畳につけ、次に右足を両膝間に拳約２個分開きを持たせながら、足先は同じく爪先立てながら左足親指に揃えて膝をついた後、両足の爪先を同時に伸ばしながら両足親指を重ねて坐る。その時に殿部が踵に乗るようにし、背を自然に伸ばし、両手を軽く両股の上に、手指を揃え、指先を内側に向けて置く（この姿勢を正坐という）。この後、双方気を合わせ、同時に両掌を膝の前へ滑らせ、両膝の間約20cm（六・七寸）のところに、手掌を八の字形に指先を少しく内側に向けて、手首および肘の関節を少し屈し、人差し指の間隔がおよそ６cmに向き合うように畳の上につき、上体を前に曲げ（脊柱が水平になるくらいで、頭も脊柱と一直線になるくらいが良い。両手の親指と示指が作る三角形の中央に鼻先［剣道においては目線とされる］を落とす）、額は畳から約30cmの位置で約２秒間坐礼を行う。その時、殿部が上がらないように気を付ける。この後、正坐の姿勢に上体を復する。この屈体の礼、すなわち折れ屈んで額づく礼においては、「三息」の教えというものがあり、通常の呼吸における吸気で頭を下げ、呼気の間は屈んでいて、吸気で頭を上げる一連の動作の作法がある。

　正坐から立ち上がる時には、両足先を爪先立てながら腰を浮かした後、坐る時とは反対に、右足、左足の順に立ち上がる（左坐右起という）。立ち上がる時に両踵が接着するように気を付ける（左右の足の親指間の間隔を調整することで踵は接着するであろう）。

　しかし、1967（昭和42）年に制定された「国際柔道試合審判規

定」において、試合は立礼から始めることが明記され、「坐礼」は認められなくなった。

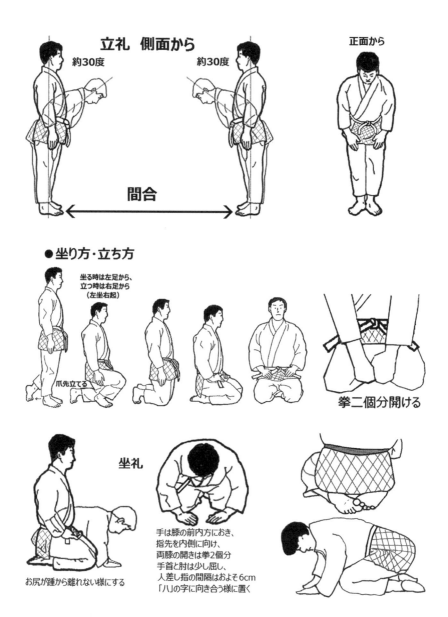

立礼　側面から

約30度　　　　約30度

正面から

間合

●坐り方・立ち方

坐る時は左足から、
立つ時は右足から
（左坐右起）

爪先立てる

拳二個分開ける

坐礼

お尻が踵から離れない様にする

手は膝の前内方におき、
指先を内側に向け、
両膝の開きは拳2個分
手首と肘は少し屈し、
人差し指の間隔はおよそ6cm
「八」の字に向き合う様に置く

「坐作進退」について

「受と取とを連ねた線が或いは上席に対して如何なる角度をなして
も別に大した差し支えはないが、大会などの場合には位置に注意す
る必要がある」とされ、「道場が広ければ上席を横にして受と取と
が対するのが一番良い」とされている。

「取」とは技を掛ける側の人を言い、「受」とは技を掛けられる側
の人を言う。この場合、「受と取といずれが上席に向かって右にな
り左になるかは別に定めもないが始めに右技をやるから受が上席
に向かって右の方、取が左の方になるのが好都合である[35]」とさ
れていた（現在は、取が左、受が右と定められている）。また「道
場が狭い場合には斜めになる方が良い、その場合にもやはり受が上
席に向かって右の方、取が左の方にしたほうが良い[35]」とされて
いる。ただ、上坐、下坐については、古来日本では、太陽が通る方
を向いて陽の出る方を上位としたことに起源し、天子南面して東を
上位として、向かって右側が上坐、向かって左側を下坐としていた
が、1915年大正天皇即位式のおり国際的慣例に従って、天皇が向
かって左、皇后が向かって右に位置する様に皇室行事が一部改め
られた[114] ことにより、日本における左右尊卑は逆となり、左大臣
と右大臣との尊卑の逆転や[101], [102]、雛人形の雛飾りにおける男雛
と女雛との飾る位置の逆転[99] 等が起こり、柔道もその影響を受け、
道場における坐付きでは正面に向かって左を優位、右を下位とする
こととなった[101], [102]。なお一部の形（古式の形・柔の形・護身術）
においては旧来の位置（取が右で、受は左）がそのまま残されてい
る。

進退時における最初の進み足あるいは退き足が左足か右足かと

いう問題に関して、「左足から一歩前に進んで、右足から一歩さがる」と個人試合における礼法のなかで「左進右退」を規定しているが、これは、古来日本では、正中を最上位とし、その左（向かって右）を次位、正中の右（向かって左）を第三位とみなしていたために、向かって右側が上位となり、左側が下位となることに基づいて、進退時には下坐足（左足）から進み、上坐足（右足）から退く所謂「左進右退」という作法が生じてきたという説が最も有力である。また、講道館規定では団体試合を始める場合には、主将を上席とする編成順に整列して向かい合うことと規定され、正面側から主将、副将、三将、中堅、五将、次鋒、先鋒の編成順に整列することになっていたが、国際規定に団体試合の規定が制定された時、講道館規定とは逆の整列の仕方が採用されたことによりこれ以降、通常国内で行われる団体試合においても国際ルールが適用されることになり、先鋒が最も正面側で主将（大将）が最も奥（審判員近く）に位置するようになった。

坐礼における立ち方、坐り方

　講道館は、早創期より両膝をつく爪先立てた姿勢（跪坐・蹲踞）
からの礼を採用し、坐礼は相手との距離を約二間くらいにして相對
し、両足を開いた自然本体より両膝を曲げながら片膝ずつ静かに両
膝頭を畳に付け、両膝は左右の間約二握の距離とし、足の甲は畳に
付ける事なく指先にて支え、殿部が踵の上に乗る迄上体を下ろし
（殿部も同じく踵につけず離して行う）、其の基礎の上に上体を落ち
付け、両手は体の近く、両股の上に、指先をやや内側に向けて置
き、上体は鳩尾を落とし、脊柱を真直にし、口を閉じ、眼は其の高
さの処を直視する。両手は約肩幅にして五指を軽く付け、僅かに内
側に向けて両膝頭の前方約五六寸の距離に掌を八字形に、指先を少
しく内側に向けて同時に畳上に付き、頭及び体は平にして背中が水
平になるくらいまで両肘を曲げて礼をする。足の爪先で坐し、足の
甲の側を普通正坐するように畳にはつけない。尚頭は自然にして起
こしたり、極端に前下に下がらないようにする。

　礼が終わって立つ時は、右足を少し前に踏み出して、膝立ちで立
ち上がる様にする。両足を一度に踏んで、殊に強く踏みつけて立ち
上がる様なことは、礼を失することになるから決して行わない。

　正坐の仕方では、「上坐の足を一歩退き（女子は上坐の足を一歩
出し）、上体を前後にまげることなく静かに片膝をつき」、膝を揃え
て坐り、立ち上がる時は、「下坐の足を膝頭の辺りまで進め、その
爪先に力を入れ、息を吸いながら静かに立ち、同時に上坐の足を下
坐の足に揃え」て立つという小笠原流の方式、所謂「右坐左起」を
採用していた。しかし、1880（明治13）年に小学校に礼法が採用
された他、明治末期に女子の作法要項が作成される過程で武家の婦

人の作法が採用され、これが学校教育の場で長く実践されていくことにより、女子の作法が男子をも含めた礼法として今日までもその影響を及ぼすことになった。すなわち、江戸時代までの礼法は男子が主として修め、明治期からは主として女子が修めることになった。そして1941（昭和16）年その様な流れに沿った「礼法要項」が文部省によって制定され[97]、国民学校をはじめ師範学校、中学校、高等女学校、各種実業学校、青年学校等における礼法指導の参考資料として、学校教育の現場で実践されていくことになった。この様な理由に基づき、講道館でも1942（昭和17）年その礼法を改正し、正坐で坐る時は左足から引き、立つ時は右足から立つ「左坐右起」（婦人の作法）とし、当時日本柔道の全国的組織であった大日本武徳会も、1906（明治39）年の「乱捕りの形」制定時からの「右坐左起」を、1943（昭和18）年に柔道修錬者礼法を改正し、「左坐右起」とした。これにより「左坐右起」が柔道共通の礼法となった。正坐については、それまでのような爪先立ちの姿勢ではなく、足の甲を畳につける姿勢にかわり、「左坐 ― 正坐 ― 坐礼 ― 右起」という一連の作法に統一されてきた。またこの「屈体の礼」には「三息」の教え（通常の呼吸における吸気で頭を下げ、呼気の間は屈んでいて、吸気で頭を上げる一連の動作）が加わってきた。この動作により、何事にも動じない「待つ姿勢」を養うのだとされる。

このような講道館柔道の「礼法」を、日本が世界の「JUDO」のなかで主張する場合、どのように理論を組み立てて理解を求めていったらいいのか容易いことではないように思われる。

また、主審が勝者を示す場合の足の出し方について、前述の「左進右退」を強直に主張する人に遭遇することがある。勝者が主審の左右どちら側の選手かによって、手や足の出し方、挙げ方に変化を持たせた方が、所謂「嘉納柔道の理」に適った作法のように思われ

る。またその方が動きが自然であり、所作はきれいに見えるように
感じる。

「柔道における姿勢」について：自然体と自護体

　次いですべての動作の根源である姿勢について述べる。

　極自然に立脚した姿勢、即ち、両足間をやや開き、両手の掌を体側に向かわせて下垂させた姿勢を柔道においては自然体または自然本体と言い、両足踵を付けた直立姿勢と区別する。この自然本体の姿勢から、右足をやや右前方に出し、少し右構えになった姿勢を右自然体といい、この姿勢から左手で相手の右外中袖を握り、右手で相手の左前襟を握った姿勢を右自然体で組むと言う。同様にして左足をやや左前方に出し、左構えになった姿勢を左自然体といい、この姿勢から左手で相手の右前襟を握り、右手で相手の左外中袖を握った姿勢を左自然体で組むと言う。自然体の特徴は、ただ漫然と立っている姿勢ではなく、膝や下肢に力を入れず、何時でもあらゆる方向に移動できる可能性を秘めた姿勢であるということができる。他の利点として、最も柔軟で変化がし易い姿勢であり、最も安定感があり、疲労も少なく持久性に優れた姿勢であるといえる。

　また柔道では、顔は正面に向けたままで、両足の間隔を、自然本体よりも広く開き、両膝をやや屈げ、上体を前に曲げ、腰をやや低くして重心を下げ、両手は、掌をやや内向きにして、大腿上部に添えた姿勢を自護本体といい、この姿勢から、右足を前に踏み出して構え、体を左に開いた様態を右自護体という。逆の下肢の様態をとった場合を左自護体という。右自護体の様態から互いに右手を相手の左腋下から差し入れ、その掌を左背部で腕の付け根の所に当て、左手は掌を相手の右肘のやや上外側部に当ててその腕を抱え、頭を互いに相手の右側にして頸部が交差し、四つに組んだ姿勢を右

自護体で組むといい、左足を前に踏み出した姿勢から上体を右自護体の場合と左右逆に組んだ姿勢を左自護体で組むという。このように自護体にも「自護本体」、「右自護体」、「左自護体」の３つを区別する。自護体の姿勢は一見強固で安定性に勝っている様に見受けられるが、特定の攻撃に対しては有効な構えであるが、あらゆる方向への動作に対しては自由性を欠き、もろさを持つという側面がある。このような点から、柔道においては、あらゆる方向に自由に柔軟に動くことが出来る自然体が基本とされる。

右自然体　　自然体　　左自然体　　自護体

組み方（左右自然体での引き手、釣り手の握り方）

右自然体の組み方

　１．右自然体の姿勢をとり、２．右手で相手の左前襟をとり、３．左手で相手の右外中袖をとる。左自然体での組み方はその逆になる。即ち１．左自然体の姿勢をとり、２．左手で相手の右前襟をとり、３．右手で相手の左外中袖をとる。

右自護体での組み方

　１．右自護体の姿勢をとり、２．右手を相手の左脇下から差し入れて、相手の背に当て、３．左手で相手の右外奥袖をとり、相手の右腕を自分の左脇下に抱え込む。左自護体の組み方は、その逆になる。即ち１．左自護体の姿勢をとり、２．左手を相手の右脇下から差し入れて、相手の背に当て、３．右手で相手の左外奥袖をとり、相手の左腕を自分の右脇下に抱え込む。

　両者の違いは、動作の自由さに大きな違いがある事である。即ち

自然体の組み方は、安定度があり、いつでもあらゆる方向に移動することが出来ることである。

柔道衣の握り方

　小指側から示指側に向かって小指・薬指・中指と順次軽く、しかし確実に巻き込んで握り、最後に親指を軽く添えて掌全体を使って握る様にし、また、手首を固くしないで腕や肩に力を入れ過ぎずに柔軟に、あらゆる事態に対応できる融通の利く握り方を心掛ける。肘を伸ばして突っ張ることは行わないようにする。

　京極氏[37]は、柔道衣の握り方は、あまりに腕に力を入れることは、不利の点が多いとし、その理由について、何故かと言うと、相手の状勢を知ることが出来ないものだからといい、相手の状は眼で察することも出来るが、微妙な働きは手に依って知ることの方が大である。自分の体の働きが、自分の力の為に妨害される。腕に力を入れることは、全体を腕に注いでいることを示し、他の方面に隙が出来る事になる。また、腕の筋肉が凝り固まって棒のようになると、臨機応変、自由自在の業を捕ることが出来ず、尚更身体の疲労が増す。要するに相手を握る時は軽く捕り、必要に応じ伸縮自在に自分の力を働かせることのできる余裕を持つことである、としている。

「引き手」、「釣り手」

　相手と組み合っている時に、通常、袖を握っている手を「引き手」といい、襟を握っている手を「釣り手」と呼ぶ。技を掛ける場合に通常、袖を握った方を自分の方に引き寄せ、襟を握った方を釣り上げることによって相手を制する事からこの様に呼んでいる。組む時は、手足の関節に力を入れず、体全体の力を抜いて、ゆったりと構えることが肝要である。目線は１点を凝視せず、常に相手の全体を視野に入れておき、相手の変化に瞬間的に対応できるようにしておく。

　柔道の稽古の時には、いつも自然体の姿勢を心掛けて行わなければいけない理由は次の様なことからである。

　柔道においての最良の姿勢は、上肢、下肢、体幹を出来るだけリラックスさせ、常に自由に柔軟に動くことが出来る背筋を伸ばした自然体の姿勢を作り、また精神的にも冷静で不動の気持ちを持つように集中することである。柔道では投げられることは極当たり前の事ですから、投げられることを恐れず、恥ずかしがらず、たくさん投げられ倒されることによって相手の攻撃に対して柔軟に対処する方法も見つかってくるものである。すなわち、投げられ続けたとしても、投げられ続けていくうちに投げられる回数が減少したり、相手の攻撃のサインなりシグナルなりが体感的にわかるようになってきて、攻撃をかわせるようになってくるとか、逆にそのサインなりシグナルを感受し、逆にそのサインなりシグナルを利用して逆襲を掛けることが出来るようになるかもしれない。そのようなサインなりシグナルを発見する楽しみを持ちながら投げられる瞬間を待つこともまた成長の過程と考えよう。このような気持ちで柔道を稽古す

ると次第に柔道も熟達してくると思われ、自らの自信を培い、他人に対しても寛容になり、社会活動においても貢献できるようになってくることだろう。

　また、姿勢について気を付けなければいけない重要なポイントがある。それは、自分から技を掛けるよりも、投げられまいとする方に心を奪われ過ぎて、腰を屈げ、腕を突っ張り、全身に力を入れ防禦姿勢をとってしまうことである。過剰防禦の姿勢を取り過ぎると、自身の性格や社会生活上での行動パターンにも癖がついてしまいかねない。人事全ての事に、防禦、逃げなどの気持ちを抱く様になり、機会をとらえ行動を起こすことも出来ない様な性格を養ってしまうことにもなりかねない。自分の可能性を自覚し、出来る事と出来ない事、自分の人事万般に於ける限界を探る意味でも防禦姿勢を取り過ぎる悪い癖は早急に改めるように努力しよう。

何故組み方は重要か

　柔道は通常相手と組んで行われる競技です。柔道の組み方には一定した形はなく、人により、場合により種々雑多な方法がとられます。技の利きや体力や構えや安全等を考えて、それぞれの機会に最適な方法を選べばよいのですが、組み方の良否は技の成否に影響を及ぼします。そのような理由により、その基本を十分に身に付け、更に種々の応用を研究することが大切です。

組む場合、特に注意しなければならない点はなにか

　先ず、傷害防止の見地から、左右いずれの技で投げるにも、相手の中袖をしっかりと握り、投げた際に引き上げ気味にしてあげることが肝要です。

　柔道衣の握り具合は、あまりに腕に力を入れることは、不利な点が多いので、小指と薬指に力を入れ、これに親指を添える要領で握り、それも卵が割れない程度に柔らかくし、腕も自然に程よく力が入る程度にしておきます。その理由は、腕に力を入れることは、全体を腕に注いでいることを示し、他の方面に隙が出来る事になるからです。また、腕の筋肉が凝り固まって棒のようになると、自分の体の働きが、自分の力の為に妨害され、臨機応変、自由自在の技を出すことが出来ず尚更身体の疲労が増します。要するに相手を握る時は軽く捕り、必要に応じ伸縮自在に自分の力を働かせることのできる余裕を持つことが、自分の疲労を少なくすることでもあります。次いで、相手の状(さま)は眼で察することも出来ますが、微妙な働きは手に依って知ることの方が大なのです。相手の動作によってそ

の意図を悟り、自分の意図を相手に悟らせないためということの他に、瞬時に組み方を変えたり、技を施したりできるようにするためでもあります。その他に、全身の力の入れ方に応じて調和的な働きができるようにするためでもあります。

移動（進退）について

　柔道では、攻撃・防禦何れにおいても、それに対応する体の移動を伴います。このような時に、自分の体を前後に動かすことを「進退」といいます。即ち、進むことと退くことをいいます。

歩き方・運足（すり足、歩み足、継足）

　歩き方を通常、すり足、歩み足、継足の三種に区分します。前、後、左、右、斜めなどいろいろな方向へ移動しますが、移動の場合にはバランスを崩さずに、常に安定した姿勢を保って、上下動がないように腰を中心に移動するように心掛けることが重要です。
　「すり足」は、身体は移動していく足の上に乗り、脚、腰、上体が同時に進むようにします。この時足裏を軽く畳に擦る様にして、重心の上下動とその移動を少なくし、常に両足の間に重心線を位置させます。畳から大きく足を上げずに、踵を付けず、親指側の付け根の膨らみ（母指球）で畳を擦るようにして歩く（移動する）方法です。普通歩く場合には、踵からまず踏み出し、指先から着地する様に足を下ろしますが、すり足の場合には、母指球（母指の付け根の膨らみ部分）を擦るように進みます。この時に、膝を曲げないように注意し、腰から押し出すように、腰を伸ばし、腰から下で歩く様に足を進めます。その他に注意する事として、頭は決して上下させず、歩幅を広げすぎない様にして常に一定に保ち、体重を片足の方に乗せすぎない様にします。
　「歩み足」は、普通に歩く歩き方で、左右の足を交互に踏み出して、一方の足が他方の足を追い越していく歩き方です。

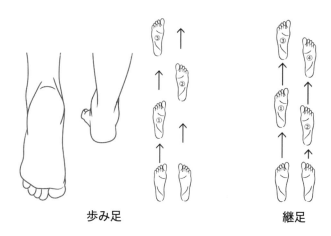

歩み足　　　　　　　　　　　　　　　　　継足

　「継足」は、初めの両足の歩幅を崩さない様に、進めた歩幅だけ後
から進める足も進める歩き方で、一方の足を片方の足の先に追い越
さない歩き方です。前後左右また斜めに進むことが出来ます。前進
する時には前に出ている足から、後退する時は後の足から移動しま
す。右方に動く場合には右足から、左方に動く場合には左足から移
動します。

「体捌き」とは

「体捌き」とは、体を開いたり、躱(かわ)したりしながら、自分の体の位置を変化させることをいいます。

何故進退と体捌きが重要か

　前後左右あらゆる方向に滑らかに移動しながら、相手のバランスを崩そうと、押したり引いたり種々の方法を施して、相手の身体動作に破綻を起こさせ、体勢を不安定にさせることを試みます。円滑な進退と左右斜め前後への軽妙敏速な身体の捌きを同時に行う事によって相手を制し、技を放って勝利を得ることが出来ます。

崩し、作り、掛け、体捌き、八方崩し

　相手の安定した姿勢を不安定な姿勢に導くことを「崩し」といい、「先」の崩しと、「後」の崩しがあります。相手の体勢を技を掛けるのに最も都合の良い状態にし、同時に自分もその崩れた相手に技を掛けるのに最も都合の良いように姿勢を整える事を「作り」といい、相手を崩しながら、自分の姿勢を整えた上で、相手を転倒させるために技を施す動作を「掛け」といいます。「作り」には相手の姿勢を崩し、技に入りやすい形にする「相手を作る」成分と技を掛け易いように自分の位置と姿勢を整える「自分を作る」成分が含まれています。乱取りの練習においては、この崩し、作り、掛けを一連の動作として行います。この一連の動作を「体捌き」といい、基本的には前・後の捌きと前廻り捌き、後廻り捌きの４通りがあります。体捌きは、単に足を運ぶのではなく、腰を中心にして捌くように注意します。上体の開き、腕の引き、押し等を調和させ、相手

の体勢の崩れを誘うようにします。崩しには、真前、真後、右前隅、左前隅、右後隅、左後隅、右横、左横の八方向があり、これを「八方（の）崩し」といいます（「崩し、作り、掛け」は「力学」や「力のモーメント」の適用として行います）。

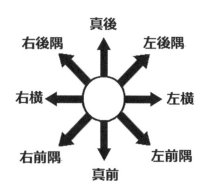

「取」と「受」

「形」の時に用いる用語で、「取」とは、技を掛ける側の人を言い、「受」とは、技を掛けられる側の人を言います。

「固の形」の時に用いる所作および姿勢

取の所作および姿勢

　左足を一歩後ろに退き爪先立てたまま元の踵の位置に左膝を下ろし（左大腿軸と上体軸とはほぼ一直線にする）、右足を右横に開き（右膝関節はおおむね直角にする）、右手掌を右膝の上に置き、左手は自然に垂れて踞侍（昔の武士が上役の近くで控える時の所作）する様を「踞姿」または「位取り」と言います。

　立位から片足を一歩後ろに退き爪先立てたまま元の踵の位置に膝を下ろし、対足から一歩前進し、下ろした片膝もこれに継ぎ前進する様を「膝行」と言います。

受の所作および姿勢

　上肢を体側につけて仰臥した後、左膝を屈げて下腿を立てた姿勢。

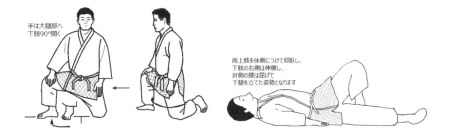

手は大腿部へ
下肢90°開く

両上肢を体側につけて仰臥し、
下肢の右側は伸展し、
対側の膝は屈げて
下腿を立てた姿勢となります

受け身

「受け身」とは、倒れた時や投げられた時に、自分の体への衝撃を出来るだけ少なくして、ケガをしないで、安全に倒れる方法をいいます。

　受け身の要領は腕の反発力を利用して、体が畳に触れる瞬間、腕で強く畳を叩き、その反発力によって、まともに重心で衝撃を受けないようにして、衝撃による運動量の変化を広い面積で受け止めるようにしながら衝撃を緩衝し、体への衝撃を出来るだけ和らげ、苦痛や、怪我のないようにします。また、受け身の衝撃緩衝力を有効にするためには、畳を叩く上肢の外転を体側より約30〜40度くらいにします。狭すぎては衝撃緩衝力が十分でなく、広げすぎるとヘルメットと頭の関係にある肩関節でヘルメット（関節窩）から頭（上腕骨）が抜けてしまい易くなります。即ち脱臼を起こし易くなるのです。

受け身の種類と練習方法
　後ろ受け身（後方回転受け身）、横受け身（側方受け身）、前受け身（両膝をついた姿勢から、直立の姿勢から）、前回り受け身（前方回転受け身）があり、各々仰向けの姿勢から、坐った姿勢「長坐」から、中腰姿勢から、立ち姿勢からの受け身を習得します。

受け身の時の注意事項
　顎を引き、後頭部を畳に付けないようにします。
　前腕を回内位にして、掌を畳面に向けて腕全体で畳を叩きます。
　両腕は約30〜40度開きます。狭すぎては効果が少なく、広すぎ

ては肩関節の脱臼を起こし易くなります。

腹筋に力を入れます。

後ろ受け身 ── 背臥位（上向きに寝た姿勢）から

両上肢を上に上げ、前腕を交差させた状態から、両前腕を回内位にして、掌を畳面に向けて、畳と接着する位置が殿部から後ろ帯に移動するタイミングで両腕全体で同時に畳を叩きます。

腕と身体との角度は、約30〜40度にします。

畳を叩いた弾みで、胸部上方へ両腕を交差する様に上げ、繰り返し後ろ受け身の練習を行い、後ろ受け身の要領を習得します。

顎を引き締め、帯の結び目を見る様にして、後頭部を床から上げた姿勢を維持します。

上肢の関節、特に肘の関節や肩関節に負荷がかかっていないか、窮屈さなど違和感なく掌、前腕屈側、上腕の各部が同時に畳を叩いているかなど意識して練習します。

後ろ受け身 ── 長坐の姿勢から

両腕を前方、肩の高さに上げます。

両脚を上げながら、後ろに倒れます。

背中が畳に付く一瞬前（後帯が畳に付く頃）に、手掌を下にして、腕全体で畳を叩きます。

腕と身体との角度は、約30〜40度にします。

　受け身をする弾みで、自然に体を元に戻します。

　顎を引き締め、帯を見るようにして、後頭部を床に打ち付けないようにします。

　腹筋の力を抜かないようにします。

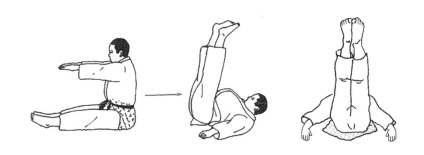

　後ろ受け身 ── 中腰の姿勢で向かい合い２人組で手を押し合って中腰の姿勢を取ります。

　両腕を前方に上げ、殿部をなるべく踵に付く様に落とし、両足を揃えて上に上げ後ろに倒れます。

　坐った姿勢からの場合と同じ要領で受け身をします。

後ろ受け身 —— 立位の姿勢から後退しながら

立った姿勢をとります。

両腕を前方、肩の高さに上げます。

　小足で数歩後退しながら、殿部をなるべく後ろ足の踵に付く様に落とし、後ろ受け身をします。

注意点；受け身の間、顎を引いて行います。後退した時に体を放り
　　　　出さない様にして、身を出来るだけ低くし、中腰の姿勢か
　　　　ら後ろ受け身をするようにし、尻から後ろに転がる様にし
　　　　ます（最初の内は、数歩後退し、止まり、中腰になり、そ
　　　　のまま後ろに倒れる。この動作を繰り返します）。

横受け身 —— 上向きに寝た姿勢から

身体を横の方に倒して受け身をする方法です。

　下半身と上肢を同時に働かせることにより、体幹に受ける衝撃を緩和する方法です。

　初めに下半身のみの、次いで上肢の所作を加えて横受け身の練習を行います。

上向きに寝た姿勢から腹筋に力を入れて両足を伸ばしたまま上に振り上げ、V字状になり、体を少し右に捻りながら右体側を下にして右足を前、左足を後ろにずらし、両下肢で同時に受け身をします。両下肢は重なったり、交差しないようにします。右下肢の股関節、膝関節は軽く屈し、外側全体で畳を打ち、左下肢は、下腿を直立させないで右側へ約60度傾かせ、右足踵の約20〜30cm後方で両足先が揃う様にして、足裏全体で畳を叩く様にします。

　この下半身の所作を反復練習した後、上肢の所作と同調させて練習をします。

　上向きに寝た姿勢から両上肢を胸の上方に上げた後、前腕を回内位にして掌を下にして体側方へ振り下ろし、上肢全体で畳を叩く練習の後、上向きに寝た姿勢から腹筋に力を入れて両足を伸ばしたまま上に振り上げ、V字状になり、体を少し右に捻りながら右体側を下にして、右前腕を回内位にして、掌を下にしながら体側に振り下ろし畳を叩くと同時に、右下肢外側全体で畳を叩き、下肢と上肢の所作を同調させます。左腕は腹部の上に軽くあてがいます。

　上肢が身体から離れすぎない様にします。

　身体全体は、わずかに横向きになります。

　右上肢、両下肢三者同時に畳を叩くように働かせます。

　右上肢と右大腿の長軸の間隔は約拳2個分とします。

　畳を叩く上肢と身体の開きは約30度とします。

　目は叩く手を見るようにします。

　受け身をした反動を利用して、両足を振り上げ、左右両上肢・下肢を逆にして、左横受け身を行います。

横受け身 ── 中腰の姿勢から

中腰の姿勢をとります。

　右足を左斜め前方に送り伸ばしながら、右腕を上げ、左踵が殿部と出来るだけ離れないように、左足で中腰になり、体を右側方に倒します。

　背部を畳に付けて、横受け身を行います。

　頭を畳に付けないようにします。

　顎はしっかり引きます。

横受け身 ── 立った姿勢から

立った姿勢をとります。

　右手で右膝を払うようにして右足を斜め前方に送り出します。

　身体全体は、僅かに横向きになります。

　右足を左斜め前方に振り伸ばし、右腕を前と同様にして上げます。

　左膝を屈げ、中腰から右体側を下にしながら、右側方に倒れます。

　右腕で畳を打ち、横受け身を行います。

　頭は畳に付かないようにします。顎はしっかり引いておきます。

横受け身 ── 移動する姿勢から

　直立の姿勢から、歩み足或いは継足で前進します。

　左脚を一歩左斜め前方に進めると共に、立った姿勢からの場合と
同じ要領で、横受け身を行います。

　横受け身は左右を行いますが、左は右の場合の反対を行います。

前受け身 ── うつ伏せの受け身；両膝を畳についた姿勢から

前受け身は、前方に倒れて、腕立て伏せ（臥位）の姿勢になる受け身です。

両膝をつき、足の爪先を立て、腰を上げた姿勢をとります。

体を前方に倒しながら、両手を内側に向けて、両肘を約45度の角度に屈げ、親指を開き両手の指先を内に向けて「八」の字形になるようにして、左右の親指間および示指間を約5〜6cm離した三角形を作り、この三角形の中心に鼻が入る様に顔面の前に持って行き、胸部と顔が畳にぶつかる前に掌を畳につきます。

両上肢の掌と前腕部（手のひらから肘まで）で同時に畳を打ち、体を支えます。

腹筋に力を入れます。

前腕部で勢いよく畳を叩きます。

頭、顔、胸を畳に強打しないようにします。

前受け身 ―― うつ伏せの受け身；中腰姿勢から、直立姿勢から

　中腰姿勢または自然本体の姿勢をとります。

　両膝をついた姿勢の場合と同様に対処します。が、両膝をついた姿勢の時の前受け身より、体に受ける衝撃が大きいので、下腹部に力を入れ、両腕と爪先とでしっかり体を支えるようにします。

前回り受け身 ―― その場からの前回り（中腰の姿勢から）

　右自然体で立ちます。

　両膝を緩やかに軽く屈げていき、上体を前に屈し（体を丸くして）、左手は軽く腹部に当て（左手を、左足と右足とで正三角形をつくる一点に置くように指導する書が一般的ですが、この所作の場合、次の２点で不都合を生じ易いようです。一点は、両手を働かすことで、左右の手の働かせ方を取り違え、戸惑う人が少なくありません。今一点は、正三角形を作る手の指先を前方に向けて掌を畳につくことによって手首を痛めることが多々発生しています。これ

らにより、この方法は、敢えて採用しません）、右足を踏み出した時は右腕を前斜め上方に上げ、右足のやや前内方に、右手の指先を内後方へ向け、小指先から手のひらの小指側面、手首内側、前腕内側へと小指側を順に連続させて畳につき、玉が転がる様に体を丸くして連続して接地させながら、両足を後方へ思いきり蹴りあげ、身体を回転し、腰部右半側が接地した後に背部右半側が畳に付く瞬間に畳を打つようにします。表現を変えると、後帯が畳に触れようとすると同時に、左腕と左手掌部とで畳を強くたたき、右手は帯の辺りに軽く置き、両脚、左手同時に畳を叩きます。右足を踏み出した時は右手のみを、左足を踏み出した時には左手のみをつく様にします。前に出す側の上肢は身体の下方に入れ込まず、前方に差し出すようにします。

　右前回り受け身は右自然体、左前回り受け身は、左自然体の姿勢から始めます。

　回転終了時は足先が平行に揃う様にします。また、回転終了時は左右の脚が交差しない様にします。交差させると、自分の足で他側の足を打ちつけることになってしまいます。

　足を広げすぎたり、手をつく位置が体に近すぎたりしないようにします。

　指先は内後方に向けるようにします。

（特注）実際の日常の行動において、中腰の姿勢から前方に前回りすることは多くはないと思われます。特に正三角形をつくる手の手首を痛めることがないように注意を要します。

前回り受け身 ―― その場からの前回り（立ち姿勢から）

　自然本体の姿勢から、右足を踏み出し前進しながら、中腰の姿勢の場合と同じ要領で前回り受け身を行います。

　右足を踏み出して、体を前に屈げ、その場から前回り受け身を行います。

　上達してきたならば、左腕で畳を打ちつけると同時に、はずみをつけて立ち上がる練習をします。

　回転して立ち上がる時、両足先が揃い自然本体で立ち上がれるようにします。

　踵を打ったり、両足が前後したり、両足間が広すぎたり、交差したりしないように気を付けます。

　出した右足の内側手前に、右手小指の外側から前腕へと連続して小指側を畳に接地するようにします（踏み出した足と同側の手を前に出し、腕先から体幹、続いて下肢の順に玉が転がる様に丸くして連続して接地させていきます）。

　右足先で軽く弾みをつけて、右斜め前方に回転します。

　右手先から右前腕、右上腕、肩、腰、脚と丸く輪を転がすように回転します。頭は輪の中に入れ、顎は胸に付けて、後方を見るようにします。必ず手先から腕に沿って回転する様に、直接頭を付けて回転しない様にします。

　左上肢掌側全体で畳を打つと共に、両足は交差しないで揃え、左

下肢はやや屈げ外側全体で畳を打ち、左上・下肢を同調させ、右下肢は足先をほぼ左足先と同じ長さに揃う程に膝を屈げ、下腿を約60度立てて、足底で畳を打ち受け身の補助を担わせます。

　右手は自分の帯の辺りに沿わせて置きます。

　回転した勢いにより、両足を軽く揃えた形で自然に立ちます。

　回転して無理なく立ち上がります。

　左前回り受け身を右前回り受け身の逆の要領で行います。

移動しながらの前回り受け身 ──

　自然本体の姿勢から出発します。

　軽く走りながら、右足で強く踏み切ります。

　立ち姿勢からの受け身の要領で、出来るだけ大きく空中に弧を描く様に回転します。

　左手で畳を強く打ちます。

　受け身をした勢いで自然に立ちます。

左も行います。

　最初は歩きながら、次に走りながら行うと良いでしょう。また、障害物を作って飛び越し、大きく受け身をする練習を行うのも良いでしょう。

　左右共に同じようにできるよう練習しましょう。

受け身の稽古の順序

容易なものから順次難しいものへと進むようにします。

　受け身の種類では、後ろ受け身→横受け身→前受け身の順が良い

でしょう。

　最初は、ゆっくりと正確に行い、次第に速く行うようにしましょう。

　最初はその場で行い、次第に移動しながら行うようにしましょう。

　最初は低い姿勢から始め、次第に高い姿勢で行うようにしましょう。

受け身の稽古の注意点

　畳を打つ時には、掌だけで打つのではなく、腕全体で強く打ちます。畳を打つ力が強ければ強いだけ、体の受ける衝撃が緩和されます。

　畳を打つタイミングは、背中が畳に付く一瞬前です。それが早すぎても、遅すぎても受け身の効果が減ります。

　畳を打つ時、腕と体との角度は、約30〜40度が適当でしょう。これより広すぎても、狭すぎても効果が小さくなります。

　畳を打つ場合、指先を倒れる方向に真っ直ぐ向けたり、外側に向けたりすると、骨折や脱臼の恐れがあります。指先は必ず内側に向けてつくようにしなければいけません。

　倒れた時、後頭部を打たないように特に注意しなければいけません。その為には、顎を引き締めることが大切です。受け身をする時は、帯の結び目を見るようにするのも良いでしょう。

　受け身の際、両足は開きすぎたり、交差させたりしないようにします。

　横受け身や前回り受け身では、左右同じように行えるようにならなければいけません。

「柔道の技」の構成

　柔道の技は、その性質を異にする投技（67本）、固技（29本）、当身技の三部門で構成されています。

講道館柔道の二種の練習

　既述の様に、嘉納治五郎は講道館柔道の練習を「道場内での練習」と「道場外での練習」とに区分しています。

　道場内での練習には、「形」と「乱取り（自由練習）」の２つの方法があります。

「乱取り」とは、一定の方式に拠らず各自勝手な手段（現在は危険な手段を用いることは禁じています）を用いて攻撃・防禦の練習するものをいい、「形」は、攻撃防禦に関し、予め種々の場合を定め、理論に基づき、身体の操縦を規定し、その規定に従い、一定の順序に従って形式化して練習するものをいい、「柔道の原理」を学びます。形の練習によって、礼法、基本動作、技のタイミングなどを自然と身につけることができます。

道場での攻防修行法；「乱取り」と「形」

　前述のとおり、道場での攻防修行法には「乱取り（自由練習）」と「形」があります。

　どちらから始めた方が良いのかについて嘉納は、「柔道を本当に学ぶには、乱取りから始め形も練習することは順序として適当ではある（初期の嘉納は形から始めて乱取りに進む順序を主張していましたが、形から始めてみたところ面白味を失い厭きて練習を投げ出すものが多くみられるようになったことから、興味をより持続させ得る乱取りを最初に持ってきたとされる）が、同時にその乱取りや形の根本原理を理解し、その原理を百般の事に応用する練習をし、習慣を養うことを怠ってはならない。」とし、「武術とし、また体育としての柔道の技術にも心を用いてもらいたいことはもちろんであ

るが、同時にまた柔道の大精神である精力善用・自他共栄を実生活に応用する工夫や練習を閑却してはならない。人はなぜこうしなければならないのか、どういう訳でそうしてはならないのか、というように疑問を持ち、理論に基づいて誰もが反対の出来ないような説き方で、そういう問題を解決するように修養を積む……。」ことを勧めています。

　柔術の時代まで主体であった「形」は形骸化しています。「形」にはいわゆる武士道と表現される日本の伝統的哲学が内蔵されていたといわれています。その「形」に秘められた哲学が今日の柔道では忘れられてしまっているように思われます。嘉納治五郎が修行した当時、柔術の練習は「形」のみによって行われていたか、少なくとも「形」を主としていたようなのです。今でこそ柔道の練習といえば乱取りが主体ですが、乱取りが柔道の練習に取り入れられるようになったのは、明治維新前、そう遠いことではなかったとされています。とりわけ嘉納治五郎が修行した起倒流や天神真楊流は柔術流派の中では乱取りに重きを置く流派に属していたようです。

　近代スポーツの考え方では、身体能力の訓練と向上は、道徳的人格の向上、つまり心の訓練とは無関係であるとされますが、日本では人格の訓練を伴わない単なる肉体的技の訓練は邪道と見なされてきました。

　教育者としての嘉納は柔道に体育的価値を見出し、「乱取り」のなかに種々（武術・智徳・体育・社会生活万般への応用など）の効用を説き、身体的なものを通しての教育として、教育の現場すなわち学校体育のカリキュラムとして柔道を採用することに努力しました。このように講道館柔道を柔術から進化させることに努力しました。まず一般への普及を優先させるために「形」を従属的なものとせざるをえず、「形」より「乱取り」を前面に押し出し、試合に勝ち名声を得ることから始める必要性を感じ、そこから始めたのです

が、現在においても未だそこから抜け出ることが出来ずに、日本の貴重な文化的遺産である精神文化は徐々に希薄化してきているように思われます。一方、それまで従属的であった「乱取り（自由練習）・勝負」は肥大化し、柔道の主目的となり発展しているようです。

　我が国の伝統的武道論では、心と身体を鋭く分離することなく、瞑想と哲学的洞察を不可分の要素と考えて、努力と訓練によって、出来うる限り心身の統合状態に到達することを目的としてきました。そしてその到達度は行為、すなわち「形」によって表されると考えてきたのです。そのためにまず行為すなわち「形」を最優先させ、身体の「形」を完成させ、その「形」という入れ物が完成した後に「心」を入れるという日常普通の思考様式を逆転させた心身関係の捉え方を確立させてきたのでした。

　そこでまず基本になるのは身体の姿勢であり、心が身体を支配するのではなくて、身体の在り方が心の在り方を支配するという立場に立つのが修行の出発点であると説いてきたのです。

　稽古とは規則に定められた「形」に従って身体を訓練し、それによって自己の心の在り方を正していくことであると考えるようになったのです。武術における「わざ」とは、身体の在り方として理想的な「形」を意味します。そしてこのような伝統を受け、各流派ごとに創造され、制定された「形」は講道館発足以前まで日本人の柔術修行の中心的履修課目でした。

　そうして心と分離することなく、心身の統合を精神的肉体的修行を通して到達した到達点だと考えてきたのです。各流派はそれぞれに理念と技術を体系化して形として一定の相伝方式を確立しました。その結果、「形」は流派毎に制定され、柔術の稽古とは、専ら「形」の稽古となってきたのでした。まず、このような思想的背景を受容しましょう。

「形」は予め順序が決まっているために、身体的にも精神的にも臨機応変の働きをするように練習することはできないうえに、「形」では運動の種類が決まっていて、「乱取り」のようにいろいろな種類の筋肉をフレキシブルに鍛練する機会もありません。それゆえに「形」ばかりの修行では真剣勝負での強い人を育てにくい側面があります。

一方、乱取り（自由練習）はその形の応用であり、「形」より面白みが多いのです。もともと柔道は武術から派生してきたものですから、切ること、突くこと、蹴ることなどの武術としての側面を持つ乱取りでは禁じた危険な行為は形で練習する事に規定するとともに、「乱取り」では鍛練できないある種の運動、いわゆるストレッチ運動のような運動を「形」で補うなどとして、「形」を適当に加えれば、柔道の勝負の方面も遺憾なく出来るようになり、体育の方面も欠陥がなくなるなどとして、「乱取り」と「形」は相互補完的なものであるとは認めながらも、「形」を「乱取り」に続く従属的な地位に止めています。

講道館柔道の「形」は諸柔術流派の形の中からその長所となるべきところを選択して創ったと言われます。しかし「形」は仏教哲学の理論である修行論に影響を受けて成立したもので、身体（「形」）は心に優位しなければならないとされる伝統的思想の理解が希薄であったために、技の理合を修得するために存在するのではなく、「形」は昇段のための従属物として存在すると認識されてしまっているようです。

日本人が儒教に裏打ちされるような強い道徳的精神性をなくしてしまったかのようにみえる今こそ、武道は人格陶冶と関わって論じられてきたという長い間の日本人の文化的精神的遺産が「形」の中には存在しているということを想起させる時ではないかと思われます。とくに日本では静的動作のなかに自分をコントロールする訓練

がなされてきました。すなわち、不動の姿勢をして坐り、瞑想することによって無意識の情動作用をコントロールし、意識と無意識の統合を強めていくことによって感情をコントロールできる円熟した人格を発達させることを目的とした修行法が仏教から伝わってきました。このように身体と心は一体不可分の関係にあり、身体(「形」)は心に優位しなければならないと考えられてきたのです。

このような日本古来の伝統的文化である道を求める思想、「形」の思想文化は単に昇段のために必要な「形」として認めるに過ぎないものになってしまいました。これは無意識の内に、長い間の日本人の文化的精神的遺産というものを否定してしまったために起こったことだと思われます。

稽古のねらいを試合での勝利至上主義に求め過ぎないようにすることが肝要です。試合に勝つことのみに重点を置き過ぎると正しい技や幅広い人間性の習得は阻害され、教育的効果があげられず、かえってアンバランスな人格を形成してしまう傾向さえ考えられます。

また「乱取り」にしろ「形」にしろ稽古のねらいをいたずらに鍛練中心に置き過ぎないようにすることも重要です。

柔道の中にある「形」を単に昇段のために必要な付属物と思わないこと。そして「形」の中に体捌きの理合や運用を求める他に、「形」の中にある日本人の伝統的文化的精神的遺産から、強い道徳的意志を養成し、日常生活における人格的な装飾品として、また自分の行動律として活動姿勢に現すことを学びましょう。

道場での攻防修行法:「打ち込み」(「かかり稽古」)

「打ち込み」とは、同じ技を繰り返し掛けることによって、技の正しい掛け方を覚え、不適切な所を修正していく練習で、初めのうちは、相手を静止させて、技を掛ける形を覚え、次いで、受を前後左

右に引いたり、押したり移動することによって技を掛けるタイミングを覚えようとする練習です。又この場合、初めのうちは、受は、取が技を掛け易いようにしてやり、次いで、取の動きに逆らい、余計な力を入れてみるようにします。が、あくまでも取の練習を優先した稽古を行い、強引な防禦はしないようにします。この様に基本動作から技に入るまでの過程を、確実に身に付けていく練習で、最初はゆっくりと行い、次第にスピードを速めて行うようにします。

　お互いの技を上達させるためには、「取」と「受」双方の協力が不可欠です。「受」が腕を突っ張ったり、姿勢が悪かったり、正しい受け身をしなかったりした場合には、「取」は正しい技を学ぶことが出来ません。

「受」は、基本の自然体の組み方で組み、身体のいかなる場所にも不自然な力を入れないで、常に柔軟に自然に動き、「取」の技に協力をし、パートナーとして「取」が技を磨くことに協力します。

道場での攻防修行法：「約束稽古」

「約束稽古」とは、受と取が、技の種類や技を掛けるタイミングなどを、お互いにあらかじめ約束して稽古を行う方法を言います。

　この練習によって、相手の動きを利用しながら、崩し、体捌き、技の掛け方、タイミングなどを身に付けます。受は、取が技を掛け易いように協力しますが、ただ、自分からわざと倒れたりすることがないようにします。投げられた時には受は正しく受け身を行います。

道場での攻防修行法：「乱取り稽古（自由練習）」

「乱取り稽古」とは、自由に技を掛け、自由に相手の技を防ぐ、という攻撃防禦の稽古を言います。

　稽古に際しては、お互いに好きなところを握らせるくらいの襟度

と、常に正しい姿勢で頑張らずに正々堂々と、ひたすらに技の上達を心がけ、技を楽しむ態度が大切です。

　自分より技のすぐれている人と練習する。自分と同格の人と練習する。自分より後進の者と練習する。さらにはやりにくい相手と練習する。自分より長身の者、短身でも体重のある者、左または右の極端な構えの者に対しては、相手の好むところを持たせて練習するなどの工夫をします。始めの間は不利で投げられることが多いと思いますが、練習を重ねるうちに策戦が上手になり、平気になってくるものです。これとは反対に、自分の得意の技を生かすために、自分の好むところを無理にでも握って積極的に攻める練習も必要で、臨機応変に使いこなす練習も大事で、工夫と努力が大事です。

「稽古をする上での保険・衛生的マナーおよび注意点」

　保健・衛生に気を配り、生活態度にも生かすようにしましょう。

　不潔な身体で稽古をするのは相手に対して失礼です。常に身体を清潔に保つよう心掛けましょう。頭髪についても同様です。

　手足の爪は長すぎないように整えておきましょう。

　柔道衣はこまめに洗濯し、清潔に保ちましょう。

　道場は毎日掃除し、整理整頓を忘れないようにしましょう。

　身体に金属類その他固い物を付けていないようにしましょう。

　練習場に危険な物がないか確認し、事前に処置をしておきましょう。

　練習場に入る時は新鮮な気持ちを忘れないように礼をしましょう。

　稽古の前後の準備運動、整理運動は入念に行いましょう。準備運動は筋肉や関節を柔軟にし、怪我を未然に防ぐ効果があり、整理運動やストレッチングは高ぶった心身を平常に戻し、ストレスを和らげる効果があります。

　礼の心を学び、正しい礼法を身に付けましょう（柔道の礼法を、人事万般のことに応用するすることも学びましょう）。

　稽古の前後に正坐をして「坐礼」を行い、お互いを尊重する気持ちを忘れないようにしましょう。

　稽古はまじめに、真剣な態度で行い、ふざけた態度で行わないようにしましょう。ふざけた態度での練習は怪我を引き起こす原因ともなりえます。

　無理な技を掛けたり、無理な姿勢をしないようにしましょう。常

に正しい姿勢で、正しい技を掛けるようにしましょう。

　稽古は、自分の体力や体調、自分の技術の程度を考慮して、過度な練習は避けるようにしましょう。

　多くの人と稽古をして、個性の違いを肌で感じ、人事万般の事を律することに応用するよう心掛けましょう。

　投げられることを嫌がってはいけません。投げられることも稽古の一つです。投げられ方や受け身を練習するくらいの気持ちを持つことも大切です。

　自分より技術が上の人や下の人を相手にする時には、技をじっくり研究するチャンスとみなし、進んで協力することも大切です。

　稽古は試合ではないので無理な攻撃防禦は避け、相手に対して敬意と感謝の念を持って稽古をしましょう。

　自分の体格や特徴を生かした得意技を持つように心掛けましょう。

「単発技」から「連絡技」へと習得技を広げていくようにします。いくつかの技を効果的に連続させて掛ける技術を身に付けましょう。

　柔道の上級者や熟練者は、初心者や経験の浅い稽古者に対する指導的役割を忘れない様にして、真剣、懸命な練習を心掛け、態度、価値観、行動等について見本となるように心掛けましょう。

　熟練者も経験の浅い稽古者に対して、敬意と礼儀を持って接し、人間形成の先輩として手本となる所作を以て接することを心掛けましょう。

　練習中に出血を起こしたら、すぐに処置し、止血が完全に認められるまで練習を中止しましょう。柔道衣に付いたらすぐに洗濯に回し、畳に付いたら、すぐに洗剤で拭い取るようにします。また出血に対する準備も常にぬかりなく薬品や塩素漂白水溶液その他包帯や絆創膏などを備えておくようにしましょう。

また前述の、日本柔道普及会（1952年）[77] が解説する修業上の基本事項「三つの先」、「止心（ししん）」、「懸待一致」や「技を掛ける機会について」、および「技の掛け方」にも注意することが重要です。

　加えて修業心得篇には、修業の基本的態度として、中野正三氏の講話を紹介しています。「― 前略 ― 私はどんな相手と稽古する場合でも、相手に自由に好きな所をとらせてから、自分でとるようにしている。いまだかって相手をきらったということはない」「稽古に際しては、お互いに好きなところを握らせるくらいの襟度と、常に正しい姿勢で頑張らずに正々堂々と、ひたすらに技の上達を心がけ、技を楽しむ態度が大切である。」ほかに、自分より技のすぐれている人と練習する場合、自分と同格の人と練習する場合、自分より後進の者と練習する場合、更にはやりにくい相手と練習する場合、自分より長身の者、短身でも体重のある者、左または右の極端な構えの者に対しては、相手の好むところを持たせて練習する場合等に分けて工夫と努力の例を挙げています。始めの間は不利で投げられることが多いですが、練習を重ねるうちに策戦が上手になり、平気になってきます。これとは反対に、自分の得意の技を生かすために、自分の好むところを無理にでも握って積極的に攻める練習も必要で臨機応変に使いこなす練習も大事であり、練習するには正しい練習の仕方があり、間違った方法でやると、かえって害を大きくします。

「形」について

　柔道の練習法では特に道場練習以外での修養も重視しています
が、ここでは道場における攻防修行法の一つであり、乱取りの際に
最も効力がある技を選択してある「形」について解説します。

　柔道は他人に勝つことを目標に発達した武術という側面の他に、
日本古来の思想文化としての武道、すなわち身体能力の訓練を通じ
て、心（精神）の能力を発達させるという側面をも併せ持っていま
す。すなわち、武道は、自分の無意識の情動作用を制御して、意識
と無意識の統合を強めていく訓練をすることによって、感情を制御
できる円熟した人格の発達を究極の目的としたうえで、他人と対立
し、他人に勝つことより、自分に勝つことを目的にした技術に変え
てきたという日本武道の思想史的特徴を持っています。そして、そ
のような心身の統合状態に到達することを目的として、その到達度
は行為、すなわち「型」に現されるとしてきました。これが日常生
活における所作としての「型」の成立です。身体の所作が統御さ
れ、言語表現が排除され、日常の所作から「道」としての所作へ、
それが「型」として完成されたのです。このような「道」という概
念の起源を歴史的に探りますと、日本仏教における空海・道元の修
行についての思考様式に起源を求めることができます。そして、こ
のような考え方は平安末期には藤原俊成・定家父子の歌論、後世に
いうところの「歌道」に取り入れられ、その後室町時代には世阿弥
の能楽の理論や、安土桃山時代には利休の茶道にまで展開されま
す。近世以降、「道」という概念は武技である柔術や剣術にまで拡
張され、柔術においてはそのような思想の結晶が柔術の「形」とし
て各流派毎に完成され、継承されてきました。すなわち、「形」の

中に武道として日本の思想が内含されてきたのです。

「型」は社会的なものであり、その社会を支えるものが日常の所作なのです。そのような社会の基本思想（生活のかたち、日常の所作）は、明治維新以来、文明開化の名の基に排除されてしまいました。日本の伝統的思想すなわち心身の統合の思想もここで、身体と心理として社会的・文化的に完全に分離されてしまったのです。それが近代化（西欧化）とされました。生活のかたちとして堅固に築き上げられてきた「型」に内在する日本の思想文化は、近代化の名の下に、維新後と敗戦後の二度にわたり、日常生活から排除され、一新されてしまいました。このような「型」の喪失は、失われた日常生活への単なる帰結でしかありません。日常生活に通じる身体の所作としての「型」の消失、それはすなわち武道の「道」の消失でもありました。講道館創設期および大戦後（連合軍による武道禁止令後）において歴史を先取りして、講道館柔道は武道のなかで真っ先にそれらの伝統的思想（武道思想）を人事万般の事に応用することの出来る原理にまで昇華させました。競技スポーツとしての柔道はその極一部でしかありません。

　嘉納が講道館を開設した当初、「形」より始めて後、「乱取り」に移るという指導を行っていたところ、「形」の段階で興味を失してしまう初心者が多数であったために、初心者に励みを与え、飽きさせない方策として、「形より面白味が多い」乱取りから始めることにしました。講道館開設当初には、開設初年度の入門者は９人、翌年８人、翌々年10人と少なく、留守時をつくらないように指導者を当番制として、一日中入門者を待ち侘びる日々が続いたといいます。

　講道館柔道の「形」は、単なる競技柔道への技術理論を学ぶ場ではなく、精力最善活用の原理に基づいて技の理合を体得し、個々の目的を果たすために心身を鍛練し、人事万般のことを律する方法の

研究と練習を行う場です。大体においてこうした理論化、体系化の基礎のうえに講道館柔道は建設されています。

　柔道の形のほとんどは、受の攻撃に対して取が何らかの技術を施すという「後の先」の攻防を基本として組み立てられています。「攻撃者即チ受ハ防禦者即チ取ニ制セラルヽコトガ殆ド常例ニナツテキル様ニ思ハレマス、然シ現在ノ戦闘ニ於ケル攻撃的精神ヨリスレバ攻撃者即チ受ガ防禦者即チ取ヲ制スル様指導スルコトガ適当デアルト考マス、従ツテ現代戦闘並ニ戦闘精神ニ応ズルガ為ニハ『受』ガ『取』ヲ制スル如キ形ヲ制定スル必要アルヤニ考ヘタモノデアリマス。」との意見（先の技が受を制する）があるように、昇段審査に臨む少なくとも三段までの受験者をみていると、取の所作にかかわらず、受は自ら制せられるように所作をなしていることがほとんどのようです。指導者は先に攻撃を仕掛ける受が、取の所作如何によってはそのまま取を制することがあるという指導をも併せて行う必要がある様に思われます。競技スポーツにおいては先に攻撃を施す必要があり、武道本来の「守り」を固めた「後の先」の戦い方は、「消極的な態度」と判定され、指導や注意の反則ポイントをとられ、負けとなってしまいます。国際化に伴い、武道本来が持つ価値観の消失の危険性に注意する必要があるように思われます。

「形が死ぬ」とは

　柔道における「形」とは、理論に基づいて組み立てられた最良の所作によって攻防の所作を練習する一法です。従って、取も受も理に適った所作が要求されるもので、その原理に従って練習しなければいけません。その理論に従って練習しなければ形がいわゆる形に終わって技の真髄を学ぶことが出来ません。また受もいかに受けるかを理に適って練習する必要があります。受が作られていない（崩され、作られていない）のに故意に倒れるようなことでは形としての価値がないばかりか、そのような練習をいくらやっても得るところは殆どないでしょう。このような「形」の練習を「形が死ぬ」と言います。

「形が死ぬとは形が実際の技として効力がないものになってしまうということです。形では立派に出来る。見ているといかにもすらすらとして柔的に滞りもなく動作の美を発揮するが、さてその通りに乱取りの場合に出来るかというと、形でやる通りでは技が効かない。元来乱取りの場合に最も効力ある技を選択したのであるから形でやるその通りで効力があるはずなのに効力がないということになる。言い換えると、形の技が形の技になってしまって乱取りの技と要領の違ったものになる。これを形が死ぬと言うのです。これには原因があります。即ち、形を練習する際に一には自分の修行が不足であるために柔道の理論の通りに動作することが出来ない。一には乱取りの修行の仕方が平常において柔道の法に適った仕方でなく、無理でも何でも倒せば善いというやり方で練習して居ると、その為に矢張り正しく柔道の法に適った動作が出来ない。その為に、形の元の形を崩して己の都合のよい動作のしやすいように変えてし

まうのです。自分が特に意識してそうする者もいないでしょうが知らず知らずの間に変わってしまうのです。その結果は形の形が変わってしまって形としての価値を失い形が死んでしまう。それで形を練習する場合には形が死んでしまわないように注意しなければいけません。そのためには形の元の形に自分の動作がはまるように練習しなければいけません。形を自分の動作で変えてはいけないのです。」[40]

　現在の各柔道会や連盟における「形」の試験での受験者の所作をみていると、昔の柔術各派における秘伝書の話が想起されます。すなわち、技術を本体とするものに指導者個々の人格的精神的な思い込みとを要約して伝授しているのではないかと思えるのです。柔道の根本原理である精力最善活用を追究した結果のみが伝授され、結実までの過程、道程が説明されずに伝授され、形式化されたその最終の所作のみが伝授され続けているように思われてならないのです。例えば受験者の「投の形」を例にあげてみますと、「浮落」で取の方から仕掛けている様に見受けられること、「背負投」では打ちに行く構えが出来ないままに打ち掛かること、「取」の何処を攻めるか、どのように攻めるかなど考えないままに打ち込んでいるために、取に処理されてもその所作に対する防禦の所作を行わないままに自分から投げられてしまっているように見受けられること、釣込腰で、第一動から右手で後襟を持つことについての理由が説明されていないように見受けられる（第二動で持ち替える所作を効率的に省いた結果であることの説明が欠如していると思われる）こと、腰の使い方では、以前は腰を二段に働かせ、受の下腹部に腰を入れた時、受が反り身になって防いでくるところで、取はなお一段腰を落として、受の大腿部と取の腰との接触点を掬い上げるように腰を働かせて受を回転させるという説明が十分でないことによって、受は腰を後ろに引いた体前屈のままに自ら飛んでしまっていること

等々、受験者の形の試験における所作を見ていると、精力最善活用の原理に基づいた所作が理解されていないように見受けられるのです。原理に基づいた所作を示そうと努力する姿が認められないことが問題だと思われるのです。すなわち、形が形に終わってしまっていると思われるのです。師弟から師弟へ、さらに次の師弟へと伝授されるにつれて「柔道の原理」に基づいた経済的で優雅な所作へと単純化されることは決して悪いことではありません。しかし、単純化される過程での解説がより求められるように思われるのです。「形」は単純化せず、原型に留めておいた方が良いのではないかと思われます。

　嘉納は柔道教本[43]の「自他共栄と形・乱取の練習」の項において、「形の場合でも同様であるが、乱取の稽古の際、最も大切なる一つの心得は、対手と自分が共々に稽古をして居るのであるから、何事も自分本位でしてはならぬということである。どうかすると対手の利害を顧みず、自分本位で練習するようなことが生ぜぬとも限らない。それは大いに慎まなければならぬことである。稽古をするものは、相互に対手の為を図りながら自分の為を図るという心掛が必要である。」と述べています。

講道館の「形」の区分

　柔道の技には、投技、固技、当身技の三種がありますが、講道館では、「形」を、投の形、固の形、極の形、柔の形、護身術、五の形、古式の形、精力善用国民体育の形の８つに区分し、それぞれに代表的な技を細区分しています。これらの中、投の形と固の形は、合わせて乱取りの形ともいい、乱取り練習に用いる投技及び固技について、その理論と実際とを教えることを目的とし、極の形は、当身技等を用いてする攻防の理論と身体動作の原則とを教える目的で組み立てられています。

１．投の形
　手技、腰技、足技、真捨身技、横捨身技に細区分され、それぞれ３本ずつで作られています。

２．固の形
　抑込技、絞技、関節技に細区分され、それぞれ５本ずつで作られています。

３．極の形
　真剣勝負の技を習得する形で、投技、固技の他、当身技を加えて攻撃・防禦の理論と実際を学ぶことができ、居取８本、立合12本で作られています。

４．柔の形
　攻撃防禦の方法を、緩やかな動作で表現的・体育的に組み立てた

形で、第一教、第二教、第三教に細区分され、それぞれ5本ずつで作られています。

5．講道館護身術

徒手の部12本、武器の部9本で作られています。

6．五の形

柔道の攻撃防禦の理合を高尚に表現し、5本まで作られ途中のものですが、そのまま残されたのでこの様に称しています。天地自然の力の姿を表現した芸術味あふれた形とされています。

7．古式の形

起倒流柔術鎧組打ちの形を攻防の神髄を示すものとして、概ねそのまま講道館古式の形として残したもので、表14本、裏7本あります。

8．精力善用国民体育の形

精力善用主義に基づいて考案された、体育と武術を兼ね備えた攻防式の形で、単独、相対の動きがあります。

1907年頃までに、上記1．2．3．4．6．7．の6つの形の内容が整えられ、1924年頃には8．が考案され、1956年には5．が制定されました。

形各論：概説

「乱取りの形」について（概説、練習上の注意、技の名称）

　乱取りで平常練習する技を大別してみると投技と固技との二種に区別でき、合わせて「乱取りの形」と言います。たくさんの投技の中から15本を選んで「投の形」として、その攻防の理論と身体動作の実際（原則）とを教えることを目的としています。

　「投の形」は、「手技」、「腰技」、「足技」、「真捨身技」、「横捨身技」に区分され、それぞれに代表的な技を３本ずつ選んでつくられていて、各技とも右技と左技の双方があります。

　投の形は投技の理合を理解し、体得することを目的としてつくられています。

　この手技、腰技、足技というのは、主に働く体部の名称を取って分類の名称としたもので、手技といえば主に手の働きによるものであり、腰技といえば腰の働きが技の主要な働きとなり、足技といえば足が一番の働き手となるものです。元来手技は始めから手を働かせる技として出来たものではなく、腰技でも足技でも同様なのですが、その部分を働かせるために技が出来たのではなく相手を倒す手段として出来た技を便宜上以上のように分類されたものですから、如何なる理由によって手技とか腰技とかあるいは足技とかの名称がついているかという事をよく理解していなければいけません。柔道の技はいずれも全身技なのです。いかに簡単に見える技でも決して簡単ではなく身体各部の筋肉が働くのです。例えば足技を見ていると足ばかり働いたように思われるかもしれませんが、決して足ばかりではありません。足はもちろん働かせますが、腕も働かせ、腰も働かせます。実際足だけの力で足技をやっても決して効くものでは

ありません。全身の働きを効かせて初めて効果があるのです。

　真捨身技というのは自分が技を掛ける時に自分の身体を仰向けに捨てるから真捨身技といい、横捨身技は自分の身体を横向けに即ち体側が畳につくように捨てるので横捨身技といいます。この様に捨てる時の形で名称が異なるのです。この両者を合わせて捨身技といいます。

　固の形は、抑込技、絞技、関節技の各々から、代表的な技を5本ずつ採って組み合わせ、固方の要点、体捌き、心構え等を習得する為に作られたものです。

　抑込技は、正しい技の実施と相手の変化に即応して、全身の力を調和的に働かせ、相手の起き上がろうとする「ツボ」を抑えることが大切です。

　絞技は、主として頚部の脳へ向かう脈管や呼吸器系の喉頭や気管を圧迫閉塞するために、前腕の母指側又は小指側や拳を、受の頚部前面或いは側面上部顎下に当てて絞める技術を得ることが求められます。

　関節技は、関節を無理に逆にしたり、捻ったりする技であることから靭帯を伸ばすとか、切断するとか、脱臼するとか危険を伴い易いため、十分注意して練習する必要があります。また、相手が「参り」の合図をした時には、直ちに技を解くようにします。相手の身体全体を十分に制し、梃子の理に適った技を施す工夫の研鑽を積まなければいけません。

　関節技として攻める場所を制限し、比較的危険性の少ない場所に定め、五種が採用してありますが、その内で足緘は形以外では用いないことになっています。

　1）「投の形」
　　1．手技3本（1．浮落、2．背負投、3．肩車）

2．腰技3本（1．浮腰、2．払腰、3．釣込腰）

3．足技3本（1．送足払、2．支釣込足、3．内股）

捨身技

4．真捨身技3本（1．巴投、2．裏投、3．隅返）

5．横捨身技3本（1．横掛、2．横車、3．浮技）

2）固の形

1．抑込技（1．袈裟固、2．肩固、3．上四方固、4．横四方固、5．崩上四方固）

2．絞技（1．片十字絞、2．裸絞、3．送襟絞、4．片羽絞、5．逆十字絞）

3．関節技（1．腕緘、2．腕挫十字固、3．腕挫腕固、4．腕挫膝固、5．足緘）

実　技

　投の形を始める前に、まず基本的な所作の練習、礼法の所作（立礼、立ち方、坐り方、坐礼）、移動の仕方（歩み足、継足、すり足）の練習、組み合い方（自然体、自護体、受の仕掛け方と取の受け方）、（組み合った後の）進退の所作（一人での進退、組み合った姿勢での進退）及び進退時の所作（崩し、作り、掛け）等の練習を行います。

形の手順、細部説明

練習上の留意点

★スポーツは「先」を競うものであるが、武道は「先」だけではなく「後の先」の技を大事にしてきた文化です。

★一定の行動様式を身に付けて習慣化します。

★第1動、第2動、第3動、第4動等に区分しているのは、説明の便宜上のためです。ここで各動作を区切らない様に留意して練習して下さい。

★服装は、演技中に乱れ易いものです。大きく乱れない様に演技を始める前にしっかりと整えておきましょう。帯は弛まない様に強めに締めておきます。小さな乱れは、左右それぞれの演技の間や、次の演技に移るため相対する位置に戻りながらすばやく整えます。

立ち上がる時の所作

相対する体勢を取るために立ち上がる時に、なるべくお尻を上席

に向けて回旋することがないように考慮して体を回します。そのために、受は、まず上半身を起こした後、一方の下肢の外側を畳につけたまま踵を股間に引き付けた後、対側の脚を膝立ちさせ立ち上がります。立ち上がる時には、手を畳につけない様にします（この立ち上がる時の所作は、すべての演武に共通するものです）。

投の形

<ruby>投<rt>なげ</rt></ruby> の <ruby>形<rt>かた</rt></ruby>

　柔道の形の種類は沢山ありますが、平常の乱取りと最も密接な関係があるのが投の形です。

<ruby>手技<rt>てわざ</rt></ruby>３本（１.<ruby>浮落<rt>うきおとし</rt></ruby>、２.<ruby>背負投<rt>せおいなげ</rt></ruby>、３.<ruby>肩車<rt>かたぐるま</rt></ruby>）

始めの動作

　取と受は約5.5ｍ（約三間）の距離（間合という）を取って、中央一線上に正面に向かって<ruby>取<rt>とり</rt></ruby>は左、<ruby>受<rt>うけ</rt></ruby>は右（前述のように形が制定された当時は、厳格な定めはなく、始めに右技を演じることから受が上席に向かって右、取は左となったほうが好都合だと考えられていたようです）に直立し、相対します（両足の踵を密着させ、両足の内側間の開きは約50度、上肢は対側に下垂し、手指は伸展し互いに密着させ、掌を体側に密着させます。また、相互の距離の規定は、身長約160㎝の人がするとして規定していますので、その人々の身長如何により実際に臨んで相当の斟酌を要します。そしてその距離を言う場合には、立っている相互の足の指先から測った寸法をいいます）。

　まず、双方ともに正面に向きをかえ、正面（上席）に向かって立礼（直立の姿勢から同時に上体をおよそ30度曲げ、指先を膝頭の少し上まで滑り下ろす）を行います（稽古の安全と内なる自己との対峙を通して自己実現を目指し、自己と心身の調和を図る過程であるという自覚をもつための礼）。

　次いで、互いに向き合い、坐礼（坐しての礼）をします。まず左

足の足先を爪立てながら約半歩退き、左膝を畳につけ、次に右足を両膝間に拳約２個分の開きを持たせ、足先は同じく爪先立てながら、左足親指に揃えて膝をついた後、両足の爪先を同時に伸ばしながら両足親指を重ねて坐ります。その時に殿部が踵に乗るようにし、背を自然に伸ばし、両手を軽く両股の上に、手指を揃え、指先を内側に向けて置きます（この姿勢を正坐といいます）。この後、受取気を合わせて同時に、両掌を膝の前へ、指先を少しく内方に向けて滑らせ、人差し指の間隔がおよそ６cmに向き合うように畳の上におき、上体を額が畳から約30cmの位置まで前に曲げて坐礼をします。その時、殿部が上がらないように気を付けます。このあと、正坐の姿勢に上体を復します。

　坐礼が終わったら、再び立ち上がります。正坐から立ち上がる時には、両足先を爪先立てながら腰を浮かした後、坐る時とは反対に、右足、左足の順に立ち上がります（左坐右起といいます）。立ち上がる時には両踵が接着するように気を付けます（左右の足の親指間の間隔を調整することで踵を接着させます）。

　ここから更に、左足から広めの一歩（約90cm、約半間）前に踏み出し、双方の距離約二間の間合をとり自然本体で対峙します（三本の技が済む毎に一度原位置に戻ります）。

1. 浮落　概説、形の手順、細部説明

　受取ともに同時に左足から歩み足にて前進（最近、形は道場の中央で行うように、位置に注意するように指導され、受が一歩の前進もせず、全く動かないように指導を受けている傾向が見受けられるようです。本来の攻防の理論に基づいた所作に沿った練習を行いましょう）し、約90cm（約三尺）の間合（双方が一歩踏み出して

組む時に、丁度良い距離をとればよいのです。人々の身長などによって一概には言えないのですが、一般に約60cm、約二尺から約90cm、約三尺がその間合とされています）の所で（自然本体で）相対します（この場合最も難しいのは、前進の仕方です。平常歩く時のように足をあげずにすり足するくらいの気持ちで出るのですが、ややもすると膝が固くなって前進がごつごつしてきます。気合を満たせ、落ち着いていてかつ柔らかに、滑らかな動作で前進しなくてはいけません。この動作はなかなか難しいので、よく練習しましょう）。

　（第一動）
　受は、右足から一歩進めながら右自然体に組もうとします。すなわち右足に続けて右手を上げ、取の左前襟を握る（手及び足を出すと同時に体も前に出すことに注意します。手足ばかり出すのではありません。手足同時であるとどうしても体は残って手が先に出るように見えてしまいます。足から先に出す様な気持ちで取り組むと体が残るようには見えにくくなると思われます）とともに、左手で取の右袖口近く（右外中袖）を握り、右自然体に取り組もうとします。
　取は、受の右自然体の取り組みに対応し、受の前に移動するその力に順応しながらこれを利用して、左足を後ろに退きながら右自然体に組み、受を前に引き出します（引き出す方向は畳の面と平行に、すなわち水平に引きます）。即ち、受が前に移動するその力に順応しながらこれを利用するのです。ここに柔道の「柔の理」があるのです（第一動作は、受から仕掛けることを念頭に置きましょう）。

（第二動）

　次いで取は、受がまだ十分安定しないうちに、左足、右足と継足で半歩強（一歩に満たないのは、広くなり過ぎると受を引き出して崩すという動作が円滑に進まなくなるためです）退きながら右自然体に組んで、受をその前に引き出します。

　受は、体の安定を保つため、取の退くのに応じて継足で一歩前進します（受は安定の位置を得る前に、全く安定しないところを再び取に引き出されることになります。この結果取は、受を崩す目的が少しだけ出来たことになります）（第二動作は、取が主導します）。

（第三動）

　取は、更に受がまだ十分安定しないうちに、受を前に引き出そうと、受が取の退きに応じて右足を進めてくるところで、左足を（第一・二動より）さらに大きく（一歩強）後方に退いて受をその前方に浮かし崩し、左膝頭をおおよそ右足の後方線上、僅かに左寄りに畳につけつつ（左下腿部と右下肢後方線とのなす角度を約30度から45度にします）、両手を利かせて受をその前下方に一気に強く引き落として投げ倒します。引いた左足の爪先は必ず爪先立ちにします。

　受は、前二回よりも更に大きく予想外の引き方をされた為に右足の爪先で体を支えようとしても支えきれずに遂に倒されることになるのです。

　取は、投げ終わったら前方を注視します。

　倒し倒されたままの姿を一、二秒の間保って後、双方立ち上がります（全ての演武に共通する所作です）が、取は次いで行う演技を考慮して、受の立ち上がる位置から、間合を約90cm（約三尺）とります。受の立ち上がるのを待ち、次いで右と左を反対にして左浮

落を行います（間合がずれた場合には、双方が歩み寄ります）。

※受と取の力の関係を連続しているものは手であり、両手で受を崩して作り、引き続いてその両手で引き落とすのですが、手の力ばかりで引き落とすことはできません。手の力ばかりに頼ると、取の体の重心にも動揺が起こり、その引く力を有効に使用できなくなってしまいます。そこで取は、水平に退いていた体を前よりも大きく且つ斜め下に動かしたその動く体の力で引き落とします。第一・二・三動と連続して引き出す両手の作用を緩めず、間を置かない様にしてますます強め、受の重心を失わせることが大切です。

※引き落とす時の上体は、殿部が左踵に付くまで下げるのではなく、左膝をついている時、その大腿部と上半身とが一直線となるようにします。

※引いた左足の爪先は必ず爪先立っているようにします。これが出来ないと体を正しく安定して保つことが出来ず、力が十分に発揮できないことになります。

※取の引き出す機会は、第一・二・三回目共に、受の体がまだ十分安定しないうちに引き出します。

※左足の退き方は、始めは真後ろに引きますが、その終わり（第三動）では左膝頭を右足の後方線上よりやや左寄りにつき、左下腿部と右足後方線とのなす角度を約30〜45度になるようにします。引いた左足の爪先は必ず爪先立っていなくてはいけません。

受の右外中袖を握った左手はやや遅れて、一、二秒間保って後、離します。引き落とした右手は、自然のままの位置にします。顔は特に受の方に向ける必要はありません。

受は前と同じ程度に前進したが、一層大きく引かれたため前に浮き崩され、遂に引き落とされることになるのです。

※数字は足を進める順を示す

◆左浮落が終わり背負投を始めるまでの動作

　倒し倒されたままの姿を一、二秒の間保って後、双方立ち上がり
ますが、左右の浮腰が終わると、取は受の立ち上がる位置を考慮し
て、約1.8m（約6尺）となるよう間合をとり（演武者の身長に合
わせて調整した方が良いでしょう）立ち、受の立ち上がるのを待ち
相対します（間合がずれた場合、双方が歩み寄ります）。

2. 背負投 <ruby>背負投<rt>せ おいなげ</rt></ruby> 形の手順、細部説明

　背負投には「(襟) 背負投」と「一本背負投」の二種類が区別されます。この技は、相手を前方または左右前隅に崩して、背中に背負って、肩越しに投げる技で、背の低い人が自分より背の高い人に用いる最良の技です。形で演じるのは一本背負投で、両者の大きな違いは、受の腋下に差し入れる上肢の差とも言えます。一本背負投は腕全体を振り入れ受の脇下に取の肩を密着させて担ぐのに対して、(襟) 背負投は肘を屈して前腕内側を脇下に当てて背後に担ぐ点が異なります。

　取、受互いに歩み寄り約1.8m (約六尺) の間合に入り、対峙します。

(第一動)

　受は、左足を小さく踏み出しながら、左腕の肘を曲げ、拳を作り胸の前あたりまで上げ、右腕はやや肘を曲げ、力強く握りしめてつくった右拳を頭上に振りかぶり (人の肘関節は過伸展には脆弱な構造になっています。上肢を一本の棒に様に伸ばし強く降り下ろすと、棒の中間、即ち肘関節が壊れてしまいます。肘関節の脆弱性を保護する為と打ち下ろす拳に力を集中する為に、肘関節をやや屈曲します)、攻撃の構えをつくった後、続けて、右足を爪先立ちに伸び上がりながら大きく踏み出し、右拳の<ruby>渦巻<rt>うずまき</rt></ruby> (或いは小指の付け根の所) というところで正確に取の天倒 (Bregma) を狙い打って出ます。
※打つ場合の打ち方には幾種もあります。斜上から打つ場合や横から打つ場合などもありますが、この形の場合は上から打つ場合を想定してあります。打ち方によって各々重心の偏り方が異なりますので、その対処の方法も異なってきます。背負投をやるには上から打ってきた場合が丁度良いことから上から打っていくと定め

られていることに注意しましょう。打つ動作の要領をよく練習する必要があるでしょう。

※渦巻きで狙うというのは得物（手に持つ武器）を持っていると想定した場合の描出であり、素手で狙う場合を想定した場合には小指の付け根となります。「形」では得物を持った場合を想定しています。

（第二動）

　取は、この機（受の体が前に崩れ浮き上がって爪先立ちになろうとした時）を利用し、右足を受の右足の内側に同じ向きに並行するように踏み出し、その踏み出した足を軸として体を反時計回りに回しながら、受の前進を防ぐ壁となり、左手親指と示指の間を開き、前腕を回内位にして受の曲げた右肘関節に内側から引っ掛けるように、受の右内中袖を握って右手を制しながら（打ってくる手の避け方には種々の方法がありますが、背負投に都合の良い避け方を選択しなければいけません）、受の打ち下ろす右上腕遠位部を内から受け流す（受け止めるのではありません。受け止めると背負投を掛ける機会を逃してしまうことになります。即ち、崩れた姿勢「受の重心は動いて、右前隅と前との間に傾いています」を回復する機会を与えてしまうことになります）とともに、自分の背は反るくらいの心持で充分受の胸部に密着させ、受の打ってくる力を利用して受を前方に崩し、受の崩れた姿勢を益々前方に崩すとともに（曲げている受の右前腕近位部に取の左小指側手掌部が密着し、取の手が受の右肘関節に引っ掛かり、取が左手を前下方に引くことによって、受は前方に崩されることになります）、右足を受の右足の内側で並行するように進め、右足先を軸として体を左に回し（爪先で回りますが、腰で回る心持で体全体を一緒に回します）、体の捌きにつれて左手の引き込みを強くし、右手は受の右腋下から外に出して肩先

辺りを握り、左足を受の左足の内側に退き、受の胸腹部に背中を密着させて背負い、

（第三動）
　膝は曲げずに、腰を高くして上体を前に曲げ、両手を下に引いて、前に引き落とします。

　受は、取に振りかぶった右上肢を前方に引かれ、体勢を崩されるため、安定を保とうと左足を前方にすすめ、爪先立ちになりながらも両足を揃え体勢を保とうとしますが、体勢を維持することができなくなり前方に投げられてしまいます。

　取は、受の右腕をしっかりと両手で抱えて投げます。投げた時、取の両手は受の右腕をしっかりと握り保持して引き、両膝はやや屈曲し、受の投げられたときの衝撃を和らげる体勢を保つようにします。

　倒し倒されたままの姿を一、二秒の間保った後、取は受の立ち上がる位置を考慮して、約1.8ｍ（約６尺）となる間合をとり（間合がずれた場合、双方が歩み寄ります）、受の立ち上がるのを待ち、次いで左背負投を行います。

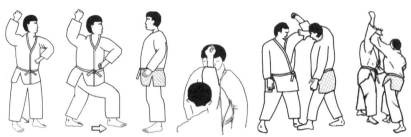

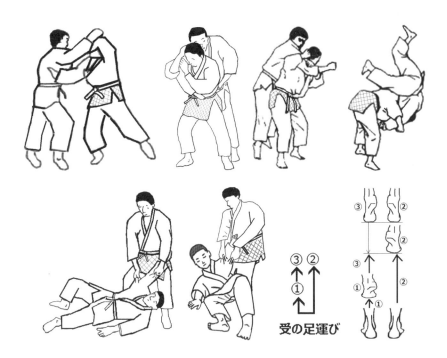

受の足運び

◆左背負投が終わり、肩車を始めるまでの動作

　倒し倒されたままの姿を一、二秒の間保った後、受の立ち上がる
位置を考慮して、取は約90㎝（約三尺）の間合を取り、受の立ち
上がるのを待ちます。間合がずれた場合、双方が歩み寄ります。

3. 肩車（かたぐるま）　形の手順、細部説明

　取、受互いに歩み寄り約90㎝（約三尺）の間合に入り、

（第一動）

　受は、右足を一歩進めながら右自然体に組もうとします。すなわ
ち右足に続けて右手を上げて、取の左前襟を握るとともに左手で取
の右袖口近くを握り、右自然体に取り組もうとします。

取は、受の右自然体の取り組みに対応し（この機を利用して）右自然体に組んで、左足、右足と継足にて一歩退き、受に応じます（第一動作は、受が主導します）。

（第二動）
　取は、再び左足、右足と継足で退きながら右自然体に組んで、受をその前に継足で引き出す途中、左手を放し、その手を受の右肘下から回し、前腕を回内して四指を上向きに受の右内中袖に握りかえ（次の第三動で担ぎ上げる際に、首にその手を巻きつけられ喉を絞められることを防ぐため）、受をその前方に引き出して崩そうとします。
　受は、体の安定を保つため、取の引くのに応じて右足、左足と継足で一歩前進します（第二動作からは、取が主導します）。

（第三動）
　受は、姿勢を崩さず前進してきます。そこで、取は、更に右足をそのままに左足を大きく退きながら、左手を強く引き利かせて受を前方に浮かし崩すことで受の右足を踏み出させ、取は自らの腰を落とし自護体の姿勢で受の下に入り込み（体が真横にならないように）右側頚部が受の帯（右腰）より下方につくように当て、右手を受の右股の内側から浅く差し入れ（あまり深く入れると逆をとられる恐れが生じるためです）抱え（握らない）、左肘を左腰の方向に強く引きつつ、左足（受に対して遠い方の足）を右足の方に引き寄せて自然本体の姿勢になりながら一気に膝を伸ばして乗りかかってくる受の身体を肩に乗せて担ぎ上げ、（担ぎ上げるとき下履きを手のひらで押さえて、握らないようにします）左手の引きを利かせて、これを左膝の前隅に投げ落とします。落とすのは腰で担ぎ上げた力と連続した力で落とします。この時、取の両手は受の右腕を

しっかりと保持して引き、両膝はやや屈曲し、受の投げられたとき
の衝撃を和らげる体勢を保つようにします。右手は浅く股に掛かっ
ている程度の為に途中で外れ易いので注意します。かといって、あ
まり深く入れ過ぎると落とすことが難しくなってしまいます。

　担ぎ上げられた時、受は、膝を伸ばして体を一直線にし、掌を取
の背中に付けて身体を支えます（この受の所作は形としての見栄え
の問題に過ぎないのですが）。

　取は、左向きになり正面を右にして立ち、受は、起き上がり、正
面を左にして取に向き合います。次いで、双方歩み寄り間合をと
り、前同様に、左自然体に組んで左肩車を行います。

◆左肩車が終わり、浮腰を始めるまでの動作
　左肩車が済んだならば手技三本が済んだのですから、両者、一度

始めの位置（約二間）に戻って（双方背中合わせで戻りながら、道着の乱れを正した後）、向き直り、相対した後、気合を満たして静かに双方の距離約六尺（1.8 m）の間合まで歩み寄り、腰技の浮腰を始めます。

腰技3本（1. 浮腰(うきごし)、2. 払腰(はらいごし)、3. 釣込腰(つりこみごし)）

続いて腰技3本を行います。

概説

腰技については歴史的な関係があります。すなわち技ができた順になっているのです。嘉納治五郎の稽古相手をしていた西郷四郎（姿三四郎のモデルとされる）は師範の得意とされる浮腰でぽんぽん投げ倒されることから、どうにかして師範のこの浮腰を避けて掛からない様にできないかと、非常な苦心をした結果、まず浮腰を掛けられるのを予め知ることが出来るようになったそうです。即ち腰に乗って終(しま)う前を知ることが出来るようになったことから、さらに一工夫を加え、浮腰だと思うと抱き寄せられるより前に師範の腰を飛び越すようにしました。するとしばらくは浮腰で投げられることがなくなったのですが、まもなく師範はその逃げる足を払いながらくい止めて、技を利かせる方法を創出されたそうです。このような経過によって出来た技が払腰です。そこで西郷はさらに工夫を重ね、払腰を掛けられようとする瞬間に前に傾きかけるのを止めて、上体を後ろに反らして、これを防ぐようにしたそうです。反り返られると払腰は掛かりません。そこで師範はさらに研究を進め、その反り返り突き出した腰の下に自分の腰を低く移して、即ち下の方に支点を移して自分の腰の上に受の体を釣り上げて乗せ、急に腰を高く持ち上げながら、両手を下に引くことによって受が転倒するよう

に倒れるように工夫創出された技が釣込腰だと伝えられています。このような攻防の理論原理を理解しつつ、3本の腰技を練習することが肝要です。

　一つの新研究が出来ればさらにその上に研究を積む、このことは実に柔道の精神であり、かつ人として世の中に立って成功する所以の道でもあります。

　実に千変万化の技術は、工夫すれば工夫する程新しい妙所が研究し出されて、興味津々として尽きないものです。修行者は此の工夫という事を片時でも忘れてはいけません。この工夫と不断の努力とが進歩の源泉なのです。ただ体を動かせば体育になる。体育という事のみを目的として柔道を修行する人は兎も角、苟（いやしく）もその妙味を体得し技術の真髄を得て己の修養に資せんとする者は工夫という事に務めなければいけません。

1. 浮腰（うきごし）　形の手順、細部説明

　この技は受の胸腹部を取の体側に密着させるや否や、腰の捻りで真ん前直下に転倒させる技です。

　取受ともに左足から歩み足にて前進し、約1.8ｍの間合に自然本体で対峙します。

（第一動）背負投の第一動と同じ

　受は、左足を小さく踏み出しながら、左腕は肘を曲げ、拳を作り胸の前あたりまで上げ、右腕はやや肘を曲げ、力強く握りしめてつくった右拳を頭上に振りかぶり、攻撃の構えをつくった後、続けて、右足を爪先立ちに伸び上がりながら大きく踏み出し、右拳の渦巻というところで正確に取の天倒を狙い打って出ます。

（第二動）

　取は、この機を利用し、間髪を容れず受の打ってくるその手が外れるように機敏にその手をくぐり、取の左頚部を受の右脇下に当てる様に飛び込むために、左足を受の左足の内側に進め、体を時計回りに回すととともに、右足もこれにつれて受の右足前に進めます。上半身をやや反らし、後ろ右横で受の腹の辺りを押すようにし、左肩を充分に下げ、受の拳を後ろに外すと同時に、左腕を受の右腋下から左肘を低くして、左手掌を受の後帯に沿うように後腰深く差し入れ（帯を掴んではいけません）、腰を曲げないで、受の体を左体側に密着させ左腕で受の体を左体側に抱き寄せるように受の体を浮かせ（大腰にならないようにする事と膝を使って浮かせるのではない事に注意します）真ん前に崩すと同時に、右手では受の左後中袖をとって、取自身の右胸部辺りにくるように引き付け、受の体を十分に浮かせます。

　受は、左上肢を前方に引かれ、体勢を崩されるため、左足を前方にすすめ、爪先立ちになりながらも両足を揃え体勢を保とうとします。

（第三動）

　取は、右手で受の左後中袖をとって引き付け、受の体を自らの胸に引きつけ、右膝はなるべくよけいに曲げないようにして（伸ばすでもなく曲げるでもない）腰を入れ、上体と腰を一気に右に捻って浮いた受を前方に投げます。手の働きと腰の捻りを一致させ機敏な動作で行います。

　受は、左回りに上体を捻られるため、体勢を維持することができなくなり前方に投げられてしまいます。

※接近の仕方、左前腕で受の体を抱き寄せる方法、腰技である浮腰の腰の使い方。

取が、左右の手で、同じ方向に引くと、受の体は前に傾くために、受はその姿勢を正そうと、左足と共に体を前に出してきます。

受は、（技の原理を理解するためであって、試合をするのではないので）袖を握っている手を放し、取に技を掛け易くさせるとともに、押されることに反発して押し返そうとします。

取はそれに応じて、帯に当てた手で受の体を自分の体に引き付けると、受の両踵が少し上がり、体が取の左腰の上に乗りかかってきます。その時、取は体を前に曲げずに、左の方に横に捻りながら、袖を握っている受の左手も同じ方向に強く引きます。投げた後も両手で受の左袖を持ったまま釣り上げるようにします。すなわち、取が投げた時、両手は受の左中袖をしっかりと握り保持して引き、両膝はやや屈曲し、受の投げられた時の衝撃を和らげる体勢を保つようにします。

　取は受の立ち上がる位置を考慮して約1.8mの間合の位置に立ち、受の立ち上がるのを待ち、次いで左浮腰を行います。

●浮腰（うきごし）

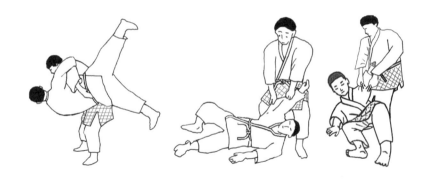

◆ 左浮腰が終わり、払腰を始めるまでの動作

　取は受の立ち上がる位置を考慮して、約60cm（約2尺）の間合を取り、受の立ち上がるのを待ちます。受が立ち上がった場合の位置については、受が打つ時、踏み出した足の度合い、取の腰の捻り具合によって、正しく受が上坐に向かって右、取が左という具合になっていない場合が多いものです。正しい位置になっていない場合には互いに正しい位置につくようにします。

2. 払腰 （はらいごし）　形の手順、細部説明

　取、受互いに歩み寄り約60cm（約二尺）の間合に入り、

（第一動）浮落及び肩車の第一動と同じです

　受は、右足を前に踏み出し、取と右自然体に組もうとします。

　取は、この機を利用し、左足から継足で一歩後退しながら右自然体に組んで受を引き出し、その前方に崩そうとします。

　受は、安定を保とうとして取の引きに応じ右足から継足で一歩前進します。

208

（第二動）取の右手の使い方が少し異なるのみで、他は全て浮腰の
　　　　　第二動と同じです

　取は、再び左足から継足で一歩後退しながら、体を退き始めると
同時に左手で引く力を緩めないよう維持しつつ、前襟を握っていた
右手を滑らかに軽やかに受の左腋下をくぐらせ、手掌（てのひら）を柔らかに受
の左肩背部（左肩甲骨あたり）に当て、受を前隅に引き出す左手の
力に加担させるように働かせます（脇の下をくぐらせる動作が遅れ
てしまったり、腋下に入れて特に強い力を入れたりすると、素直に
受を引き出すことが出来ないという結果に陥ります。この右手の動
作が全体の動作を害しないように注意することが大切です）。

　受は、安定を保とうと取の引きに応じ、右足から継足で一歩前進
します。

（第三動）
　取は、左足を右足の右斜後方に引き回しながら、両手で受を引き
つけて、受の右足を僅かに前に踏み出させ、右前隅に崩します（一
歩二歩と引かれる度合いが同じであれば、受は同じだけ前進する惰
性がつきます。浮落の場合には、第三歩目に今までより多く退いて
受の体を崩しましたが、この度はより少なく退きます）。

　受は、右前隅に崩されると、安定を保とうとして左足を右足の横
へ運んできます。そこで、取は、いっそう右手の引き付けを利かせ
ながら右腰を受の下腹部（左前腰）に密着させ（引き付けた時の受
の体と取の体との関係は、受の体の前面即ち胸が取の体の側面即ち
脇腹に付いているようにします。受の体と取の体とが直角になる様
に付きます。この時の最大の要点は、取が受の体を十分に引き付け
て、両者間に隙間が出来ないように密着させることです。引き付け
終わった時に、受の重心を十分に取の体の上に乗せていなければい
けません。即ち、受はその体を取の体によって支えられ、ようやく

足先だけ付いている様な状態になっていなければいけません）、膝を曲げないで、受の体が傾いている方向に倒れるように右脚で受の右脚を摺りあげ気味に鋭く払い上げ、体を左に捻って受の上体を引くことで受を回転させ、大きく払い投げ落とします。

　投げ終わった時、取の両手は受の右腕をしっかりと握り保持して引き、両膝をやや屈曲し、受の投げられたときの衝撃を和らげる体勢を保つようにします。

　取は、正面を右にして立ち、受は、起き上がり、正面を左にして約60cmの位置に取と間合を取って向き合います。次いで、前同様に、左自然体に組んで左払腰を行います（この形の成立当初は、左払腰の際には、取は左手を始めから受の右腋下に入れて始めていたようです）。

●払腰（はらいごし）

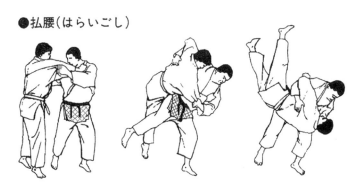

◆左払腰が終わり、釣込腰を始めるまでの動作
　左払腰が終わると、次いで釣込腰に入るために、双方立ち上がる時に、取は受の立ち上がる位置を考慮して、約90cm（約三尺）の間合を取り、受の立ち上がるのを待ちます。

3. 釣込腰　形の手順、細部説明

浮腰と払腰との間に歴史的な関係がある様に、払腰と釣込腰との間にも同様な関係があります。

浮腰で倒されるから工夫して倒されないようにしたところ、今度は払腰で倒されるようになった。それでさらに工夫して、払腰を掛けようとする瞬間に、前に傾きかけたのを止めて、上体を後に反り返る工夫をした。反り返られると、払腰は掛からない。そこでさらに研究が進められ、その反り返る場合に腰を下げて下の方に支点を移して大きく倒す技が創出された。この技が釣込腰です。

真っ直ぐに立った棒の下端を、勢いを込めて打ち上げると、一回転して倒れるように倒す技です。

取、受互いに歩み寄り約90cm（約三尺）の間合に入り、

（第一動）
浮落の第一動と同じですが、ただ右手の襟を握る場所が少し異なり、後襟を持ちます。

受は、右足から継足で一歩進めながら右自然体に組もうとします。

取は、これに応じ、右手で受の後襟をとり左足から継足で一歩後退しながら右自然体に組んで受を引き出し、その前方に崩そうとします（以前は、第一動での右手は前襟を持ち、第二動の所作として左手で受を引き出しながら、右手を前襟から後襟へ持ち替えていました。[53] 精力善用活用の良い例かと思われます）。

受は、安定を保とうと、取の引くのに応じて右足から継足で一歩前進します。

（第二動）浮落の第二動と同じ

　取は、再び、左足から継足で一歩後退しながら受を引き出し、その前方に崩そうとします。

　受は、体の安定を保とうとして取の引きに応じ右足から継足で一歩前進します。

（第三動）浮落の第三動と同じですが、それと同時に

　取は、右手即ち後襟を握った手を少し多く引くと同時に、左足を退いて受を前に引き出し、右足を進み来る受の右足の前内側に踏みかえながら、右手を利かせて受の体を釣り崩します。

　受は、取の右足の捌きに応じて、体を反り気味に腹を突き出しながら左足を右足の横並列に進め、体の安定を保つと共に腰技を防ごうとします。即ち前に傾きかけた重心を後ろに退き戻そうと試みます。この瞬間、取は、受の守りの様態から、そのままの腰の付け方では受を倒すことが出来ないので、左右の手の引き出しを緩まないようにしながら、受をその直前に釣り込みながら、受の右足の前内側の畳につけたその爪先で体を反時計回りに回りながら、左足を受の左足の前内側へ回しこみ、受の突き出した腰の下方、大腿部から膝の辺りまで更に一段腰を低くし、後腰を受の膝の辺りに当て、一気に両膝を伸ばし、腰を押し上げると同時に両手を前下に引き、受を前に投げます（受の両足が一直線上になってしまう前に腰を入れます。上体を引いて受の足が一直線に揃おうとする時に腰を入れるので、丁度腰を入れ終わった時に、受の両足が一直線に揃うのです。両手の引きが緩まず、あくまでもその釣合を継続したまま下半身の動作をしなければいけません。

　腰の使い方を二段に働かせます。受の下腹部に腰を入れた時、相手は反り身になって防いできます。そこで、その時、なお一段腰を落として受の大腿部と取の腰との接触点を掬い上げるように腰を働

かせて回転させます)。

　取は、投げた時、両手は受の右腕をしっかりと握り保持して引き、両膝はやや屈曲し、受の投げられたときの衝撃を和らげる体勢を保つようにします。

●釣込腰(つりこみごし)

　取は受の立ち上がる位置を考慮して約90cmの間合の位置に立ち、受の立ち上がるのを待ち、次いで左釣込腰を行います。

※この技は、相手の身体が柔になっている時にはかかりません。固くなっている時にこそかかり易いのです。

※釣込腰は、真っ直ぐに立った棒の下端を勢い込めて打ち上げると一回転して倒れるように倒す技です。

※腰の使い方は二段に働かせます。相手の下腹部に腰を入れた時、相手は反身になってこれを防ぐために、そこで、両手を緩めずに、なお一段と大腿部にまで腰を落とし、下腹部と腰との接触点を掬い上げるように腰を上げて回転させます。

◆腰技 (左釣込腰) が終わり、足技 (送足払) を始めるまでの動作
　左釣込腰を終えると、両者、着衣の乱れを素早く整えながら元の位置約3.6m (約二間) の間合に戻った後、向き直り、双方静かに

前進し足技に移ります。

足技３本（１．送足払、２．支釣込足、３．内股）

腰技を終わって足技３本に移ります。

概説

１．送足払　形の手順、細部説明

送足払では組み方、間合がこれまでの技とはやや異なり、取受共に左足から歩み足にて前進し、約30cm（約１尺）のやや狭い間合をとって相対します。

（第一動）

受は、自然本体のまま、取と右自然体に握るのと同じ様に右足を出さずに組もうとします（右足を出さずに、右手で相手の左前襟を、左手で相手の右外中袖を握ります）。

取は、これに応じて自然本体のまま右足を出さずに右組に組み、受の左横襟を握った右手は釣り上げ、受の右中袖をとった左手は肘を右側へ押し上げるように、受の右上肢を受の右体側に押し、左斜め上に浮かすように働かせて、受の左側への移動を促します。

受は、左足を左に開き、次いで右足を左足に寄せ、左方への移動を開始（この右足の動作と左足の動作との間に時間の滞りがないようにします。左足に重みが乗りきらないうちに右足を寄せます。重心の変動が傾かないで出来る様に練習しましょう）しながら左方への移動を誘って、取を取の右に崩そうとします。

取は、これに応じて右方へ右足、左足と一歩ずつ継いで移動すると同時に、受の体を受の左斜め上に押し上げる様にして（右手を釣

り上げ、左手を押し上げる様にする）、受の体を浮かそうとします。次いで、

（第二動）

　取は、受の右袖を取る左手で、受の右肘あたりを押し上げていくように制して移動の勢いを強め、受の左方向へ右足、左足と継ぎ足で一歩移動し、受をその左方に送ります（取の袖取り手・左手で押し上げていくような方向へ移動します）。

　受は、取の送るにつれ取とともに左足、右足と一歩左方に移動します。

（第三動）

　取は、受が左足を受の左に開いて、右足を左に寄せようとする瞬間に、大きく右足を開き、両手で受の体をその左斜め上に舟底形に押し上げ気味に送り込みながら、左足を内反することによって小指側に力を入れ足裏が受の右足外果の下を受の動く方向に受の左足に重なるように（出足払いにならない様に注意します）追いかけ、受の両足を送るように払って投げます。

　取は、正面を左にしたそのままの位置に立ち、受は、起き上がり、正面を右に、取と間合を取って向き合います。

●送足払（おくりあしはらい）

次いで、前同様に、自然本体のまま左組に組み、反対の送足払を行います。

◆左送足払が終わり、支釣込足を始めるまでの動作

左送足払を終わると、道場中央やや受の方によって、約60cm（約二尺）の間合で相対します。

2. 支釣込足 <small>ささえつりこみあし</small>　形の手順、細部説明

取、受互いに歩み寄り約60cm（約二尺）の間合に入り、

（第一動）浮落の第一動と同じ

受は、右足を一歩進めながら右自然体に組もうとします。

取は、左足より一歩後に退がりながら右自然体に組みつつ受を受の前隅に崩そうとします。

受は、取が引くだけ前進して右自然体を維持します。

（第二動）浮落の第二動と同じ

取は、更に左足より後に一歩退がりながら受を受の右前隅に崩そうとします。

受は、右足より一歩前進して右自然体を維持します。

（第三動）

取は、左足をやや少なく退き、継足で継ぐ右足を本来の位置にとどめることなく、弧を描きながら右斜め後方、左足横線上で受の左足と約21〜24cm（約七、八寸）の所へ足先が内側に向くように踵から退くや否や、体を左に開き、受が、この引きに応じ体の安定を保とうとして右足を進めるところを、取は、右足を下に付けると殆

ど同時に、一旦退がった左足を浮かせて内反し土踏まずの所で、受の右足首の上あたりに前からあてて支え、左手を大きく強く引いて受を取の左後隅に引き落とします。右手はこれを助けて働かせます。

　次いで、取右、受左となり、左支釣込足を行います。

● 支釣込足（ささえつりこみあし）

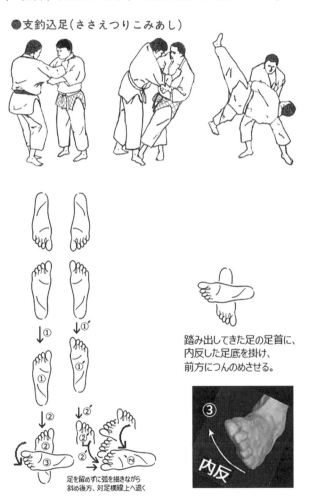

踏み出してきた足の足首に、
内反した足底を掛け、
前方につんのめさせる。

足を留めずに弧を描きながら
斜め後方、対足横線上へ退く

③

内反

◆ 左支釣込足が終わり、内股を始めるまでの動作

　支釣込足が終わると、次いで内股に入るために、道場の中央で正面に向かって受が右、取が左になって約90cm（約3尺）の間合を取り双方向き合います。

3. 内股　形の手順、細部説明

（第一動）

　受は、右足を前に踏み出し取と右自然体に組もうとします。

　取もまた、受に応じて右足を出し、右自然体に組みます。受も取も同時に右足を約一歩前に出して、右手で相手の右前襟を取り（ただし、取はその襟をやや高く取る）、左手で相手の外中袖を握ります。右足を出せば自然と左足の爪先がやや外に向くようになります。

　取は、左足を約半歩左斜め前方へ進め、次いで右足を左斜め後方へ継いで退きつつ、右手で受を少し引き上げる気持ちで自分の右横から後ろの方へ受を釣り込んで右後隅へ崩します。

　受は、取の引きに応じ、左足、右足と弧を描くように受の左前隅の方へ移動します。

（第二動）

　取は、前同様の動作で左足に続いて右足を継ぎながら、継ぐ右足の退きは第一動より少なめに左足に従わせつつ受をその左前隅の方に引き回します。

　受は、前と同様に体の安定を保とうと取が引くだけ左足より弧を描いて進め右足をこれに従わせます。

（第三動）

　取は、更に左足を前と同じ様に左前隅の方に約半歩ばかり移して

受を大きく引き回して、取の右横に引きつけようとします。

　受は、第二動のように踏み出し、左足から進めてきます。

　取の体の左右軸と受の体の左右軸とで出来る形がT字状、即ち受が横棒の状態となり、取が受の中央で縦棒の様な関係に引き回した時が内股という技を掛ける好機で、加えて受が体の重みを左足に託しつつ移動してきて、左足に体が乗ろうとするその瞬間こそが内股を掛ける絶好の機会なのです。そこで、取は、右手と共同して受の体を取の体右横側に引き付けるように受を大きく右後隅に引き回しながら、第二動より少なめに退いてきた右足が、受の両脚の間にくるように両手を利かせて受を引き回し、取の右足が受の両脚の間に来て、受の踏み出してきた左足に体重が移ろうとする瞬間、両手を働かせて受を前に崩し、体を捻りながら体重を左足に乗せ、上半身の右側部を受の胸部に密着させながら、右脚を受の両脚の間に振り入れ、受の左内股の辺りに自分の右大腿外側部から後部が当たる心持で払いあげ、前方に投げます。手は足で払うのと反対の方向に引き回すようにします。取の右体側に引きつけた力がそのまま引き落とす力となります。

　受は、取が退くだけ前進しようとするその足を払われることから、右足は位置を変えながら、変え終わらずに投げ落とされることになります。

●内股（うちまた）

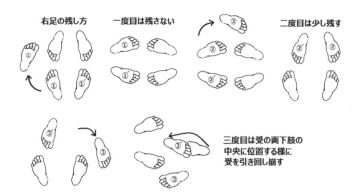

右足の残し方　　一度目は残さない　　　　　　　　二度目は少し残す

三度目は受の両下肢の
中央に位置する様に
受を引き回し崩す

　次いで、取右、受左となり、左内股を行います。双方立ち上がり、その場で左自然体に組み、右と同じ要領で取は左足で払って投げます。この場合には右足で払って投げたその場所ですぐに左自然体に組むのであって別に元の位置まで帰る必要はありません。

◆ **左内股が終わり、捨身技（真捨身技一本目巴投）を始めるまでの動作**

　左内股を終わると、両者、着衣の乱れを素早く整えながら元の位置約3.6ｍ（二間の間合）に戻り、双方向き直り相対します。

捨身技
<ruby>捨<rt>すて</rt></ruby> <ruby>身<rt>み</rt></ruby> <ruby>技<rt>わざ</rt></ruby>

真捨身技3本（1. 巴投、2. 裏投、3. 隅返）

捨身技三本はその一技一技との間の調子を他の足技の時とは違い、やや速くします。技を速くやるのではなく、技と技との間を速く行います。

1. 巴投　形の手順、細部説明

概説

梃の理（槓桿の理）を応用して己の力を最も有効に用いる技であり、その理合においてもその気持ちにおいても興味深い技です。

取、受互いに歩み寄り約90cm（約三尺）の間合に入ります。

（第一動）

受は、右足を出しつつ、取と右自然体で組もうとします。

取は、これに応じ、右足を出して、受と右自然体で組みます。

互いに右自然体に組み、取より受を受の真後ろに三歩（体を浮かせないように注意して足を交互に右、左、右足と歩み足で踏み出します）押します。

受は、押されるに従って退きます（左、右、左足）。

受は、身体の安定を保とうとして、取を押す力に抵抗して押し返そうとします（この押し返す動作は、受が押されて上体が後ろに傾くためにその傾いた体勢を回復させようとするその力で起きてくる

のです。その場合、身体全体を使って回復するのではなく、両足は
そのままで上体のみが起き上がるようにしながら押し返します）。

（第二動）
　この時、取は、左足を僅かに受の左右の足の間、およそ右足の内
側に進めると同時に、左手を受の右腕の下より内側になるべく近道
を通りくぐらせて、受の右前襟に握り替えると、両手を利かせて受
を真ん前に崩しながら左足を受の右足の内側に進め（両手で受の前
襟を握ることによって、引く力に不平均を起こさせることがなく転
倒させることができるようにするためと、支点・力点の関係で、両
点の距離が遠いほど力の効果が大きいためです）、受の左足が進ん
で両足がおよそ横の一線になる瞬間（第一動の受が押し返す瞬間）
に、取は二つの動作をしなければいけません。一つは左足を踏み込
むこと、それと同時に左手を握り替えることです。

（第三動）
　取は、両手を引き、右膝を深く屈し、足底を、受の下腹部中央辺
りに当てつつ、殿部を左踵に近く畳に付ける（なるべく離れないよ
うにする）やいなや右膝を一気に伸ばし、右足で受を押し上げ、こ
れに合わせて両手を弧を描くように頭の方へ引き、受の体を、頭越
しに転倒させます（受が押し返してその体が前方に傾いて崩れるの
を待って巴投を掛けます。右足の上げ方は、なるべく近道を通り上
げ、上げた時に受の腹部・臍の下辺りに当てた時に十分に屈してい
ることが重要です）。
　受は、右前受け身をして立ち上がります。

●巴投（ともえなげ）

　次いで、取右、受左となり、間合を取って相対し、右と左を反対にして左巴投を行います。

◆巴投が済んでから裏投に移るまでの動作
　左の足で支えて巴投を掛け受は倒されます。そこで取は立ち上がり、受・取互に約1.8m（約六尺）の間合になるよう歩み寄ります。受はその場から直ちに裏投の動作を起こします。

2．裏投　形の手順、細部説明

　取、受互いに歩み寄り約1.8m（約六尺）の間合に入ったところで、

（第一動）背負投や浮腰の第一動と同じです

　受は、左足を小さく踏み出しながら、左手は、肘を屈し拳を作り胸の前あたりまで上げ、右腕は、やや肘を曲げ、力強く握りしめてつくった右拳を頭上に振りかぶり、攻撃の構えをつくり、右足を爪先立ちに伸び上がりながら大きく一歩踏み出し、右拳、渦巻きというところで取の天倒を狙い打って出ます。

（第二動）

　取は、この機を利用し、受の拳を左肩越しに空を打たせながらくぐり、左足を受の後方に深く踏み込む（くぐりながら踏み込む）やいなや、少し腰を落とし（受の殿部が取の腹部の上に乗るくらいまで下げる）、左手を受の後帯に沿わせて、その左腰を十分に抱き寄せるとともに、左足に継いで右足を受の右足の内側に一気に進め、右手の指先を上向きにして掌を受の下腹部、臍の右下辺りに当てて（指先を上の方に向けると相対的に肘が下がることになり、腰を跳ねる時にその手を押し上げて十分に効果的に使うことが出来ることになるためです）左手を助け、両手と前腰の働きで受の体を抜き上げ気味に体を反らせながら前上方に跳ね上げながら、体を真後ろに捨て、受を左肩越しに、後方に投げ捨てます。

　受は、立ち上がりません。

　初心者は次の三段階に分けて練習したらよいでしょう。

　　第一段は、受が打ってきたら踏み込んで抱き寄せるまで、
　　第二段は、そこから腰で抱え上げる（腰で受の体を上げる要領を会得する）まで、
　　第三段は、元の通りに下ろし、双方共に倒れる。

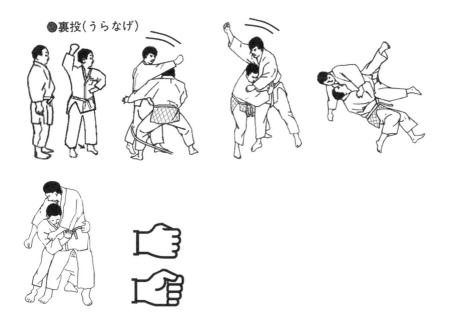

⑬裏投（うらなげ）

　次いで、取右、受左となり、約1.8 m（約六尺）の間合を取って相対し、右と左を反対にして裏投を行います。

◆裏投が済んでから隅返を始めるまでの動作

　（受が左手で取を打っていく。受は取の右肩を越して取の右後隅の方向に投げる。そうして）双方立ち上がると互いに広めの一歩（90 cm、約三尺）の間合まで中央に進みます（上坐に向かって取左、受右となり相対し、ここから隅返を始めます）。

3. 隅返（すみがえし）　形の手順、細部説明

　隅返という技は四つに組んだ時に行う技です。

　取、受互いに歩み寄り約90 cm（約三尺）の間合に入り、

（第一動）

　受は、右足を進めて取と右自護体（両者互いに右手を相手の左腋
下より差し入れ、その掌を左背部で腕の付け根の所に当て、左手は
受も取も、相手の右肘のやや上外側部に掌を当ててその腕を抱え、
頭を互いに相手の右側にして頚部を交差し、上体を前に曲げ、やや
腰を低くします。このように四つに組んだ姿勢を柔道では自護体と
言います）で組もうとします。

　取は、これに応じ、右足を約半歩前に出して受と右自護体で四つ
に組みます。

　ここで取は、先ず右手で受を浮かしながら（少し上に上げ気味に
して）、右足を半歩強後ろに退きます（引く方向は、受の左前隅の
方向ですが、直線的に退くのではなくやや弧形を描いて退きます）。
（退く場合に、取は、受と組んだ関係を保持したまま退かなければ
いけません。手と足で引くのですが、むしろ体で退く様な気持ちで
退きます）

　受は、引かれるだけ、左足を前に進めます。

（第二動）

　取は、受が体勢を挽回しようとして、右足を進めながら崩れた体
勢を回復しようと起き直る機を利用し、左足を右足の内側近くに引
き付けつつ左足の踵になるべく近く殿部を下ろし、畳に付く頃に右
足を上げてその足背を受の左膝窩の少し上あたりに掛け、受をその
右前隅に引き出し、受の両足がおよそ横一線上になって前方に浮き
崩れる瞬間、

（第三動）

　取は右足背を受の左膝窩の少し上に当て、仰向けに体を捨てなが
ら、右下肢で受の左下肢を下から跳ね上げ、これに合わせて両手を

利かせて、受を左肩越しに投げます。左手即ち受の肘のところにか
けている手で受の体を少し浮かし、右手ではこれを助け、受をその
右前隅に引き出します。右足を退いた時には、取の体が受の体の直
下に入る様にするために右足の近くに退きます。取・受共に倒し倒
された姿勢を暫く保持した後、起き上がります。

　次いで、互いに立ち上がり双方約90cm（約三尺）の距離に近寄
り、互いに左足を踏み出し、左手を相手の右腋下をくぐらせて、右
手で相手の左肘の上部に当てて互いに左自護体に組み、右と左を反
対にして左隅返を行います。

●隅返（すみがえし）

◆ **左隅返が済んでから横掛に移るまでの動作**
　左隅返が済めば、真捨身技三本が済んだということですから両者
は一度始めの位置（約二間）に戻って相対した後、気合を満たして
静かに双方の距離約90cm（約三尺）の間合まで歩み寄り、横掛を
始めます。

横捨身技3本（1. 横掛、2. 横車、3. 浮技）
よこすて み わざ　　　　よこがけ　　　よこぐるま　　　うきわざ

概説

1. 横掛　形の手順、細部説明
よこがけ

取、受互いに歩み寄り約60cm（約二尺）の間合に入り、

（第一動）浮落、肩車の第一動と同じ

受は、右足を約一歩前に踏み出して右自然体に組もうとします。

取は、この機を利用し、左足、次いで右足と継足で約一歩後ろに退きつつ、受と右自然体で組み、受をその右前隅に崩そうと引き出します。

受は、体の安定を保とうとして、取の引きに応じて前に出ます。

（第二動）

取は、再び左足より約一歩継足で退きながら、左手は受の右外中袖を握って右前隅に引き出しながらその力の方向をやや内側に向けます。右手も又同じく引きながらやや外側に押すので、受の体をやや半身にします。

受は、従って右足をやや前よりも内側に踏み出して少し半身になります（この一連の作りが、滑らかで柔らかな働き方で、受が、知らず知らずの間にその力に従ってくるように仕向けるのが肝要です。受は自分の体の右端を内側に、左端を外側に押されるので右肩の方が内になり、左肩の方が外になる傾向が生じてきます。従って右足は真ん前に出さずにやや内側に踏み出してくるのです。即ち受の体と取の体との関係は前とはやや異なる様になっています）。

（第三動）

　取は、更に左足より僅かに退がりながら、左手を右側に、右手を左側に押して両手を利かせて受を十分に受の右前隅に崩し半身にして右足を出した（受の体を右足の小指側に重心が乗る様に十分崩し、受をやや半身にする）瞬間に、一瞬右足を左足の前に寄せ、左足の土踏まずの所で受の右足の外果の下を前外側方より受の左足の指先の方向に突っ込み気味に払いながら体を棒のようにして曲げずに横に捨て、同時に左手では受を円く掬い上げて引き、右手をこれに加えて押して（受の体をやや半身にし）受を左側に引き倒します（足で払わずに体全体で払うようにします）。（体で払うと体を捨てた時、自分の左腰が受の右足のあった所の前に落ちるくらいになります）

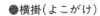
●横掛（よこがけ）

　立ち上がり、受左、取右となり、左自然体に組み、前と同じ要領で左横掛（右足で払い右の方に倒す）を行います。右と左を変えれば要領は全く同様です。

◆ **左横掛が済んでから横車に移るまでの動作**

　左横掛が済んだならば上席に向かって受右、取左で双方の距離約1.8m（約六尺）の間合を取って相対します。

2. 横車 <ruby>横車<rt>よこぐるま</rt></ruby>　形の手順、細部説明

　この技は他の技とやや趣を異にしています。他の技の多くは己の方から仕掛けて作る場合が主となっているのに対して横車は相手が腰技などを掛けてきた時などに掛ける場合が多く、所謂「後の先」となる場合が多いのです。

「後の先」とは（自ら仕掛けて相手を作りそして技を掛けるほど気持ちが攻撃的ではなく）始めは受け身であって途中から攻撃に変化するので、始めより攻撃的に出て掛けたのに比べるとやや痛快味を欠いているように思われます。

　取、受互いに歩み寄り約1.8m（約六尺）の間合に入り、

（第一動）受・取ともに裏投の動作と同様です

　受は、左足を小さく踏み出しながら、左手は、肘を屈し拳を作り胸の前あたりまで上げ、右腕は、やや肘を曲げ、力強く握りしめてつくった右拳を頭上に振りかぶり、攻撃の構えをつくり、右足を大きく一歩踏み出しながら右拳で取の天倒を打っていきます（形を演じる場合、注意すべきことがあります。形は約束的に変化をあらかじめ決めてあることから、往々に次の変化を予想してその変化に都合の良いように始めから形を変えがちです。この横車の時なども打っていって、次に受は上体を前の方に曲げて変化することから、始めから上体を前の方に曲げ気味で打っていく、というようなおかしな形になることがよくあります。これでは真の形ではありません。これでは形が死んでしまいます）。

（第二動）

　取は、この機を利用し、その手の下をくぐり、左足を一歩受の後

ろの方に踏み込むと同時に左手を受の後帯に沿えてその左腰を抱き、右手を受の下腹部に当てて、両手で受の体を抱き寄せ、裏投で投げようとします。

（第三動）

　受は、これに応じ、直ちに両膝を少し曲げて腰を低くし同時に上体を前の方に曲げて裏投に投げられないように変化します（この様にすると受の重心は低くなると同時に打っていった時の自らの体の動きを止めることが出来るので、取はこれを投げようとするための受の動いた力を利用することが出来ず、同時に重心を低くされたので投げるのが非常に難しくなります。こうした上に受は更に上体を前に曲げることから取は投げるのが益々困難になります。が、ここに又取が乗ずべき機会があるのです）。

　取は、受の防禦の体勢すなわち上体を前に屈するその力を利用して（上体を前に曲げた時は、体が前の方に傾きかけています。また上体を急に前に曲げるとその勢いで踵の方が浮いて、ひどく曲げると前の方に一人で飛び出すほどになります。ここが取の乗ずべき機会であり、受が前の方に傾きかけている力を大きくしさえすれば容易く投げることが出来るわけです）、左手で受を真ん前に崩しながら、（踏み込んだ時に両手が緩んで受の体と取の体との間に緩みが出来ないように注意しながら）右足を受の両脚の間になるべく深く、弧線を描くように滑り込ませつつ、体を左横方向に捨て、左手で背中側から力を加えて引き、右手では受の腹を押し上げるようにして、受の体を己の左肩の方向に投げ捨てます（投げ終わった時の取の姿勢は、左肩を畳に付け、腰を上げた姿勢となります）。

●横車（よこぐるま）

　受（左）も、取（右）も互いに間合を取りながら立ち上がり、歩み寄り、間合に入ると、右と左を反対にして左横車を行います。

◆左横車が済んでから浮技に移るまでの動作
　横車が済んだならば受が上席に向かって右、取が左で広めの一歩距離約90〜120cm（約三・四尺）の間合で相対します。

3. 浮技　形の手順、細部説明

　取、受互いに歩み寄り約90〜120cm（約三、四尺）の間合に入り、

（第一動）
　受は、右足を踏み出し、取と右自護体で組もうとします。
　取は、この機を利用し、右足を進めて、右自護体で四つに組みます（双方共に右足を一歩踏み出しながら四つに組むのは受取共に隅返の時と全く同じです）。

（第二動）
　取は、右手で受の体を浮かし上げながら、右足を大きく一歩（半

歩強）後方に退きます。

　受は、これに応じて、左足を前に進めます。

（第三動）

（取が右足を退いて受の体を右の方に浮かせだした。そこで受は、左足を前に進めて自分の体の崩れるのを回復しようと尚右足をも出して十分に安定しようとするのを、取は安定しないうちに左の方に引き出します）

　取は、受が体勢を挽回する為に右方に起き直る機を利用し、受を浮かし上げ気味に両手を働かせると、受は、体の安定を保とうとして、右足を右斜前に進めてきます。この時、取は、両手を働かせて受をその右前隅に崩しつつ、左脚を軽く伸ばしながら左斜後方に弧を描くように開いて、左下肢の左側全面を畳に付け、体を左横様に捨てながら、取の体全体が後ろに退がる力で受を受の前隅に崩し、受を取の左肩の方向に投げます。

　受は、引かれて右足を一歩前の方に踏み出して体の安定を維持しようとします。しかし取の引き方が受の出るよりもさらに大きいので、右足を踏み出したにもかかわらず右前隅に崩され、尚引かれるので右前隅に崩れ、遂に支えきれずに、取の左肩の方向に転回することになります。

　取は、体を捨てながら右手で受の体を自分の左肩の方向に押し、左手は始めは引いて受の体を受の右前隅に崩したのですが、その終わりには自分の左脇腹の所に止めて、体を捻って回転させます。

　双方立ち上がり上席に向かって取右、受左となり、左四つに組んで左浮技を行います。

●浮技（うきわざ）

◆浮技が済んでから次の固形に移るまでの動作

　双方とも形を始めた時の位置、即ち上席に向かって受右、取左で双方の距離約二間の位置に戻り、向き直って自然本体で相対した後、右足から一歩退がって両踵を密着させ、約6m（約三間）の間合で相対します。互いに坐礼を行った後、同時に立ち上がり、正面に向きをかえて、正面に向かって同時に立礼し、終わって退場します（双方左足から爪先立てておろし、右足も同様に爪先立てたまま右膝をおろした後、足背を畳に付けて互いに坐礼を行った後、双方同時に両足を爪先立てて上体を起こした後、右足から両踵が密着する様に立ち上がり、正面に向きをかえて同時に立礼した後、向き直り、右足から演武場〈試合場〉の端外まで退き、双方揃って立礼をした後、終わって退場します）。

固　技
<ruby>固<rt>かため</rt></ruby>　<ruby>技<rt>わざ</rt></ruby>

　柔道の原則は、己の心身の力を最も有効に使用することにあります。即ち、筋肉の力の量をなるべく経済的に使い、無駄な力を使わないようにして、最も有効に使用することです。このことは投技に限定されることなく、固技にも応用されなければいけません。

　相手を制御して動くことが出来ない様にするとか、起きることが出来ないようにすることを抑込技といい、絞技と関節技と共に固技の一部です。即ち固技とは抑込技、絞技および関節技の三種の総称なのです。

固技の原理

　攻める側の人はなるべく少ない力を用いて相手を制御しなくてはいけません。その為には力を用いる場所と場合とを考える必要があります。抑込技において、人が仰向けに臥した形の場合には、相手の力の端々を抑えます。力の強い時には抵抗せず、力が弱くなった所で抑えます。剛に剛で対応しないで剛には柔で対応する等大切な原則があります。相対的に防者における原則も、自分の力を最も有効に使用するということです。自分の体を多くの場合に軟らかく使用し、いわゆる軟体動物的に逃れます。

　抑えていて起きてくれば絞に変わる、関節技に変わるなど抑込技、絞技、関節技の三者の間には密接な関係があります。

固の形
<small>かため かた</small>

概説

<small>かため かた おさえこみわざ しめわざ かんせつわざ</small>
　固の形は、抑込技、絞技、関節技の各々のなかで、最も効果の著しい代表的な技を5本ずつ選んで組み合わせ、総数は15本となります。固方の要点、体捌き、心構えなどを習得させるために作られています。

練習上の注意

　抑込技は、相手を制御して動くことが出来ないようにするとか、起きることが出来ないようにすることです。正しい技の実施と相手の変化に即応して、全身の力を調和的に働かせ、相手の起き上がろうとする「ツボ」を抑えることが大切です。

　絞技は、頚部両側面を脳へ向かう主要な脈管或いは頚部中央に存在する呼吸器系の喉頭や気管に、前腕の内側（小指側）又は外側（母指側）を当てて圧迫閉塞するための要領などを練習します。

　関節技は、骨の連結部（関節）に本来の可動域を超えた又は逆の運動を強いるように働きかける技です。相手の身体全体を十分に制し、梃子の理に適って、技を施す技術を学びます。

　絞技、関節技は、特に危険が伴い易いので、十分に注意して練習する必要があります。また、相手が「参り」の合図をした時には直ちに技を解く必要があります。

技の名称

<small>おさえこみわざ けさがため かたがため かみしほうがため よこしほう</small>
1．抑込技（1．袈裟固、2．肩固、3．上四方固、4．横四方
<small>がため くずれかみしほうがため</small>
　　固、5．崩上四方固）、
<small>しめわざ かたじゅうじじめ はだかじめ おくりえりじめ かたはじめ</small>
2．絞技（1．片十字絞、2．裸絞、3．送襟絞、4．片羽絞、
<small>ぎゃくじゅうじじめ</small>
　　5．逆十字絞）、

３．関節技（１.腕絡<ruby>腕絡<rt>うでがらみ</rt></ruby>、２.腕挫十字固<ruby>腕挫十字固<rt>うでひしぎじゅうじがため</rt></ruby>、３.腕挫腕固<ruby>腕挫腕固<rt>うでひしぎうでがため</rt></ruby>、４.
　　腕挫膝固<ruby>腕挫膝固<rt>うでひしぎひざがため</rt></ruby>、５.足絡<ruby>足絡<rt>あしがらみ</rt></ruby>）

「固の形」における姿勢

　固の形を行うにあたって多く取る姿勢に２通りがあります。投げ技の場合の体勢はそれが動作の基となりますが、固技の場合の体勢は変化の基という意味を多少含むものの主に準備の為の姿勢です。

　取が技の始めと終わりに取る姿勢がその一つで、左膝を畳につけ、左足先を真後ろよりやや左の方にして爪先立て（体の動揺を防ぎ、体を安定させるためであり、体が安定していれば、力も出るし、体の変化も自在にできるようになるためです）、右足は曲げて真横より少し前の方に踏みつけます。それで左右の下肢が股関節でなす角度をほぼ直角となるようにします。上体は起こして真っ直ぐにして（尻を踵の上に乗せず、上体と左大腿部とを真っ直ぐにする理由は、下腹部に力が滞らず、変化も自在に起こし易いことによります）、顔は前方の目の高さの所を直視し、右手は右膝の上に軽くのせ、左手は自然に垂れて下腹部に力を集めます。

　受が技の始めと終わりに取る姿勢が今一つです。取が踞姿を取り位を取ったとき、受は、さらに約一歩前に進み出て間合をつめ、先ず、同じく踞姿を取り、次いで右手を前方の畳につき、右足を右手と左足との間から後ろの方に伸ばして仰向けになって寝ます。両手は体側に沿わせ掌を畳に付けて伸ばしておきます。一旦仰臥した後左膝を屈げ立てておきます。これは両足共伸ばしてしまうとその形がいかにも死んでしまって活動力を持っているように見えないからです。屈げた場合に膝が外側に倒れないように真っ直ぐに膝を立てておかなければいけません。

始めるまでの動作

　最初、正面に向かって、取は左に、受は右に、約5.5ｍ（約三間）の間合（距離）を置いて直立し、両者、正面に向きを変え、同時に立礼をします。その後、互いに向き直ってその場に正坐し、坐礼をします。爪先立って左足を後方へ退き、左膝を左足底のあった位置に下ろし、次いで右足を爪先立ったまま膝が足底のあった所に下ろし、両足背を伸ばし正坐をして坐礼を行います。

　両者礼を終え、両足を爪先立って腰を浮かし、まず、右足を膝のあった位置に進め、次いで両足の踵が付く様に左足を左膝のあった位置に進めて同時に立ち上がり、同時に左足から一歩踏み出して約3.6ｍ（約二間）の間合に、自然本体となり相対します。

　両者、同時に、左足を一歩後に退き爪先立てたまま元の踵の位置に左膝を下ろし（左大腿軸と上体軸とはほぼ一直線）、右足を右横に開き（右膝関節はおおむね直角）、右手掌を右膝の上に置き、左手を自然に垂れた姿勢（踞侍）を踞姿または「位を取る」と言います。

　次いで受は、右足を内側に移し、その足から一歩前進し、左膝もこれに継ぎ前進（膝行）した後、右足を右に開いて踞侍し位を取ります。

取の所作

　取は、坐礼をした後立ち上がり、十分落ち着いたところで、右足を後に退いて右膝を畳につけ、右足先を真後よりやや左の方にして爪先立て、左足は屈げて真横より少し前の方に踏みつけます。それで右膝関節はほぼ直角となるようにします。上体は起こして左大腿軸とほぼ一直線状にして、顔は前方の目の高さの所を直視し、左手は左膝の上に軽くのせ、右手は自然に垂れて下腹部に力を集めます。

受の倒れ方

　受は、取がその姿勢をとり終わった時、静かに一歩前進して丁度真中の所に止まり、もし一間半くらいであったならばその場で、右膝をついて一度取がとった姿勢と同じ踞侍をとり、次いで右手を左膝の前方約30cm（約一尺）の畳に指先を左に向けてつき、その右手と左足とで体を支え、左膝頭を浮かせて、右足を右手と左足との間から、右下側から左外側の方に出し、殿部を左踵近くに下ろし、両上肢を体側につけて（両手手掌は畳面につけ、いつでも起き上がれるよう、畳面を押し、取の攻撃に備えた姿勢をとります）仰臥（ぎょうが）します（仰向けに寝ます）。寝てしまった所で左膝を屈げて下腿を立てて寝た姿勢となります。

　この様にして、第一の技に移ります。

手は大腿部へ
下肢90°間く

　受の所作および姿勢：両上肢を体側につけて仰臥（ぎょうが）した後、左膝を屈げて下腿を立てる。

両上肢を体側につけて仰臥し、
下肢の右側は伸展し、
対側の膝は屈げて
下腿を立てた姿勢となります

抑込技（1．袈裟固、2．肩固、3．上四方固、4．横四方固、5．崩上四方固）

1．袈裟固　形の手順、細部説明

　袈裟固は肩の方から対側の腋窩の方にかけて体を乗せて抑えることから名付けられた技であり、この固方には袈裟固（通称本袈裟固）と崩袈裟固の二通りありますが、形に採用されているのは後者です。

　受は、右手を左膝の前方約30cm（約一尺）の所に指先を左に向けてつき、その手と左足とで体を支え、左膝頭を浮かせて、右足を右手と左足との間から、右下側から左外側に出し、殿部を左踵近くに下ろし、両手を体側につけて仰臥します（仰向けに寝ます）。寝てしまったところで左膝を屈げて下腿を立てた寝た姿勢となります。

　（第一動）
　受が、姿勢を整え終わったら、取は、右足をもとに戻して静かに立ち上がり、受の右側約120cm（約四尺）の所（遠間といいます）まで前進し、一旦、左足を一歩後ろに退き、爪先立てたまま元の踵の位置に左膝を下ろし、右足を右横に開き、右手掌を右膝の上に置き、左手は自然に垂れ蹲踞し、位を取ります。
　次いでそのままの姿勢で、受の方に右足から前進し、左膝もこれに継ぎ（膝行し）、二歩前進し、約30cm（約一尺）の距離の所（近間といいます）に進んで位を取ります。

　（第二動）
　取は、受を注視しながら、すり寄って右膝頭が受の右腕に接する

240

位の所に止まり、両手ともに前腕を回外位にして、両手で受の右腕を（左手で受の右上腕外側中袖辺りを、右手は受の右袖口内側辺りの少し上の方を）取って引き上げながら、取の左外側方に広げつつ僅かに進んで接近し、体を左に開きながら、左手を受の右上より外側に回し、その左手で受の右奥袖なるべく奥の方に持ち替え、その受の右腕を取の左腕で巻き込んで抱え込み、脇腹と左腕で挟んで抱え込み密着させて、受の右上肢の自由を十分に制し、次いで右膝を受の右脇下右肩の付け根の所に付け、右の殿部が畳に付く様に腰を下ろし、右側胸部を受の右側胸部と密着させ、上体を屈しながら、双方の脇腹が密着する様にして、右手を受の左脇下からくぐらせ、受の左肩の所に当て、この手で受の体と取の体とが離れてしまわない様に働かせるようにする他、受がその左側の方に起きようとする場合にはすぐにその手を開いて支える様に働かせます（取の右手は支えるという役と抱きしめるという役を担います）。両脚は開いて左膝は少し屈して内側を畳に付けて後に開き、右膝も同様に屈して前に開き、右膝の辺りを受の右肩の所に密着させて置くようにします。この膝で受の体が右肩を下にして左の肩を高くしてくるのを防ぎます。頭を受の右胸の上に下げて（受は右の手は制せられていますが、左手は比較的自由度が大きく、取の咽喉部を攻めてくることがあるため、その防禦の為に頭を下げておきます）。両手を引きつけて右側胸部を受の右側胸部と強く密着させ、固めたという合図をします。

　右手、左足、右足の三点は丁度 鼎 足（かなえあし）のように固の支点とします。

（第三動）

　これに対して抑えられた受は、起きようと種々の方法を試みますが、少なくとも三通りの起き方（形式的な死んだ起き方ではなく、真に起きる動作でなくてはいけません）を試みるようにします。

受の各種の逃れ方と、これに対する、取の、防禦の仕方を説明します。

　例、受は、両足をなるべく自分の尻に近く引きつけ、右手で取の帯（帯でなくてもよい。掴むことの出来るところを掴む）を握り、腰を上に跳ね上げます。それで取の体が浮く瞬間に腰を後ろの方に引きながら右に捻り、取の体と自分の体との間に右膝を入れます。前に腰のあった所に右膝が来るくらいに腰を引きながら捻って膝を入れ、その膝で取の体を押し離し、裟裟固を逃れようとします。

　取は、受の体と自分の体との密接を維持する策をとり、受が腰を捻ろうとする時に自分の体をぴたりとくっつけてしまいます。

　例、受は、取の体を受の体の左肩の方向に返す方法を試みます。両足を尻に寄せて取を頭方に押しやろうとします。

　取は、勢いその力に反抗して押しやろうとする受の体の上に取の体をかぶせるように圧し掛かります。

　その時受は、その力を利用して右手で取の体を抱え上げる様にして、左手で取の右手を脇下に挟んだまま畳に押し付けておくことで制して自分の左肩の方向に押し返します。

　取は、これらに即応しながら、巧みに受を抑え続けます。

　例、受は、右手に左手を添えて取の左肘関節の逆を取ろうとします。

　取は、左脚の膝を折ったままで右脚を越えて大きく受の頭上方向に踏み出し、上半身を受の上半身の上に強く密着させて被うように押さえ、踏ん張り、受の攻撃力を弱め、これを防ぎます。

　例、受は、右前帯、左手は後帯を取って、左肩の方向に返そうとします。

　取は、これらに即応しながら、巧みに受を抑え続けます。

　受は、起きられないことを認めて「参り」の合図をします。

（第四動）

　取は、受の「参り」の合図により、固を緩め、両者共に、組み合ったままの姿勢を維持しながら元の位置方向に向きを正します。

　取は、抑えていた技を解き、右膝を受の右脇腹の所につき、左膝を立てて踏み、上体を真っ直ぐに起こしながら受の右手を両手で受の対側に復した後、近間に退がって、右手は自然に垂れ、左手は左膝の上にのせて位を取ります（近間で一旦位を取ります）。

※「参り」の合図は、受が取の体又は畳を手で軽く二度続けて打つか、手が利用できない時は足で畳を二度続けて打ちます。

◆裟裟固が終わり肩固を始めるまでの動作

　裟裟固めを終わったら、取は受の右側約30cm（近間）で踞侍し位を取り、その位を取った姿勢から直ぐに肩固を始めます。

2. 肩固（かたがため）　形の手順、細部説明

　肩の部分で固める技です。

　受は、寝た姿勢を維持します。

（第一・二動）

　取は、近間から僅かに受に接近します。

　取は、右手の前腕を外旋し４指を下にして受の右袖口に近い前腕を内側より握り、受の右腕を引き上げ、左手は４指を上にして受の右肘よりもやや肩に近い上腕部に外側からあて、左右の腕を十字に組み合わせる様に押し上げて、この腕をその右頬の方向に制しながら右膝を受の右脇腹に当たる様に進め、右手掌を下にして受の左肩越しにその首の下より右肘が受の左肩の所で畳に付くくらい十分に深く差し入れ右側に出します。ここで取は、押していた左手の所に右側頚部を当て、受の右腕をその右頬の所に押し付けてこれを制しながら（この取の首の使い方は非常に重要です）、受の頚部の下より出した右手と左手を、左手を下に右手を上にして組み合わせたうえ、右側胸部を受の前胸部に密着させます。次いで進めた右膝の方は、その足先を爪先立ちしながら、膝頭を受の右脇腹、帯の右横辺りに付け（この膝で受の体の変化を制します）、左膝を伸ばしたまま左前方に踏ん張って体を安定させつつ受を抑え固めます。

（第三動）

　取は、受の首の下から出した右手と左手とを組み合わせてやや引きつける気持ちで引き締め固めます。その上で、一瞬強く引き締めを強め、体の接触を広げるなどの方法によって「固めた」と合図をします。

　受は、これに対して、三種以上の逃れ方を試みます。

　例、受は、右拳に左手掌を当て両肘を張って固を緩めようとします。

　例、受は、体を右に捻って右膝頭を取の腰下に入れようとします。

　例、受は、左肩の方向に後回転して起きようとします。

　例、受は、空いている左手で取の後帯辺りを握って受の左側にひっくり返そうと試み、又は両脚を上げてその両脚を下ろすと共に

取を取のその後ろにあたる所に返そうと試みるなど一、二回起きようと試みます。その際、取は、受の左側に返されないように左脚に重みをつけ或いは右足で支えるなどして返されないように努めます（第一に首を制するための首の使い方が大切です）。

　例、受が、受の左側の方に取を返そうとする場合には足の重みで防ぎます。

　例、受が、取を取の後ろの方に押し返そうとした時又は頭の方にはねやろうとする場合に、取はこの足を後ろに或いは前に動かしてこれを防ぎます（以上のように左右の足を使い、腰を据えて力の土台を作ります）。

　例、取が受の右側から押さえた場合には、受は、その左手を外旋し、手背を取の腰に付く様にして取の後帯を握り、取が膝を寄せてこない様に押して腰を引きながら回し、同時に右膝を取の右腰の下に突っ込み、その所を力にして固められている首の方を逃れます。

　取の抑えている側の膝を取の腰の下に突っ込み、空いている左手で取の後帯の辺りを握って自分の左側にひっくり返そうと試み、又は両脚を上げてその両足を下ろすと共に、左右の掌を組み合わせ、首で制されている右側の肘を曲げ、肘に近い上腕部で取の頚部から頭部に押す力を加えて、取を押し離し、固を脱します。

　起き得ないと認めて後、「参り」の合図をします。「参り」の合図は自由な方の手で二度、取の背中の辺りを叩くか、足で畳を二度叩くかします。

（第四動）

　取は、受の「参り」の合図により、固を緩め、両者共に、組み合ったままの姿勢を維持しながら元の位置方向に向きを正した後、固を解き、両手を添えて受の右腕を元に復した後、近間に退がって踞侍し位を取ります。

● 肩固が終わり、上四方固を始めるまでの動作

　取は、肩固が終わるとその場、近間で踞侍し、位を取り、そこから２歩膝退し遠間で位を取った後、静かに立ち上がり、左方へ歩いて受の頭方遠間に移り位を取り、ここから２歩膝行し近間に進み位を取り、さらに詰めて抑えます。この様にして上四方固に移ります。

　受は、そのまま寝ています。

3. 上四方固　形の手順、細部説明
(かみしほうがため)

　相手の頭の方から固めて起きることが出来ない様に制御する技です。

（第一動）

　取は、肩固が済むとその場（近間）に踞侍して位を取り、二歩膝退し遠間で位を取り、取り終わると静かに立ち上がり、左側へ静かに歩いて受の頭の方、遠間約120cm（約四尺）に位置を変え、踞侍し位を取り、そこから２歩膝行して近間約30cm（約一尺）に詰

め位を取ります。

　受は、そのまま寝ています。

　（第二動）

　取は、更にすり寄って受に近づき両膝頭を両肩の近くに寄せ、足先は伸ばし両足背を畳に付け、両手を受の両肩先下から差し入れて、受の横帯を母指を帯の中に差し込んで握り、更に膝詰しながら肘を締め、両腕で受の両腕を制します。握る場所は横帯、即ち受の真横です（左右の握る手の間隔が狭いと、受が左右に逃げようと試みた時に、制御する事が困難になります。またこの手で受の両手の働きを出来るだけ制する必要がある為に、取の上腕部が受の上腕部を抑えるようになっていなければいけません。取の腕があまり肩の方に寄り過ぎると、受は両手を使いやすくなってしまいます）。そのようにした上で、胸を受の胸の上に乗せ、頭を横向きにします。

　（第三動）

　取は、抑えた時に両足先を伸ばし両足背を畳に付けて坐り、胸腹部を受の胸の上に乗せ、頭は左右いずれかに横向きにして受の胸の上に乗せ、両手を引きつけて受の両腕を制しながら腰をなるべく低く下ろして受の体を抑え込みます（体の落ち着け方についても要領があります。あまり受の体に乗りかかり過ぎても、乗り方が少なすぎても善くありません。前者の場合には受の体と一体になり左右に返され易くなりますし、また後者の場合では受はずるずると滑りながら逃げてしまうことができます。対戦する人の体形に依存する所が大きいのですが、一般的には、取の頭が、胸腹部に半々に乗る位が妥当でしょう）。次いで足および腰についてですが、足については爪先立ちの方が良いか否かです。これについてはどちらにも一長一短があり、爪先立ちの場合には変化を素早くすることが出来ます

し丈夫でもありますが、腰が高くなって浮き易くなる欠点も持ち受が頭を抜けるのに都合がよいのです。爪先立っていないと変化が遅れがちになりますが、腰が低くなるので受の側からは頭を抜けることが難しくなります。両者を有効に変化させて使い分ければよいでしょう。変化に応じて受の頭を制する膝の使い方についても非常に大切です。

受は、逃れようとして、例えば、

　　片腕で取の首を抱えてあおり反対側に返そうとします
　　取の右脇下の方向に片手を差し込みながら体を右に捻ります
　　取の肩を両手で押し上げ、後に退がりながら膝または足を入れようとします
　　後方回転し、取に抱き付いて逃れようとします

など少なくとも三種以上試みます。

両手を制されている場合には容易に逃れる術はありません。それ故に受は、先ず手の自由を得る術を探ります。方法の一つとして腕を曲げて出来るだけ自分の体を退がる様にし、曲げた左手で取の左膝を制する事を試みます。或いは肘を屈して体を退がりながら、或いは退がらなくても腕で押して取の体との間に隙間を作り、胸部のその隙間に左右どちらかの手を差し入れて押し、なお一層隙間を広げ固から脱する方策を探ります。手の自由度をある程度得た後、左手を屈して取の左膝を制し、取を取の左に返します。膝を制しておかなければ左に返す時に左の方に取が膝を開いて防ぐため、それをさせないために開かれない様に押し付けて置いて右手で取の首を制して取の左側に返すのです。

受は、逃れを試みた後、逃れる術なしとして「参り」の合図をします。

（第四動）

　取は、受の「参り」の合図により、固を緩め、両者共に、組み合ったままの姿勢を維持しながら元の位置の方向に向きを正します。

　取は、固を解き、近間に退き踞侍に構え位を取り、更に遠間に退いて位を取った後、立ち上がり、受の右側遠間の所に至って踞侍に構え位を取り、更に二歩膝行し近間に詰めて位を取り、次の技に移ります。

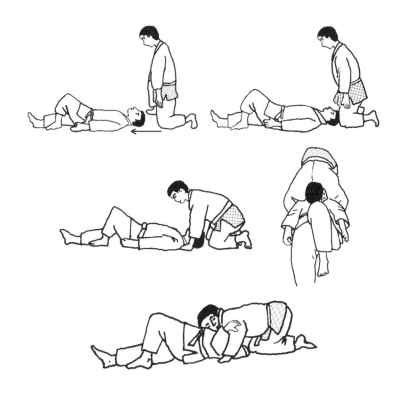

◆ 上四方固が終わり、横四方固を始めるまでの動作

　取は受の頭方、近間で踞侍に構え位を取った後、2歩膝退し遠間に退き位を取った後、静かに立ち上がり自然本体になり右に向きを

変え、左足から落ち着いて受の右脇遠間に移り踞侍に構え位を取った後、2歩膝行し近間で位を取り、横四方固を始めます。

　固の形は一方即ち受の方が動かずに伏している時に、取は受の右脇の方に移動した上で、姿勢を正して位を取ります。

4．横四方固　形の手順、細部説明

　相手の脇の方即ち横から抑え込んで、起きることが出来ない様にする技です。

（第一動）
　取は、遠間で踞侍に構え位を取った後、立ち上がり、受の右側方に前進し、受に対し遠間約120cmをとり踞侍に構え位を取り、次いで、右足から2歩膝行し近間約30cmに詰めて位を取り、更に接近し詰めて横四方固を始めます。

（第二動）
　取は、近間よりさらに受の右側にすり寄り、右手は受の前腕を、左手は受の上腕を共に母指を上にして握って受の右側方に右腕を広げます。腕を広げた時に、取の左膝頭を受の右腕付け根に当て（この時、足先は爪先立てておきます）、右脇を広げた状態を保持させると共に、右手も少時残して受の右手を広げた状態を保持する任を担わせます。こうしながら更に右膝を摺り寄せて受に摺り寄り、受の右横帯の所に取の右膝頭が付く様にします（この時、足先は爪先立てておきます）。

　次いで左膝頭を受の右脇につけた状態及び右手も受の右手を広げるのに作用させた状態で、左手を右手の上から交差させて受の左横帯をとって引き上げ（右手で帯を握るのに帯が遠くて届かないこと

がないように、また左手で帯をとってたるみを作り、右手の届く所に持っていくための下準備です)、右手を受の股の前方より差し入れ、受の左股の下を潜らせてその左腰の方に出し(右肘が軽く畳に付くくらいにまで)、受の左横帯を母指を内にして握ります(この腕の役目は、受の体を自分の体に引きつけておくことと、受の体が右もしくは左に、即ち横にひっくりかえされるのを防ぐことにあります)。右手で確実に受の帯を握った後、左手を受の右肩の方より首の下を通してその左側に出し、受の左横襟を親指を内側にして握ります。

(第三動)

　取は、左右の手を握り終わって右膝を下ろし、膝頭を受の右腰に確実に付け、爪先を伸ばし足背を畳に付けて、頭を左に向け、上体を密着させて受を抑え固めます。そうすると、受の腹の上に取の体が直角に乗っかってしまいます。ここで取は固くならずに柔らかく乗りかかるようにします。

　抑え終えたら取は、「抑えた」という合図をします。握っている両方の手を一寸引き締めるなり或いは首をつけて「ウ」と全体を引き締めるなりして合図をします。

　受は、これに対して、種々起きようと試みます。

　受は、取をひっくり返して起きようとします。その方法は、一度は受の左脇の方に取を転回させようとし、一度は受の右膝を取の右膝と左膝との間に割り込ませようとします。

　その場合に取は、それに相応した変化をします。即ち受が左側にひっくり返そうとする時は、体を長く伸ばすなり或いは体を重くするなりしてこれを防ぎ、受がその右膝を割り込もうとする時は、取は割り込まれない様にその右膝を受の右横帯の所に密着させてこれを防ぎます。

受は、右膝を取と受との間に割り込ませ、それを押し伸ばして逃げようとします。

　左手を取の左頚部に当てその上に左脚を当てて逃げようとします。右手は取の左腋窩に当てて三角絞めに解くことが出来ます。

　腰を捻って右膝を取の体の下に入れて逃れようとします。取の右脚を挟んで逃れることが出来ます。

　左手で後帯を取り大きく返そうとします。大きく返すことが出来ます。

　右手を取の腹の下に入れてこの腕全体が取の腹に付く様にして、左手で取の左肩の上から取の左後帯の辺りを掴んで両足をなるべく帯に近く踏みながら左手を引き、更に取の首を制しつつ右手で上に押して自分の左肩の方に取をひっくり返そうとするなどします。

　取は、下肢を左右に捻りながら受の逃れを防ぎます。

　種々試みた結果、逃れることが出来ないので、受は「参り」の合図に左手で、もしくは右手で取の背をポンポンと二度叩きます。

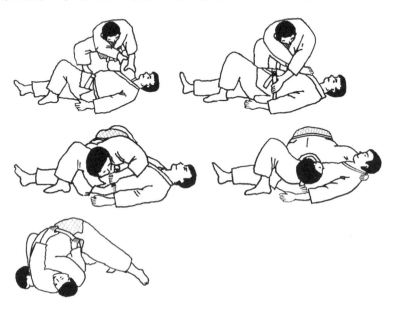

（第四動）

　取は、受の「参り」の合図により、固を緩め、両者共に、組み
合ったままの姿勢を維持しながら元の位置、方向に向きを正します。

　取は、固を解き、受の姿勢を復した後、近間に退いて踞侍（きょじ）に構え
位を取り、更に二歩膝退し、遠間に退いて位を取ります。

♦ **横四方固が終わり、崩上四方固を始めるまでの動作**

　横四方固を終わると、近間に退いて踞侍に構え位を取った後、更
に二歩膝退し遠間で位を取った後、立ち上がり自然本体になり、左
方に向きを変え静かに歩いて受の頭方、遠間で踞侍に構えて位を取
ります。

5. 崩上四方固（くずれかみしほうがため）　形の手順、細部説明

　上四方固から変化した形の抑込方です。

（第一動）

　横四方固が終わり、受の右横の所近間に片膝をついて踞侍（きょじ）に構え
位を取った後、二歩膝退し遠間に退き位を取ると、自然本体に立ち
上がり、斜め左方に向きを変え静かに歩いて受の頭方、遠間に位置
を移し踞侍に構え位を取り、二歩膝行して近間に詰めて位を取った
後、更に右斜め前方へ僅かに進み、さらに受の右肩先近くににじり
寄ります。

（第二動）

　取は、受の右肩先近くににじり寄りながら、右手で受の右前腕を
内側から取り、受の上腕に左手を添えて受の右腕を引き寄せなが
ら、右膝をつくとともに受の右腕を右脇下に抱え込んで右股の上に

乗せ、手の甲を畳側にして右手を受の右脇下から深く首の後方に差し入れて、4指を肌側にして後襟を握り、受の右腕を右脇下に抱え込んで右股の上に乗せます。左手は、上四方固の時と同じように受の左肩口から差し入れて、受の左横帯を親指を帯と柔道衣との間に入れて握り、受の右胸の上に自分の胸がやや斜めに重なるようにし、また、受の体を両腕で抱き込むようにして抑え固めます。両足先は伸ばし足背を畳につけ、腰を下ろし、抑え固めます。

（第三動）
　取の体は、少し右によって受のやや右肩の方に位置します。両膝は上四方固の時と同じく両方とも屈して坐ります。上半身は受の右肩の方から左脇下の方にやや斜めに丁度受の右胸の上に取の胸が密着するようにします。

　取は、抑え終わったと全体を引き締めるなり、或いは「ウ」と合図を送ります。

　受と取の攻防の例を説明します
　受は、一、二度抑えを逃れようと試みます。
　取は、受の逃れようとする方法に相応した方法を講じます。
　受は、右の方へ逃れようとします。
　取は、受の左側の方に重みを乗せます。
　受は、体を退げて逃れようとします。
　取は、それについていって体と体とを離さない様にします。
　その他に、受は、左手を取の顎に当て、右手で右股の付け根を押して後ろに退がりながら右腕を引き抜き、体を右に捻ろうとします。
　受は、左手を取の喉に当てて押し上げ、左膝を懐に入れようとします。
　受は、左手で取の後帯を取り、あおって左方に返そうとします。

　上記以外の逃れる方法として、左手を取の頭部の下から差し込んでいき、取がその手の方に気を取られている隙に、右手を抜いて起きるとか、頭を取の左側の方に逃げて右手を引き抜いて逃れる等も一法です。

　受は、左手で取の背の辺りをポンポンと叩いて、「参りの合図」をします。

◆第四動および抑込技が済んでから絞技（片十字絞）を始めるまでの動作

　取は、受の「参り」の合図により、固を緩め、両者共に、組み合ったままの姿勢を維持しながら元の位置方向に体勢を復した後、固を解いて、受の右手を両手でもとに復し、体を少し退き、（受の斜め右上方から）真後ろ近間へ体を移して蹲侍し位を取った後、2歩膝退し遠間で位を取ります。

　受は、取が近間から遠間へ膝退する間に、上体を起こし、右手を右殿部後方につき、左足底と右手で体を支え、腰を浮かして体を右に開きながら右足を運び、左膝をつき、右膝を立てて蹲侍し取と対向し、共に柔道衣の乱れを直した後、気を合わせて位を取ります。

　受は、双方揃っての位取りが終わると、右手を左膝の前方約30cm（約一尺）の所に指先を左に向けてつき、その手と左足とで体を支え、左膝頭を浮かせて、右足を右手と左足との間から、右下側から左外側に出し、殿部を左踵近くに下ろし、両手を体側につけて仰臥します（仰向けに寝ます）。寝てしまった所で左膝を屈げて下腿を立てた寝た姿勢となります。

　受が再び仰臥の姿勢となった後、取は立ち上がって受の右側遠間の所に至り蹲侍に構え位を取り、遠間から2歩膝行し近間に間合を詰めて位を取った後、次の動作（絞技）に移ります。

絞技（1．片十字絞、2．裸絞、3．送襟絞、4．片羽絞、5．逆十字絞）

概説

　頸部を絞める場合の要点がいくつかあります。

　即ち頸部表層を走る器官には2種があります。1つは呼吸器系の喉頭に続く気管と、頭部特に脳へ向かう主要な脈管です。前者はほ

ぼ頚部中央を下行し、後者は両側頚部を上行しています。どちらを圧迫閉塞するかなどにより幾種もの方法が存在します。上級者はどの方法を選択したとしても、真綿で絞めるような、絞められている者を快く穏やかに夢見心地で意識を失わせる技量を持っていますが、初級者の場合、腕に力を入れ過ぎて、多くは固い棒の様なもので前方から一気に気管が圧迫され、咳き込み苦しむようなことが常態となりがちです。腕に力を入れ過ぎ棒のように固くなり過ぎると、攻められている者の頚部と攻者の固い棒のような腕との間に間隙が出来てしまい、程好い絞めが出来ないのです。

◆ 抑込技が済んでから絞技（片十字絞）を始めるまでの動作

崩上四方固が終わり、取は近間で蹲侍に構え位を取った後、遠間に二歩膝退し位を取ります。その後、立ち上がり、受の頭上方向遠間へ向きを変え、遠間で蹲侍に構え、移動を始めた時に、受は起き上がり相対して互いに蹲侍に構え、受取揃って位を取った後、受は再び寝姿勢となります。

取は、受の右側遠間へ移動し、蹲侍に構え、位を取ります。

間合

1. 片十字絞 <ruby>片十字絞<rt>かたじゅうじじめ</rt></ruby> 形の手順、細部説明

取の右前腕と左前腕とが十文字になる様にして絞めるところから十字という名がついたもので、片というのは、片一方は４本の指を

内にし、片一方は親指を内にしているところからの命名です。両手とも4本の指を内にして握り絞める絞技を逆十字絞と言います。

（第一動）
　取は、受がその場で仰臥すると、立ち上がって左足から受の右側遠間へ移動し、踞侍に構えて位を取ると、そこから二歩膝行して近間に詰めて位を取ります。

（第二動）
　取は、さらに僅かに接近して、両手で受の右手をとって（左手は4指を下にして上腕部をとり、右手は4指を上にして手首を握ります）右方（取の左方）へ移しながら、その右上肢の付け根の所に左膝が密着する様にすり寄り、右手は残し、左手を離して受の左横襟を深く逆（4指を内）に握り（あまり深く握るとかえって右の手の自由を制して絞まらないという結果に陥るために、右の手が左手と受の喉との間で動くことの出来る程度の位置が良い）、ここで右手を離し、受の左手首を持ち、脇を押し広げながら右下肢で受を跨いで右膝を入れ、右手で受の左手を肩の線上に押し開きながら頭部を回して母指を内にして右横襟を握り（右の手は、左手に比してなるべく深く握り込む方が良い）、両手を受の頚部前面で十字に交差させ、

（第三動）
　左手を引きつけ、右手は押し気味にして上体を前へ圧し掛かりながら、受の頚部を絞めます。絞る様にして上体を受の顔面に圧し掛かりながら絞めます（右手の方を左手より多く働かせた方が良い）。受を引き上げ気味に受の頚部を左手は母指側、右手は小指側で圧します。
　受は、両手を取の両肘に当てて押し、絞めを逃れようとします。
　取は、腰を上げて反らせて防ぎます。

受は、逃れることが出来なくて、二度叩いて「参り」の合図をします。

（第四動）

　取は、絞めを解き、両手で受の右腕をもとに戻し、近間で踞侍に
構え位を取り、さらに２歩膝退し遠間で位を取ります。

　絞める場合に必要なことは、受の体の自由を制する事と、絞めを
防ぎ難いようにして絞めることです。両足先で受の腰を挟み、腰が
左右に働かない様に制します。

◆ 片十字絞が済んでから裸絞を始めるまでの動作

　片十字絞が済んだ時、受は、仰向けに寝ています。

　取は、受の右横近間に膝をついて踞侍に構え位を取った後、２歩膝退し遠間に退がり位を取ると、立ち上がり、受の後方遠間へ歩みを進めます。

　受は、静かに上体を起こして背を伸ばし、左膝を屈げて足先を右膝窩の辺りに置き、右膝を僅かに屈げた姿勢をとります。

2. 裸絞　形の手順、細部説明
<small>はだかじめ</small>

　裸で居る時でも絞めることが出来る技です。

（第一動）

　取は、受が起き上がれば、受の後方遠間で踞侍に構え位を取り、遠間から２歩膝行し近間に詰めて位を取ります。

（第二動）

　取は、わずかに進み、受の背後につき、左手の掌を上にして受の左肩の上に乗せて置きながら、右手を受の右肩越しに出し、肘を屈げ、手首の母指側が受の首の前面に当たる様にして、右手を上にして左右手掌を受の左肩の上で十字に組み合わせ、取は両手を引きしめながら受の喉に右肩で受の後頭部を押して絞め、右頬を受の左頬につけて受を制し、ここで取は体を低めて左足から後方に少し引き下がりながら受の体を後方に引き約45度傾けて崩し、両手を引きしめて受の頸部を後ろから絞めます。受は、両手で取の右腕を握って引き下げ逃れようとします。

　取は、左足右足と後方へ崩して絞めます。

（第三動）

　取は、体を低めて左足から後方に退き、下がりながら受をその後方に約45度傾けて崩し、両手を引きしめ受の頚部を絞めます。

（第四動）

　受は、両手で取の右腕を握って引き下げ、絞めを緩めようとしますが逃れることが出来なくて「参り」の合図をします。

　取は、絞めを解き、近間に退き踞侍に構え位を取り、次の送襟絞に備えます。

◆ 裸絞が済んで送襟絞を始めるまでの動作

　取は、受の真後ろ近間で位を取り、わずかに間をおいてから受の背後に僅かに進み送襟絞の動作に入ります。

　受は、静かに上体を起こして背を伸ばし、左膝を屈げて足先を右膝窩の辺りに置き、右膝を僅かに屈げた姿勢をとります。

3. 送襟絞　形の手順、細部説明

（第一動）

　取は、裸絞が終わり、僅かの間を置いて、受の後方近間から僅かに進み、受の背後につき第二動を開始します。

　受は、上体を起こした姿勢を維持します。

（第二動）

　取は、受の左奥襟を右手で取りやすくする為に、左手を受の左腋下から差し入れ前に出し、受の左前襟を握って引き下げ、同時に右手を受の右肩越しに首の前面に差し入れ、右手首の母指側を受の首の左側に当てて左奥襟を深く握ります。左手は受の右襟に順に深く握り替え、右頬を受の左頬につけ、右前肩の辺りを後頚部の辺りに当てて体を制します。爪先は立てて、片膝をついている姿勢を崩さない様にします。

（第三動）

　取は、体を沈め左足から少し後方に退きさがりながら受を僅かに右後方へ捻る様に崩し、崩れる受の体を右膝で軽く支え、右手を引き縛り、左手を下方に引き下げ受の頚部を絞めます。

　受は、両手で取の右上腕部を握って引き下げ、絞めを緩めようとします。また頚部に延びてきた手の肘の上又は肩辺りを掴んで前下

方に引き離し、取の腕の束縛を緩ませ隙間を作り、自らの体を下方
へ滑り抜け、取の前に首が落ちるようにして脱しようとします。

　が、逃れることが出来ないため「参り」の合図をします。

（第四動）

　取は、僅かに進んで元の位置に戻り、絞めを解き、近間に退き位
を取ります。

❖ 送襟絞が済んでから片羽絞に移るまでの動作

　取は受の後方の近間から僅かに進み、受の背後につき、片羽絞に
移ります。

4. 片羽絞　形の手順、細部説明

（第一動）

　取は、受の後方の近間から僅かに進んで受の背後につきます。

（第二動）

　取は、左手を受の左脇下から差し入れて受の左前襟を４指を肌側にして握り、引き下げると共に、右手を受の右肩越しに受の首の前面に沿って差し入れ、受の左前襟を母指を肌側に深く握ります。

（第三動）

　取は、左手の握りを離し、受の左上肢を制しながら、左腕を受の左肘の下から掛け左方に開く様にして、受の脇を開かせて受の上肢を上方に高く挙げつつ、受を後方に崩し、左手掌を内にして指先を伸ばし、受の左肩を越して取の右腕の下方に差し込みながら、右足を少し右に退き、体を右に開き気味にして右手を引いて、頚部を絞めます。この時、受の体はその右後隅に崩れ、右手は引き上げられ、取の左手を差し込まれることによって受の首は絞まります。

　受は、右手で自分の左手首を握り、左腕を引き下げて絞めを逃れようと試みますが、逃れることが出来なくて「参り」の合図をします。

（第四動）

　取は、絞めを解き、受を元に復すると、少し後ろへ退がり、近間で踞侍に構え位を取ると、さらに２歩膝退し遠間へ移動し位を取ります。

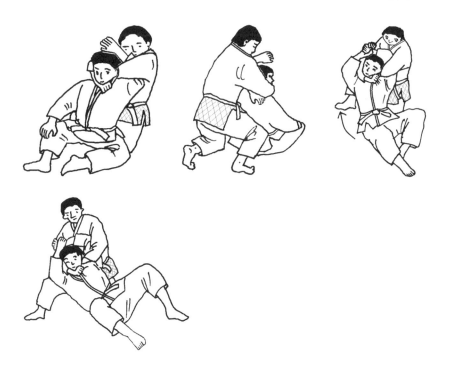

◆ 片羽絞が済んで逆十字絞を始めるまでの動作

　片羽絞が済めば、取は、絞めを解き、受を元に復すると、少し後ろへ退がり、近間で踞侍に構え位を取り、さらに２歩膝退し遠間へ移動し位を取ります。その後静かに立ち上がり自然本体になり、受の右側遠間に移動し始めます。歩き始めると、受はその位置で上体を倒し仰臥の姿勢になります。

　取は、受が仰臥し終えると、受の右遠間で踞侍に構え位を取った後、２歩膝行して近間で位を取り、更にやや前進して詰め逆十字絞に移ります。

5. 逆十字絞 形の手順、細部説明

（第一動）

取は、受が仰臥し終われば、遠間で蹲踞に構え位を取り、次いで右足から2歩膝行し近間に詰めて位を取ります。

（第二動）

取は、近間から僅かにすり寄って、両手で（左手は4指を下にして上腕部を外側から取り、右手は4指を下にして手首を内側から握って）右腕を自分の左方に移し、更に近接し、左手で受の左横襟を深く4本の指を肌側に親指を外にして握り、右手で受の左腕を押し開きながら受の体に跨り、両脚で受の体を制し、右手を左手首の上で交差させ、受の右横襟の深くを、4本の指を内に親指が外になる様にして握ります。

（第三動）

取は、両手を引きつけながら受の体にのしかかり受の頚部を絞めます。

受は、これに応じ、右手で取の左肘を上から押し、左手で取の右肘を下から押し上げて絞めを解こうとします。

取は、この機を利用して左方に横転し、両脚で受の体を挟み、両足先を組んで受を制し、引きつけて更に絞めます。

受は、両手を取の両肘に当て、絞めを逃れようとしますが、逃れることが出来ずに「参り」の合図をします。

（第四動）

取は、絞めを緩め、受は、もとのように仰臥し、取も、それにつれて絞めの形のまま受の体に跨った姿勢に復し、次いで、取は、絞

めを解き、両手で受の右腕をもとに戻し、近間に退いて踞侍に構え位を取り、更に2歩膝退し遠間で位を取ります。

　次いで、取は、立ち上がり自然本体になり、受の頭方遠間へ歩き始めると、受は、上体を起こし右手、左足を軸にしてもとに復し踞侍に構え、共に柔道衣の乱れを直し、位を取ります。

◆逆十字絞が済んでから関節技（腕縅）に移るまでの動作

　取は、受の「参り」の合図により、絞めを緩め、受は、もとのように仰臥し、取も、それにつれて絞めの形のまま受の体に跨った姿勢に復し、次いで、取は、絞めを解き、両手で受の右腕をもとに戻し、近間に退いて踞侍に構え位を取り、更に2歩膝退し遠間で位を取ります。

次いで、取は、立ち上がり自然本体になり、受の頭方遠間へ歩き始めると、受は、上体を起こし右手、左足を軸にしてもとに復し踞侍に構え、共に柔道衣の乱れを直した後、位を取ります。

関節技（1．腕緘、2．腕挫 十字固、3．腕挫腕固、4．腕挫 膝固、5．足緘）

概説

関節技は、関節を無理に逆にしたり、捻ったりする技であることから靭帯を伸ばすとか、切断するとか、脱臼するとかいう結果に陥り易く、関節技で攻める場所を制限し、比較的危険性の少ない場所に定めてあります。

この固の形の内で、関節技として採用してあるのは五種ですが、その内で足緘は形以外では用いないことになっています。

取は、最初の遠間の位置に戻り、受は起き上がり、取・受互いに踞姿に構えて相対し、位取りをした後、受は仰臥します。

1．腕緘　形の手順、細部説明

腕緘という技は、肩関節を捻る様に攻める技です。

（第一動）

取、受共に遠間で踞侍に構え位を取った後、受は、仰臥します。

取は、受が仰臥し終わると立ち上がり、受の右側遠間に進み、踞侍に構え位を取り、次いで右足から二歩膝行し近間に詰めて位を取ります。

（第二動）

　取は、近間から僅かに進んで、両手を交差させて受の右腕（右手は受の手首辺り、左手は右手の持つところよりやや上方）を持ち、自分の左方に開き、更に近接して攻める気勢を示します。

　受は、これに反応し、左手を上げて取の右襟を取ろうとします。

（第三動）

　この時取は、受の左手が取の右襟を握る直前で、その取ろうと出してくる手（なるべく肘関節が伸びきって力が抜けたところ）の手首を左手で握り（手背側が自分の方に向くように手を返し、前腕を回内位即ち親指が下側で、小指が上側にあるようにして握り）、そのまま前方にそれを押し付け、握った手首が、受の左肩とほぼ同じ高さで、その肩と約15cm離れた所に、左肘がおよそ90度の角度を為すようにして畳に押し付け（押さえつける場所と肩との距離に注意する必要があります）、同時に体を受の上に乗せかけ（体の使い方も大切です）、右手を受の左上腕の下より差し入れ、この手で自分の左手首を、手の甲を上にし、親指を下にして握り、両手首を引きしめ、体が浮かない様にして右肘を引き上げ極めます。この際左右の手首の所は、依然として畳に付いていなければいけません。ただ、右腕のみを捻ね上げるようにします。その場合、取は左膝を倒して膝頭が受の右肩の所に接しているようにし、左肘は受の左肩の上の所で畳に付けておきます。

　受は、左手首を内側に回し、左肩と腰を上げて逃れようと試みたり、腰を上げ、右腕を引き付け、体を左に捻って逃れようなどしますが、逃れることが出来なくて「参り」の合図をします。

（第四動）

　取は、この合図と共に関節技を解き、両手で受の左手、右手と順

に元に復して後、僅かに退き近間で踞侍に構え位を取り、次いで腕挫十字固に移ります。

◆腕緘が済んで腕挫十字固を始めるまでの所作について

　腕緘が済んで、取は受の右横近間で踞侍し位を取った後、次いで腕挫十字固を始めます。

2. 腕挫十字固　形の手順、細部説明

　腕挫とは、一般に腕の関節技を総称した名であり、幾種類もあります。

（第一動）

取は、近間から僅かに詰めて、攻める気勢を示します。

（第二動）

受は、これに応じ、右手を上げて取の左襟を取ろうとします。

（第三動）

　取は、瞬間（受の右肘関節が十分に伸びきった時に、手首を握って受が腕を曲げる機会も余裕も与えないように獲るのが最も少ない力で、最大の効果を得る方法であるため、腕や体を曲げるまたは捻る余裕や機会を与えないうちに）、受の右手首を右手で、左手をその下に添えて（受の右手の母指が上になり小指が下になる様に、縦に手首を握ります。受の前腕を中間位にして握ります）引き上げ気味に握り、右手首を引き上げて前胸に密着させるとともに、右足先を受の右脇下に脛を当て、足首前方を楔の様に深く踏み込みます。同時に、上体を前に屈げ、左足を受の頭上から弧を描くように回して足底を左肩の上の所で畳に付け、両股で受の右腕の上部を挟み、受の体と直角になる様に仰向けに倒れながら殿部を右踵近くに下ろして受の頚部を制し、両膝をしめて腰を浮かし、その瞬間に肘関節を引き伸ばしてさらに過伸展させて極めます。取は受の小指側を下方に、母指側を上方に向けて制します。

　受は、腰を上げ、右腕を引きつけ、体を左に捻ってこれを逃れようと試みますが、逃れることが出来ずに「参り」の合図をします。

（第四動）

　取は、関節技を解き、受の右手を両手で元に戻して、僅かに退がり近間で踞侍に構え、位を取ります。

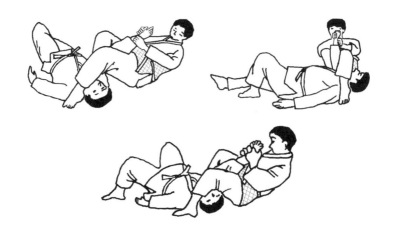

◆腕挫十字固が済んで腕挫腕固を始めるまでの所作について

　取は、腕挫十字固が済んで、僅かに退がり近間で蹲踞に構え、位を取ります。

　取は、近間から僅かに進んで受に接近します。

3. 腕挫腕固　形の手順、細部説明

（第一動）

　取は、近間から僅かに詰めて、両手で受の右腕を受の右方へ開き、左膝を開いた腋窩に挟み、受の右手が使えない様にして、更に詰めて攻める気勢を示します。

（第二動）

　受は、左手を伸ばし、取の右前襟を取ろうとします（腕挫十字固の時とは逆の手となります）。その瞬間に、

（第三動）

　取は、体を沈めて受の左手首を右肩と右頸部で挟むように制し

て、右手掌を受の肘頭部に当て、その上にこれを覆うように左手掌を上に重ねて圧迫し、左右の肘をしめて引きつけながら右脛を受の肋骨の下（右側腹部）に当ててその起き上がるのを制し、左右の肘をしめて船底形に引きつけ、体を左に捻ることによって、肘頭に圧迫を加え、両手で肘関節を極めます。

　受は、左腕を引きつけて逃れようとしますが、逃れることが出来なくて「参り」の合図をします。

（第四動）

　取は、関節技を解き、両手で受の両手をもとに復し、僅かに近間に退がり踞侍に構えて位を取り、更に２歩膝退し遠間で位を取ります。その後、自然本体に立ち上がり、取の左方、受の頭方に歩き始めます。

　受は、取が歩き始めると、上体を起こし、右手と左足とで体を支え、腰を浮かして体を右に開きながら右足を運び、左膝をつき、右膝を立てて踞侍に構え、取が、遠間で左足を退き、膝をつき踞侍に構えると、双方揃って位を取ります。

　次いで、取は、遠間から近間へ２歩膝行します。

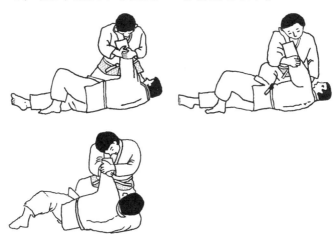

◆腕挫腕固が済んで腕挫膝固を始めるまでの所作について

　取、受相対し共に遠間で蹲踞に構え位を取ります。次いで、取は、遠間から近間へ二歩膝行し近間に進み、さらに取、受共に僅かに進み、その姿勢で右に組みます。

4. 腕挫膝固　形の手順、細部説明
うでひしぎひざがため

（第一動）

　取、受相対し共に遠間で蹲踞に構え位を取ります。次いで、取は、遠間から近間へ二歩膝行し近間に進み、さらに取、受共に僅かに進み、その姿勢で右に組みます。

（第二・三動）

　取は、一旦左手を受の右腕から離し、これを大きく内に回し、受の右腕の内側下から上方へ回し、掌を受の右肘の外上部の辺りに当てて、その腕を抱え込み制し、手首を脇下に挟んで、両手で受を前方に崩しながら、右足先を受の左内股の付け根辺りに当て、後方に倒れながら左足先を受の右脇のやや帯に近い辺り（右背側部）に当て、膝の内側を受の右肘を制した自分の左手背の上に当てて圧し、腰を右に捻りつつ右足を踏み伸ばし、両足で押し、受の右前襟をとっている右手を引きしめながら、受の右肘関節を上から強く圧し、肘関節を極めます。

　受は、右腕を突っ込んでこれを逃れようと試みますが逃れることが出来ず「参り」の合図をします。

（第四動）

　取は、関節技を解き、近間に退き、受は、起き上がり、取受共に向かい合い、蹲踞に構えて、位を取ります。

　共に、自然体で立ち上がります。

　次いで、足緘に入ります。

間合

◆腕挫膝固が済んで足緘を始めるまでの動作

　取は、近間に退いて、向かい合い踞侍に構えて、位を取り、受
も、起き上がって向かい合い踞侍に構えて、位を取ります。

　取・受共に、立ち上がり自然本体になり、足緘を始めます。

5. 足緘 <ruby>あしがらみ<rt></rt></ruby> 形の手順、細部説明

足緘は、膝関節を捻り気味に逆にする技です。
現在は乱取りで禁止技となっています。

（第一動）

取、受近間で向かい合い、共に立ち上がり、右自然体に組みます。

（第二動）

取は、両手で受を前方に引き崩しながら、左足を受の右足の左外側から回し両足の間に差し込み、体を仰向けに腰を落として畳につけながら、右足底を受の下腹部に当てて巴投の形に入ります。

（第三動）

受は、右足を一歩踏み出してこれを防ぎ、取を引き上げようとします。

取は、その機に乗じ、できるだけ腰を送り込み、右足底で受の左膝の内側に当てて押し、受を前に引き倒し左足を絡めます。左足を受の右脚の後外側から回してその足先を、受の右下腹部前に楔状に差し込みながら腰を右に捻り、更に左脚を伸ばしながら両手を引きつけ、受の膝関節を極めます。

受は、右足を踏み出し、引き上げて、体を左に捻って逃れようと試みますが、逃れることが出来なくて「参り」の合図をします。

（第四動）

取は、膝の固を解き、間合をやや離して近間で双方蹲踞に構え位を取ります。

◆ 終わりの動作

　取は、近間から二歩膝退して遠間になり、受は、一歩退いて始め
の位置に戻り、双方相対し位を取ります。

　取・受、同時に立ち上がって自然本体になり、双方右足より一歩

退いて開始時の位置に戻り直立し、次いで正坐し、互いに坐礼を交わした後起立し、正面に向かい立礼して終わります。

柔 の 形

　柔の形は、攻撃防禦の方法を、穏やかな動作で、力強く、表現的、体育的に組み立てたもので、次の十五本から成り立っている。

第一教：突出　肩押　両手取　肩廻　腮押
（つきだし）（かたおし）（りょうてどり）（かたまわし）（あごおし）

第二教：切下　両肩押　斜打　片手取　片手挙
（きりおろし）（りょうかたおし）（ななめうち）（かたてどり）（かたてあげ）

第三教：帯取　胸押　突上　打下　両眼突
（おびとり）（むねおし）（つきあげ）（うちおろし）（りょうがんつき）

形の順序の覚え方

　一、突き方（肩）は両手を取って肩を廻して腮へいく

　二、切り方（肩）は斜めに片手取って挙げ

　三、帯を取り胸まで突き上げ、打ち下ろして両眼を突く

柔の形の特徴

1. 服装に縛りがない。決まりがなく、自由でどのような服装でも、どんな場所でも、どんな時でも、自由に練習することが出来る。

1. （注意して行えば）危険性がなく、老若男女の別なく、誰でも楽しく柔道の理論を学ぶことが出来る。

1. 攻撃防禦の動作を穏やかな動作で行うから、その理合を正確かつ容易に学ぶことが出来る。

1. 伸筋を働かせたり、体を反らせたりすることが多いので、乱取りと併せ行うことによって、体の円満な発達をはかることが出来る。

1. 自然な体さばきと、無理のない変化により、美的な情操を養

うことが出来る。

1．道場など特設の場所の必要がなく、どのような場所でも行える。

1．終始立ったまま行う。

1．（眼の付け所は）相手の身体全体の所作にも注意しながら眼に視線を向けて行う。

1．（動作の速度について）最初はゆっくりと、練習が進むにつれて自然と速度を速めるようにする。

1．（形の練習の進展度に応じて）力の入れ方、抜き方に工夫を加えるようにする。

1．この形は、準備運動や整理運動さらには健康体操においても最適な運動である。

　柔の形、その他の形についても同様。

　相互の距離の規定は、身長約160cmの人がするとして規定してあるので、その人々の身長如何により実際に臨んで相当の斟酌を要する。そしてその距離を言う場合には、立っている相互の足の指先から測った寸法を言う。

※柔の形のイラストについては、講道館のご理解をいただき、講道館の資料を原著のまま使用させていただいています。

始めの動作

＊正面に向かって取は右、受は左に対峙する。

＊道場中央の一線上に向かい合って、赤畳の前で道場中央に向かって立礼。

＊道場内に進み出て、三間（約6m）離れ、向かい合って位置をとる。

＊正面に向きを変えて正面に立礼。

＊再び向かい合うように向きを変えて互いに立礼。

＊双方同時に左足からやや大幅に一歩（約90cm）前に出て、自然本体となる（二間の間合となる）。

＊両者左足から歩み足で二歩、左、右、左と進んで自然本体で立つ。この時最後の左足は肩幅で右足と平行に並ぶ（半間ずつ進み、両者一間の間合となる）。

第一教（1. 突出、2. 肩押、3. 両手取、4. 肩廻、5. 腮押）

1-1　突出

(1)　両者自然体で相対する（一間、1.8mの間合）

(2)　受は右手の五指を揃えて伸ばし、手背を外にして右手を三回にほぼ等分して、三歩目に右指先が取の烏兎（両眼の間）に当たるように前方に少しずつ上げながら、右足から継ぎ足で前進する。

(3)　取は顔を右に振り向けながら右足を左足の後方へ退きつつ身体を右に開き、右手を返し（回内位にして）、小指側を上に、手背を自分の方に向けて上に上げ、これで受の右手突きを内から受け流すとともに、この機にこの手で受の右手首を握ってこれを斜め右上方に引き出す。

(4)　受はこの引き崩しに対して体勢を保持するために右足そして左足と継ぎ足で前進して、体勢の崩れを立て直そうとする（取の右足の前に受の右足、取の左足の前に受の左足があり、取の前面と受の背面が重なる）。

(5)　取は、受が自分の前まで進み出た時、受の身体の背面が密着

するように、受の身体を取の前面に制するように、左手で受の左手首を母指を上にして順に握り、右手では斜め右上へ、左手では斜め左下方へ引き、受の左右の上肢を斜め一直線になるように引き伸ばすとともに、自分の胸腹部を一層受の背部に密着させるようにして身体を深く後方に反らせて受をその真後ろに制しようとする（受の胸はこの時に十分広げられる。右手斜め上、左手斜め下）。

(6) （受は反らされた状態から脱する方法として握られた左右の手をはずす工夫を試みる）受は左足を右足に近く引き寄せ、左手を下げて左肩を低くする一方で、右手は益々高く上に上げ、このようにしながら左肩を引き、右の肩を少し前に出しつつ右足を少し前に進め、身体も両足も少し左に捻り一回転する。同時に左右の手を相対する手の抵抗の最も少ない方向に外し、右手で取の右手首を、左手で取の左手首を、それぞれ反対に母指を上、四指を下にして握りかえる。

(7) 受は完全に一回りしたところで、受の身体の前面に取の身体の後面が密着して、受取の足や身体や左右の手の位置が先程と逆（左手を斜め上に、右手を斜め下に）になり、取の左右の上肢を引き伸ばし、攻守が逆になる。

(8) 受は左右の手を斜め一直線として身体を後ろに反らせ取を制する。

(9) （取は反らされた状態から脱する方法として、受がしたのと同じ要領で、握られた左右の手をはずす工夫を試みる）。取は右足を左足に近く引き寄せ、右の肩を少し下げ、左足を少し前に進め肩を少し前に出し身体も両足も少し右に捻りながら一回転する。

(10) 取は身体の前方に受の身体の後方が密着するように制して、母指を上に、四指を下にして受の両手首を握る。そして、右

第一教の一　突出

第四図
受手は左前隅から見た姿。
捕手は前から見た姿。

第三図
受手は左前隅から見た姿。
捕手は右横から見た姿。

第二図
白帯のは受手であって、その第一図は左横
から、その第二図は左前隅から見た姿。黒
帯のは捕手であって右横から見た姿。

第一図

第七図

第九図
受手捕手とも前から見た姿。

第八図

第六図
受手捕手とも左前隅と
前との間から見た姿。

第五図
受手捕手とも左前隅から見た姿。

第十三図
受手捕手とも左前隅から見た姿。

第十二図
受手捕手とも右横と右
後横の間から見た姿。

第十一図
受手は右横から、捕手
は左横から見た姿。

第十図
受手は右前隅、捕手は
左横から見た姿。

第十五図
受手捕手とも左横と左前隅の間から見た姿。

第十四図
受手捕手とも左前
隅から見た姿。

手は斜め上方に、左手は斜め下方に制する。

(11) （受は再び前と同じ方法でその位置を脱しようと動き始める）取は（今度は受のなすがままに任せないで）、左の手で受の左腕をその左体側に押し下げ、次いで手首から放し、掌でその左腕に沿って撫でるように摺り上げ、この手で左肩を押さえる。一方、右の手は受の右手首を強く握りながら出来るだけ真っ直ぐに高く上げた後、斜め後上方に引き上げ、両手の働きを益々利かせて受をその真後ろに崩しながら、右足・左足と後ろに退き、受の身体を後方に制する。

(12) 受は全く自由を失ったことで、左の手で自分の大腿側面をたたいて「参り」の合図をする。

(13) 取は左足・右足と前に出ながら、受の上体を前に押すと同時に、左手を添えた受の右手を受の体側に自然な状態として復して終わる。

「突出」が終わり、取は右足をやや後方に引き、続けて左足を前に進め体を右に90度開く（左体側が上席に向くように、時計回りに回って向きを変える）。

受は右足を後方に退きながら体を右に90度開き、左体側が上席に向き、取の左後隅で受の右足が取の左足の軸上となるように間合を近く取って自然本体で立つ。

1-2 肩押

(1) 受は、右手で取の右肩をその背後から押して取を前方へ押し倒そうと右手の5本の指を揃えて伸ばし、右肘を曲げながら右手掌を前方に向け、指先を上にして母指を体側に沿わせて前上方、肩の高さあたりまで上げ、一度右肩を後ろに引いて

押す体勢を整えた後、その右手掌を取の右肩背部に当たるようにして、取の身体を前へ押し倒す意気込みで、静かに、しかし強くじわじわと前に押す。

(2) 取はその力に抵抗せず、受の力に順応し、下肢はまっすぐにしたまま腰を折って（膝は殊更に曲げない）自然に肩を前に出す。受も下肢はまっすぐにして、やはり腰を折って益々押す。取の肩が前に出るに伴って受の押し方は前方から下方へ、そしてやや後方へと変化する。取の肩が下に下がって受の右手が肩から滑り出る様になるときには受の押す力の方向はやや後ろ向きとなっている。

(3) 取はこの様に押されるので右足から後方へ継ぎ足で退く。が、依然と押されるので同様に右足・左足と継ぎ足で退き、受の右手が肩から滑り出てくるところを取は右手の母指を上にして受の小指側から掌にあて、4指は手背から指背に下方から当て4指を握り、身体の安定を保ちながら、右足から再度数歩退き、右腕を制する。

(4) そのままだと受は肩の関節が無理に捻られて、取から制せられそうになるので、体を低め、右足の踵を軸にして、左足の爪先で弧線を描くように身体を回転させる。取と相対する少し前に、左肘を屈げ、体側に添えて掌を上に向け、指を揃え、指先で取の両眼の間（烏兎）を突いていく構えを作り、右足を軸に、左足を大きく一歩進め、両眼の間を突いていく。

(5) 取は左足を後ろに退きながら左手で受の左手を迎え、小指側から母指を上にして受の左手掌面にあて、4指は手背から指背に下方から当て4指を握り、突いてきた方向に引き出す。同時に取は、右手で受の体を右足を軸に回転させつつ右足を右方に移し、受の両手をそれぞれ引き上げ、受を後ろ向きに

したところでさらに、左右足を少し後ろに引き、受の両手を上斜後方へ引き上げて制する。

(6)　受はどちらかの足を一足後ろに引いて「参り」の合図とする。

(7)　取は左、右と一歩出て受を自然体にもどし、自分も自然本体となり、この形を終わる。

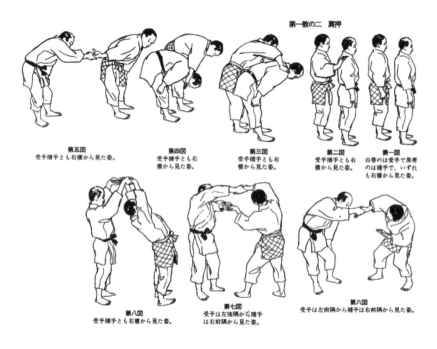

第一教の二　肩押

第五図
受手捕手とも右横から見た姿。

第四図
受手捕手とも右横から見た姿。

第三図
受手捕手とも右横から見た姿。

第二図
受手捕手とも右横から見た姿。

第一図
白帯のは受手で黒帯のは捕手で、いずれも右横から見た姿。

第八図
受手捕手とも右横から見た姿。

第七図
受手は左後隅から捕手は右前隅から見た姿。

第六図
受手は左前隅から捕手は右前隅から見た姿。

「肩押」が終わり、取はまず、左右の足の軸を同時に少し右方向にずらした後、受の右側（下坐）を左足から歩み足にて左、右、左、右、左（受と同方向を向くように受の左足の後方に）、右（受と同方向を向くように受の右足の後方に）と受と相対するように回る（正面に向かって取は右、受は左にやや近い〈約45cm〉間合で相対し、それぞれ自然本体に立つ）。

1-3　両手取

(1)　受は体側に下垂した両肘を少し外に張るようにして体側後方に軽く引き掌を体側に向けた攻撃の構えを作った後、その位置で体を少し前に屈め、両手で取の両手首を前から親指を内側にして捕らえ抑え、取の自由を制しようとする。

(2)　取は受の攻撃に応じ、先ず握られた両肘を少し外に張る様にして両手を体側後方に引き、受の体勢を前方に引き出す（受の身体は前のめりとなり爪先立ちとなる）と同時に、取は左足の足先をやや左に向けながら少し斜右後方に退いて身体を僅かに左に開き、左右の手首の関節を返し（背屈・橈屈させる）、左手では受の右手首を下から握り返し（母指は内側）、受を益々前に引き出し、受の体勢をその右前隅に引き崩す。

(3)　右手は手指を伸ばし指先を上に向けて前に上げ、肘を屈げながらこの手を体前に近く、左方へ差し入れ、右前腕を梃子にして受の左手の握りを押し外し、こうする一方取は、（受の左手握りからの拘束から逃れるとともに、受の左手を制するようにしながら指先を上に向けつつ逆梃に前方に上げながら膝を屈げ）腰を低くしつつ右足を受の右足のやや前内側へ進め、この足を軸にして体を左に回し、ここで既に左手で握って引いている受の右腕の肘の上部を上から右手で順に握り、

(4)　取は受の右腕を自分の右脇下に十分に抱え込み、右手の働きをも加えて、両手を益々利かせ、受の体を釣り込むようにしてその右前隅に引き崩す。取はこの時、膝を屈げて腰を低く下げ、左足を受の左足の前内側へ退き回して体を左に開き、自分の背面を受の前面、胸腹部に密着させる。こうして、受の体勢を極度に崩し、体を沈めながら受を腰にのせ、膝を伸

ばして身体を深く前屈して受の身体を制する。

(5) 受は、取の腰投（釣込腰）に掛けられて全く自由を失い、脚
は揃って伸び、足先を真っ直ぐにし、頭を下に足先を上に、
体が斜めに一本の棒のようになり、取の投技に掛かった状態
となる（受は、左手の指先を下にして、取の左腰に当て体を
安定化させるが、体は十分に反らされ、両脚は揃えて伸ばさ
れ上げさせられ、全身を硬直させ身体を反らさせられる為）、
暫くの後左手で取の左腰を軽く打ち、「参り」の合図をする。

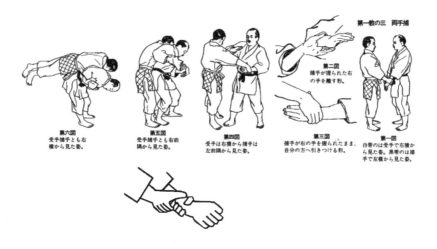

第一教の三　両手捕

第二図
捕手が握られた右
の手を離す形。

第三図
捕手が右の手を握られたまま、
自分の方へ引きつける形。

第一図
白帯のは受手で右横か
ら見た姿。黒帯のは捕
手で左横から見た姿。

第四図
受手は右横から捕手は
左前隅から見た姿。

第五図
受手捕手とも右前
隅から見た姿。

第六図
受手捕手とも右
横から見た姿。

「両手取」が終わった位置すなわち正面を左にして、取は前、受
はその後ろに間合を近く（約45cm）取り、それぞれ自然本体で立
つ。

1-4　肩廻

(1) 受は両肘を曲げながら両手掌を前方に向け、母指を体側に沿
わせて肩の高さまで前方に上げ、左手を取の左肩前部に、右
手を取の右肩背部に当て、左手は引き、右手は押し、受の肩

を捻り回して取を制しようとする。

(2) 取は受の力に反抗せず、足の位置は固定した状態で腰を中心に体を左に捻る。受の攻撃に応じて両足を小足に踏みかえつつ、体の向きを左回りに一回転しながら、左手を返し、左手の小指側を上にして肘を屈げ前上に上げ、掌を受の左前腕小指側に当て受の左手を押し制した後、掌を受の右肩前方から右上腕内側に沿って肘関節部あたりまで滑りおろし、内側から握る（この時、受の左手は自然に下がる）。左足をわずかに退いて、左手で受をその右前隅へ浮き上げ気味に引き崩しながら、

(3) 右足を爪先で弧線を描く様に受の右足の前内側に進め、体を転じつつ体を沈めながら、左足も腰と共に180度捻って受の左足の前内側におく。

(4) 右肩を受の右腋窩に入れながら、右手も受の右腋窩から差し入れて受の右肩に当て、右腕で受の右腕を下から抱き、右掌を受の右肩の辺りにあててこれを上から抑えるとともに、左足を受の左足の前内側へ引き回し、受を「右一本背負投」で投げ得る体勢に入る（取の左手は掌を受の腕側に向け、受の右腕を取の胸に押さえつけ、右手は受の肩の辺りを押さえ、静かに前に屈む）。次いで取は、静かに、両膝を伸ばし、上体を深く前に屈げて受の体を背負い上げる。

(5) 受は左手指先を下にして掌を取の左腰に当て、両脚を揃えて真っ直ぐに伸ばし、体を十分に反らし、足を後上方に高く上げる。この形を5秒程続ける。左手で取の左腰の当たりを2〜3回たたき「参り」の合図とする。

(6) 取は技を解き、受の体を下ろす。

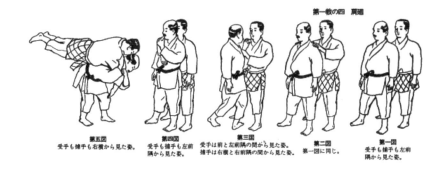

第五図
受手も捕手も右横から見た姿。

第四図
受手も捕手も左前隅から見た姿。

第三図
受手は前と左前隅の間から見た姿。捕手は右横と右前隅の間から見た姿。

第二図
第一図に同じ。

第一図
受手も捕手も左前隅から見た姿。

　取は「肩回」終了後その位置から左足・右足・左足と歩み足で前進する。が、その三歩目に二歩目の右足を軸にして90度体を右に開き、左右の足は一線上に並び、背中が正面に向くように自然本体で立つ（受に対して約三歩の間合で受を右側方に置く位置取りとなる）。

1-5　腮押

⑴　受は（取がその位置を取り終えたところで、腮を右横から右手指先で突き押し、体勢を押し崩そうと）右手の五指を揃えて伸ばし、母指を上に手背を外にし、次第に前上方に上げながら三歩目に取の腮に当たるように、右足から継ぎ足で前進する。

⑵　取は（受の右手指先が取りの腮に達する直前）腮を引き、頭を左に回しながら受の右手突きを外すと同時に、左足を僅かに右斜後に退いて身体を少し左に開くと共に左足を90度左に向ける。受が攻撃をかわされて体が前によろめく一瞬、取はすかさず右手を順に、指先を上にし、掌を手前に向けて前上に上げ、母指腹を受の掌にあて、四指腹を受の手背にあて握り、受をさらにその攻撃の方向に引き出して、その体勢を

崩そうとする。

(3) 取は（受の右腕を捻って制する目的で）左足を軸にして右足を左足の左斜前方に大きく一歩進めながら、身体を低め、受の右腕の下をくぐって左に一回転（180度）し、受の方に向き直るやいなや受の右腕を捻って、受を制しようとする。

(4) 受は（取が一回転し受に相対してこようとする時）左足を前に進めながら、左肘を屈げて体側に添え、五指を揃え、掌を上、手背を下にして指先で取の両眼の間・烏兎を突いていく。

(5) 取は（受の突きを迎えて）左手で受の左手を小指側から母指を上、四指を手背側に下方から当てて握り、左足を退き自然本体になりながら、受の両腕をそれぞれ後上方へ引き伸ばせば、

(6) 受は左手とともに進めてきた左足を軸にして、右足を後方に引きながら体を捻って後ろ向きとなる。

(7) 取は自然本体の姿勢を堅持しつつ、ここで一度受の両腕を十分引き伸ばして受をその真後ろに制し、然る後、受の両手をそれぞれ肩の上に押し下げて受の身体をその両踵に益々載せ、受を完全に制する。

(8) この時受は胸を十分に開く。取の押さえが緩めば直ちに変化する体勢でいなければならない。受は一方の足を少し退けて「参り」の合図をする。

(9) 取は左足、右足と一歩前に出て受の両手を緩め、技を解き、身体を元に復す。

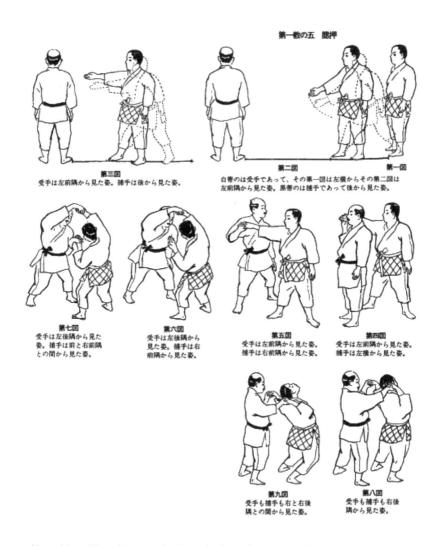

第一教の五　腰押

第三図
受手は左前隅から見た姿。捕手は後から見た姿。

第二図
白帯のは受手であって、その第一図は左横からその第二図は
左前隅から見た姿。黒帯のは捕手であって後から見た姿。

第一図

第七図
受手は左後隅から見た
姿。捕手は前と右前隅
との間から見た姿。

第六図
受手は左後隅から
見た姿。捕手は右
前隅から見た姿。

第五図
受手は左前隅から見た姿。
捕手は右前隅から見た姿。

第四図
受手は左前隅から見た姿。
捕手は左横から見た姿。

第九図
受手も捕手も右と右後
隅との間から見た姿。

第八図
受手も捕手も右後
隅から見た姿。

　第一教が終わり、双方共に中央へ左足から歩み足で三歩、左、右、左と進み、受は最後の右足を左足の線まで進め、相対するように180度身体を回しながら自然本体で相対する。互いの間合は二歩（約90cm、半間）。取は正面が右側に、受は左側にある。

第二教（1．切下、2．両肩押、3．斜打、4．片手取、5．片手挙）

2-1　切下

(1) 受は自然本体から右足を退き、体を右に開いて右向き（背が正面を向く）になりながら、右手の五指をそろえて伸ばし、掌を前に向け、右横から真上に高く挙げ、次いで体を左に捻って左に体の向きを変える。同時に手と足も方向を変える（足は左足が一歩前に出て左方を向き、手は小指側が取に向くようになる）。

(2) 受は腰を据えつつ右足を大きく一歩取の前に踏み出し、右手刀で取の頭上に力強く切りかかる。

(3) 取は受の手刀が頭上に達しようとする瞬間に、受の攻撃を外すために頭を後ろに反らせ、手刀が顎に達しようとするところで右足、左足と継ぎ足で一歩退く。

(4) 取は受の手刀が顔面をかすめて取の下腹あたりまで下がってきた時、右手を順にして受の右手首に上からかけ、これを前下方へ押し下げつつ握り、先ず右足、次いで左足と継ぎ足で進み出しながら約2歩半受の手首を押し進み、受をその右後隅に押し崩そうとする。

(5) 受はこれに順応しながら、右足を退いて身体を右に開きながら取の押す力の弱まるところで左手を返し指先を下にして、小指側を上にして前に上げ、掌を取の右肘に当てがい、押し回すことによって受の右手を握った取の右手をはずすとともに、さらに左手の押しを利かせつつ押し放そうとする。

(6) 取はこれに順応しつつ左足を軸にして、受の左腕の下をくぐって体を左へ大きく回転させ、右足を受の左斜め後方へ進

めて体を起こし、やや自護体になりながら右肘を右方へ張って受をその左後隅へ崩す。

(7) 受を左後隅へ崩したまま左手を右腋の下から差し入れ、母指を受の左手掌に当てて四指を握り、受の体をその左後隅へさらに崩しながら、

(8) 左足を受の左後方へ一歩踏み出し、次いで、

(9) 受の両足に対して取の右足をまさに正三角形となる様な後方の位置に進め、右手を受の左肩の上に当てて体を左に開き、左手で受の左手掌を上にして大きくその左後上方へ引き上げ、左足を右足の後方へ大きく一歩退き、受の身体に対してＴ字状にその後方に位置をとり、自護体の様な体勢となりながら、取の左手母指を受の手背側として四指を握り、大きく上に引き上げて制する。

(10) 受は右手で軽く右外股を打って、「参り」の合図をする。

(11) 取は左、右足と前へ進め、受の左手に両手を添えて左体側に下垂するように復して終わる。

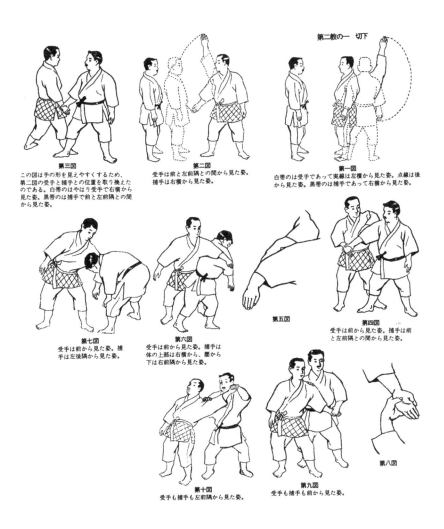

第三図
この図は手の形を見えやすくするため、第二図の受手と捕手との位置を取り換えたのである。白帯のはやはり受手で右横から見た姿。黒帯のは捕手で前と左前隅との間から見た姿。

第二図
受手は前と左前隅との間から見た姿。捕手は右横から見た姿。

第二教の一 切下

第一図
白帯のは受手であって実線は左横から見た姿。点線は後から見た姿。黒帯のは捕手であって右横から見た姿。

第七図
受手は前から見た姿。捕手は左後隅から見た姿。

第六図
受手は前から見た姿。捕手は体の上部は右横から、腰から下は右前隅から見た姿。

第五図

第四図
受手は前から見た姿。捕手は前と左前隅との間から見た姿。

第十図
受手も捕手も左前隅から見た姿。

第九図
受手も捕手も前から見た姿。

第八図

「切下」が終わったら、受は右足を軸にして左足を引く。取は左足を軸にして右足を受の前に進める。共に正面を左にして一歩（約45cm）の間合で自然体で立つ。

2-2 両肩押

(1) 受は両手の五指を揃えて伸ばし、肘を曲げながら母指を体側に沿って摺り上げ、胸部のあたりで、両掌を返し指先を上にしてさらに高く挙げ（万歳した時のように両手を伸ばす）、次いで、両腕を伸ばしたまま両手掌が取の両肩に当たるように下ろし、自然本体のまま両肩を押し下げる。

(2) 取は両肩を押さえつけられる力に順応して、膝を屈げて腰を落とし、身体を低め、爪先立ちとなる。そこで左足を右足の後方へ退き、体を左に回して受に向かい合う頃、

(3) 左手背を外に向け、指先を上にして前に上げ、受の右手首を下からつかみ前方に引くとともに、右手の四指を外側に、母指を内側にして左手の握りとクロスするように外側から、左手よりも遠位側の手首を握り、体を低くしたままで、左足を右足の後方へ退いて受の体を前方へ引き崩す。受と同じ向きになる頃、取は左手の握りを右手より遠位側に内側から順（四指が左側、母指が右側）に握り替えつつ、小足で前方へ数歩進みながら、体を少しずつ伸ばし、両手で受の右腕を前上方へ引き伸ばし、前方へ崩して背後に引き付け、受の右腕を右肩の上に引き担ぐ様にして次第に膝を伸ばして右肩越しに投げようとする。

(4) 受は引かれて右足をわずかに進める。受は左手を取の後ろ腰に指先を下にして当て、取の身体を前へ押すようにするが、それでも引かれて数歩前進する。

(5) 受の左手は取の後ろ腰を一層強く押す。そこで取は腰を左に捻り、受の左手の押しを外すと同時に右足を右斜め後方へ大きく退いて身体を開き、右手の右斜め上方への引きを強め、左足を「受」の後方へ自護体ぎみに踏み込ませて、左腕をわ

ずかに曲げ、肘部を受の胸部に当てて受の身体をその後方に
制する。

⑹　受は左手で参りの合図を送る。

第二教の二　両肩押

第四図
受手は左前隅から見た姿。
捕手は右後隅から見た姿。

第三図
受手は左横から見た姿。
捕手は前から見た姿。

第二図
第一図に同じ。

第一図
受手も捕手も左横から見た姿。

第八図
受手も捕手も左
後から見た姿。

第七図
受手は左前隅から見た姿。捕
手は腰から上は左後隅、腰か
ら下は左前隅から見た姿。

第六図
受手は左前隅から見た姿。
捕手は左後隅から見た姿。

第五図
受手は左前隅から見た姿。
捕手は後から見た姿。

第十図
同上。

第九図
受手も捕手も大体前から見た姿。

「両肩押」が終わり、取、受共に受を前にして中央に戻り（受は
右、左、右、〈回り込むように右足の前へ〉左、〈回り込みながら〉

右足を進める）、正面に向かって取は右、受は左に約45cmの間合で相対する（取は右側が、受は左側が正面）。

2-3　斜打

(1)　受は右手の五指を揃えて伸ばし、右肘を曲げて右手を左肩上方に斜めに振り上げ、右手刀で取の両眼の間・眉間（烏兎）に小指の付け根が当たるように打っていく。

(2)　取は上体を反らせて受の手刀を外し、その右手が左斜め下に下がった頃、左手を返し四指を上に、母指を下にして受の右手を内から外へ払いながらその手首を内側から握り、これを斜め下に制し、同時に右足を前に進めながら右手掌を下に向けて五指を揃えて伸ばし、前に上げ、指先を中指と薬指との間で二つに分け、これで受の両眼を突いていく。

(3)　受は取のこの攻撃に対して、左足を一歩退けて身体を左に開きながら左手背を上にして、取の両眼突きを内から払い流し、右手首を内側から握り、突いてきた方向へ引き出し、取の体勢を反対に前方へ崩そうとする。

(4)　取は左足を一歩進めて身体の崩れを整えながら受の右手首を握っていた左手を離し、この手で受の左手首を、四指を上にして握って押し、握られていた右手を自由にするとともに、左手の押しを益々利かせて受の動きを制しようとする。

(5)　受は右手を返して指先を下にして掌を取の左肘に手前から当て、取の左手の押す力を利用しつつ取の左肘を右方に回しながら押し、握られていた自分の左手を押し離す。

(6)　取は受に左肘を押されるので左足を軸にして膝を屈げて身体を低めつつ右足を受の左足後方に退いて身体を右に一回転し、受の身体に対しT字型の頭、横棒の位置をとる。

⑺ 右腕で受の身体を後ろから右腰にかけて深く抱きかかえ（この時、受の右足は左足に寄せられる）、左手は浅く受の左下腹部（ベルトの位置あたり）に指を上向きに当て、膝を伸ばし、腰を前に張り出し、身体を反らせ、受を抜き上げる様に高く抱き上げて裏投げ様に制する。

⑻ 受は両足が地から離れた時、両腕を十分に伸ばした後、両手を打ち合わせて「参り」の合図を送る。

⑼ 取は技を解き、受を下ろす。

第二教の三　斜打

第四図
受手は前から見た姿。捕手は右横と右前隅との間から見た姿。

第三図
受手は前から見た姿。捕手は右後隅から見た姿。

第二図
受手は左前隅から見た姿。捕手は右横から見た姿。

第一図
白帯のは受手であって、点線は左横から実線は左前隅から見た姿。黒帯のは捕手であって、右横から見た姿。

第八図
受手捕手とも左前隅から見た姿。

第七図
受手捕手とも前から見た姿。

第六図
受手は前から見た姿。捕手は上体は左横から、下体は左前隅から見た姿。

第五図
受手は前から見た姿。捕手は前と右前隅との間から見た姿。

「斜打」が終わると、取は左足を引き正面に向くように左、右と受の左横に並び、両者共に正面に向かって自然本体で立つ。

2-4 片手取

(1) 受は左手前腕を内旋し、小指側を上にして、取の右手首を手前から握り、取を制する。取の右手首をしっかりと握って緩めない。

(2) この時取の右手は幾分押されるようになる。そこで取は、その力を利用して押された方向にその手を少し動かしながら、握られた右手の五指を揃えて伸ばし、右足を左足のやや前内側に踏み入れるように一歩前へ進めつつ、掌を下に向けたまま肩の高さまで前に上げ、右肘を外へ張り気味にして少し内に曲げ、前腕部で挺子を利かせると、取の右手首は受の左手から離れそうになる。

(3) （取が右足を踏み出すのにつれて、取の右手首を制している左手が離れそうになるので）受もまた右足を一歩右斜め前に踏み出し、右手の掌を左手の下から取の右肘に外側から当てて押しながら、左手を離し、右手の押しは強めながら自由になった左手を取の左肩の上に掛けて手前に引きつけ、取の身体を左回りに捻り回してその体勢を崩そうとする。

(4) 取は受のなすがままに任せながら、両足の位置をそのままにして上体だけを左に捻り回し、左手を受の右腋下から帯に沿って深く差し入れ、この腕で受の身体を左「浮腰」になるように抱き込み、右手は受の左肘の辺りを自分の左脇に引き付けて押さえる。膝を伸ばした後、上体を前に屈げて制する（ただし、受の両脚を高く上げさせるために取の腰はなるべく深く入り、左足は必ず受の左足の内側に置くようにして「大腰」の形にする）。

(5) 受は体を十分に反らし、両足を揃えて爪先から伸ばし上げた後、右手で軽く取の右腰を打ち「参り」の合図をする。

(6)　取は技を解き、受を下ろす。

第二教の四　片手捕

第四図
第三図に同じ。

第三図
受手捕手ともに右後隅より見たる姿。

第二図
第一図に同じ。

第一図
白帯は受手、黒帯は捕手、
共に前より見たる姿。

第六図
捕手の左前隅より見たる姿。

第五図
受捕ともに左前隅より見たる姿。

　「片手取」が終わって、取は右足を左足の左側に反時計回りに体を
回しながら進め、次いで左足、右足、左足と歩み足にて受の下坐を
回り、五歩目の右足を進める時、受と正対するように体を左に開
く。継いでくる左足は右足の左側に自然体の歩幅に回し込み正面に
向かって右側に位置する。

　受は左足を右足前方へ進め、向きを変えるために時計回りに後ろ
向きの形で右足を左足の左方へ進め、約一間半（約2.3ｍ）の間合
で相対し、共に自然本体で立つ。

2-5　片手挙

(1)　受、取共に同時に体側につけていた右手の掌面を前方に向け
　　（前腕を外旋させ）、五指を揃えて伸ばし右手に力をいれ、右

横から次第に真上まで指先が弧線を空中に描くように側方へ上げ、真上にきた時に両足を引き付け爪先立ちとなると同時に、掌面を内方へ向ける（前腕を内旋させる）。

(2) 双方爪先立ちのまま小足で始めは緩やかに、次第に速度を速めながら前方へ進み近付く。

(3) 双方四、五歩進んだところで正面衝突しようとする瞬間（右足爪先が接しようとする時）、取は間一髪、素早く左足を軸に右足を退け、身体を右に開くとともに右腕を伸ばしたまま受の右腕を外す。

(4) 受は突進を外され、勢い余って右足を大きく前に踏み出し、その膝が屈がり、身体は自然に右半身となり、前方によろめき、右腕が下がる（受は前、取は後ろで、右足と右足、左足と左足がそれぞれ前後に重なる）。

(5) 取はこの機に乗じ、受の背面に胸腹部を接しながら、右手では受の右肘を母指を上に四指を下にして外側から制し、受の右腕を右横下に押し下げ、左手で受の左肩に側方から当てて、受を右横に押し下げ、受の体勢を極度に右側方に押し崩す（この時には取の右手は受の右手首を、左手は受の左上腕部を制している）。

(6) 次いで、受は体の安定を保とうとして取の力に強く反抗し、その位置で左方に起き上がろうとする。

(7) 取は、受の起き上がろうとする力を利用しようと、両手の力を緩めて受を起き上がらせ、今度は反対にその左横へ押し屈げる。この時、右手は受の右肘を後外側から握ってその腕を上に上げ、左手は受の左肩から左肘外側に摺り下ろして順に掴み、これで受の上体を左横へ押し下げ、この位置で受を左側方に制しようとする。

(8) 受はなおも起き上がろうとする。ここでも取は受のこの力に

逆らわず、押し手を緩めて受の身体を右の方へ起こしてやる。

(9) 受が身体を起こして真っ直ぐになった瞬間、取は受の身体を両手と身体で抜き上げる様にしてその後方に引き崩しながら、取は左掌を受の左肘から左肩上まで摺り上げてここを押さえ、右手では受の右肘部から手首まで摺り上げて順（母指が内側）にしっかりと握って上方へ引き上げる。左右の手で受の身体を益々その後方に引き崩す。

(10) こうした後、取は右足から継ぎ足で一歩退いて自然本体となり、両手の働きを益々利かせて受を完全にその後方に制する。受は左手で自分の体側（大腿外側部）をたたいて「参り」の合図をする。

(11) 取は左足から一歩進み出て右手を緩め技をとく。

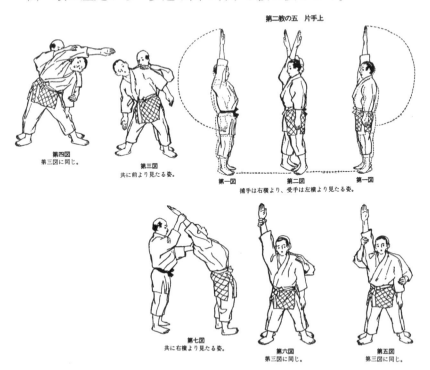

第二教の五　片手上

第四図
第三図に同じ。

第三図
共に前より見たる姿。

第一図

第二図
捕手は右横より、受手は左横より見たる姿。

第一図

第七図
共に右横より見たる姿。

第六図
第三図に同じ。

第五図
第三図に同じ。

「片手挙」が終わり、取は右足を、受の右足の右横に進め、体を右に開いて右体側を正面に向け（正面に向かって右）、受は右足を左足の後方へ退け体を左に開き、左体側を正面に向け（正面に向かって左）、双方約一歩（60cm）の間合に相対する。

第三教（1. 帯取、2. 胸押、3. 突上、4. 打下、5. 両眼突）

3-1　帯取

(1) 受は左足を少し踏み出しながら、両手の手首のところが交差するように（左手を上にし、どちらも手背が上）肘を屈げ、上肢をおよそ肩の高さ近くまで大袈裟に上げた後、取の帯を捕ろうとする。

(2) 取は両足をそのままで腰を少し引いてこれを避け、右手を返し、手背を下に掌を受の左手首に下方から当て握り、受を（取の）左前方に引き出し、左手も返し手背を下にして右腕の上から交差させ前に出し、受の左肘を迎え下外側から当て、さらに左前方へ引き出す。

(3) そこで受は、左足を斜め前、取の左足の前にまで進める。

(4) 取の右手は左方への引きから押しへと変わり、右手をそのまま押しながら、左手を受の左肘頭部に当て上方へ押し上げながら受を回す（この時、左手は受の右肘のところで母指が上方、四指が下方の矢筈形に変わる）。そして取の右手が押すのに届かなくなったら、押すのを左の手に任せて離し、受の右肩が接近したところで肩に手をかけ手前に引き、受の身体の回転を助ける。

(5) 受は回転しながら右の掌を取の右肘に下から当て、右足を左

足の後方に退き、身体を右に回転させ取を引き出す。右手は
引き上げながら、取の右肘上部で、母指を近位に、四指を遠
位とした矢筈形に変えて取を引き回す（取の肘を外側から押
すので実際は取の右腕を引き崩す様な恰好となり、受は左回
りに、取は右回りに回転する）。

(6) 取は引き出されるままに右足を左足の前方に一歩引き出され
ながら半回転して受に背を向ける。

(7) さらに受は、取の左肩が受の方に回ってきた時、左手掌を取
の左肩先にかけて引き、右の手では肘を引いた後、押し、受
を回転させる。

(8) 取は、両足の位置をそのままにして、上体を捻り、身体を半
回転すると丁度腰投げを掛けるに便利な姿勢となる。そこで
浮腰同様に腰をいれ、左手を受の右腋下から後帯に沿って差
し入れ、身体を少し捻りながら屈げて抱え、右手で受の左上
腕部を握り左前胸部に密着させ抱き、左「浮き腰」で制する
（ただし、受の両脚を高く上げさせるために「大腰」の形に
する）。

(9) 受は体を十分に反らし、両脚を揃えて真っ直ぐに伸ばして上
げた後、右手で軽く取の右腰を打ち「参り」の合図をする。

(10) 取は技を解き、受を腰から下ろす。

第三教の一　帯取

第一図
黒帯のは捕手であって左横から見た姿。白帯のは受手であって右横から見た姿。

第二図
捕手は左横と左前隅との間から見た姿。受手は右前隅から見た姿。

第三図
捕手は腰から上は前、腰から下は左前隅から見た姿。受手は腰から上は前、腰から下は前と左前隅との間から見た姿。

第四図の甲
捕手も受手も左横から見た姿。

第四図の乙
捕手も受手も前から見た姿。

第五図
捕手は左前隅から見た姿。受手は右後隅から見た姿。

第六図
捕手は右横と右前隅との間から見た姿。受手は右横と右後隅との間から見た姿。

第七図の甲
捕手は腰から上は後、腰から下は後と右後隅との間から見た姿。

第七図の乙
捕手は腰から上は左前隅、腰から下は左横から見た姿。受手は左前隅から見た姿。

第八図
捕手は腰から上は前、腰から下は前と左前隅との間から見た姿。受手は腰から上は左横、腰から下は左前隅から見た姿。

第九図
捕手は前と左前隅との間から見た姿。受手は左横と左後隅との間を左肩上の方から斜めに見た姿。

　「帯取」が終わり、取は右足を左足の前方へ進めると共に体を右に開き、取は右体側が正面となるように正面に向かって右、受は左体側が正面となるように左に、やや近い間合（約25cm）で相対し、それぞれ自然本体で立つ。

3-2 胸押

(1) 受は右肘を曲げ指先を上方に五指を揃えて伸ばし、掌を取の方に向けて体に沿わせながら右肩の前に上げ、まず右肩を後方に引いて押す体勢を整え手根部で取の左前胸部を押していく。

(2) 取は押されて少し後ろに胸を反らせながら、左手（手首を返し手背が取側に向く）を矢筈（四指を揃えて伸ばし、示指と母指との間を大きく開いた形）にして、下から受の右手首に当てて外しながら押し上げる。

(3) 同時に取は右手で逆に受の左前胸部を押していく。

(4) 受は胸を反らせながら左手を取の右手首に当て押し上げ、その手首を下から握って上へ押し上げる。取と受とは互いに相手の左手首を握りあって相対する。

(5) 受の注意は左手に、取の注意は右手にいくから受の左手と取の右手が上がる。受はこれに順応して、右手で取の左手首を握って右斜め下へ引き、左手で取の右手首を握って左斜め上へそれぞれ引き伸ばして、相手を制しようとする。

(6) 取は、（握られている右手を外そうとして）左手を自分の体の前に引き下げ、左肩を下げ、左足を右足の前に進め続いて今一歩右方へ開き、右肩を後方へ引く。一方、握られて上方へ伸ばされている右手は内方へ屈げて受の握りを解き、逆に受の左手首を握りかえす（母指が近位、四指が遠位）。

(7) この間に受は右手の握りを保持しようとして右肩を下げ、左肩を後方へ開き、右足を左足の前からいま一歩左方へ移し、取の左手首を握る。こうして取の左肩と受の右肩が互いに接した後、取・受互いに背中合わせの形（取の右手は下方に、左手は上方にある）となる。

(8) 続けて、同じ方向へ互いに向かい合うまで回転し、取は右手で受の左手首を握って（手背が上）右斜め上方へ引き伸ばし、左手で受の右手首を握って左斜め下方へ引き伸ばし（手背が下）、体をやや左に向け（左足先がやや左方へ変わる）、受の右手首を左腰に引き付け、受を右後隅へ制する。

(9) 取は、左の手は十分に引き、手首を握っていた右手は離してしまわないで、四指が上になるように手の向きを変え、掌を受の左腕に沿って摺り下げ、左上腕の肘のあたりまで滑らせ、右足を一歩受の後ろに踏み出しながら、受の右手首を腰のあたりに制御し、腰を落として少し押し気味にして自護体となりながら受を右後隅へさらに崩しながら制する。

(10) 右足、左足と受の右足後方へ大きく踏み出し、やや体を低めて受を後方へ制する（この時、受は左足をわずかに後方へ引いてこれに応ずる）。

(11) 受は左足をわずかに退いて「参り」の合図をする。

(12) 取は技を解いて受を元に戻す。

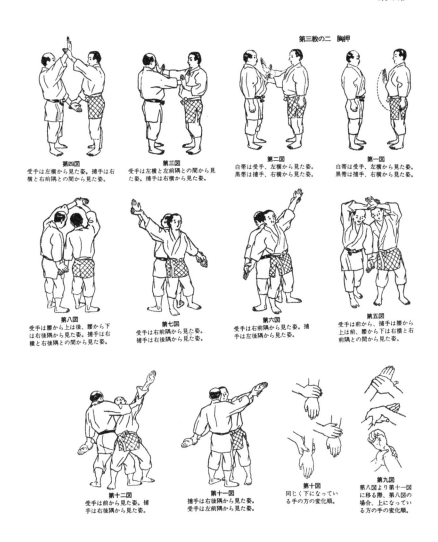

第三教の二　胸押

第一図
白帯は受手、左横から見た姿。
黒帯は捕手、右横から見た姿。

第二図
白帯は受手、左横から見た姿。
黒帯は捕手、右横から見た姿。

第三図
受手は左横と左前隅との間から見た姿。捕手は右横から見た姿。

第四図
受手は左横から見た姿。捕手は右横と右前隅との間から見た姿。

第五図
受手は前から、捕手は腰から上は前、腰から下は右横と右前隅との間から見た姿。

第六図
受手は右前隅から見た姿。捕手は左後隅から見た姿。

第七図
受手は右前隅から見た姿。捕手は右後隅から見た姿。

第八図
受手は腰から上は後、腰から下は右後隅から見た姿。捕手は右横と右後隅との間から見た姿。

第九図
第八図より第十一図に移る際、第八図の場合、上になっている方の手の変化順。

第十図
同じく下になっている手の方の変化順。

第十一図
捕手は右後隅から見た姿。受手は左前隅から見た姿。

第十二図
受手は前から見た姿。捕手は右後隅から見た姿。

　「胸押」が終わり、取は右、左と元に復し、取は右体側が正面となるように正面に向かって右、受は左体側が正面となるように左に、約二歩（約75cm）の間合で相対し、それぞれ自然本体で立つ。

3-3　突上

(1) 受は顔を取に向けたまま、先ず右足を大きく一歩退けて身体を右に開きながら、右肘を伸ばし、掌を下にし、5指を十分に開いて伸ばして後上方に振り上げる。

(2) 次いで、右上肢を振り下げるその途中、お尻のあたりから徐々に肘を曲げつつ拳を作り、右足を一歩前に進め、取に近寄りざま手背部を下にした拳で取の顎を下から突き上げていく。

(3) 取は一瞬顎を引き、上体を反らせて受の拳を外すとともに、右手を今外した受の右拳へ被せるようにして捕らえる。と同時に、左手を受の右肘に当て、左足を進め、受を左回りに回す。

(4) 受は取に回されながら体の安定を保とうとして、左足を軸に右足を自分の前方へ回しながら進め、左へ一回転する。

(5) 取は受を回す途中、取の右手は届かなくなるが左手は続けて押し回す。左足を軸に一回転して再び取に向き合おうとする時、受の右肘に当てた左手を引くと同時に左足を右足近くに退き、受の右足を出させ、受を引き出す。そうしておいて後、右肘に当てた左手で益々押し上げ、受の右腕を肩の高さまで押し上げる。

(6) 益々受を制するため左足を少し前に進め、右手で受の肘を押しその後隅へ押し崩す。

(7) 受の右腕を一層押し上げ、取は右の手で受の右手を益々深く抱き込もうと右手を受の右肩越しに差し入れ、同時に右足を受の右足の外側からその後方に踏み出して左足を継ぎ身体を心持ち捻りながら、左右の手が交差するように右手を左の手と胸との間に差し入れ少し身体を屈め自護体となり、右手掌

を左前腕に当てて肘を益々押し上げ、受の右腕を「腕緘」の
形で制する。

⑻　引き続いて取は右足を受の左後隅の方へ深く踏み込み、手は
抱き込み、受を制する。

⑼　受は左手で「参り」の合図をする。

⑽　取は技を解き受を元に復する。

第三教の三　突上

第一図
黒帯は捕手、左横から見た姿。
白帯は受手、右横から見た姿。

第二図
捕手、左横から見た姿。受
手、右横後隅から見た姿。

第三図
捕手、左横から見た姿。受
手、右横後隅から見た姿。

第四図
捕手、左横後隅から見た姿。受
手、右横後隅から見た姿。

第五図
捕手、左横後隅から見た姿。受
手、左横前隅斜上から見た姿。

第六図
捕手、左横後隅から見た姿。受
手、右横前隅斜上から見た姿。

第七図
捕手、左横後隅から見た姿。
受手、右横後隅から見た姿。

第八図
捕手、左横から見た姿。受
手、右横後隅から見た姿。

第九図
捕手、左横正面から見た姿。受手、右横後隅から見た姿。

第十図
捕手、左横正面より見た姿。
受手、右横後隅から見た姿。

「突上」が終わり、取は右体側が正面となるように右足から後ろ向きに右、左と退き、正面に向かって右、受は左体側が正面となるように左に、約二歩の間合（約75cm）で相対し、それぞれ自然本体で立つ。

3-4　打下

(1)　受は右手の指を伸ばし、前腕を内旋させ掌を受の方に向けて小指側を上にしながら左体側へクロスするように移動させた後、指を徐々に開きながら大きな動作で円を描くように上方へ回し上げる。

(2)　右腕が伸び、右手が頭上まで上がったところでは5指を十分に開き、続けて右上方から右下方へ回し下ろしながら、5指を握り始め、下腹部まで回し下ろしたところで握りしめ、右拳を堅く握りしめながら下から上に胸に沿わせながら顔面の前を真っ直ぐに上げ、右腕が十分伸びるところまで高く右拳を振り被る。

(3)　右足を一歩踏み出して右自護体気味になりながら右拳手背部で取の脳天（天倒）めがけて打ち込んでいく。

(4)　取はこれに応じて顎を引き、上体を反らせ、受の拳が上腹部あたりにきた時右足、左足と退いて受の攻撃を外す。受の拳が下腹部あたりに打ち下ろされた頃、右足を半歩踏み出しながら右手指先を下にして順に前に出し、受の右手首を上から握り、受の振り下ろす力を利用しつつ、前方に押し下げ、半歩出ている右足から小足の継ぎ足で2～3歩進み出て、受をその右後隅へ押し崩そうとする。

(5)　受は、これに順応して右足を退けて身体を右に開きながら左手を返して、小指側を上（指先は下）にして掌を取の伸び

きった右肘部に当てがい、これで取の右腕を押し、取の体を大きく左方へ押し回し、取にとられている右手首を押し外して自由にする。

(6)　右手首を外して自由にすると共に益々左手の押手を強めて取の身体を押し放そうとする。

(7)　取は受の攻撃に順応しながら、左足を軸に右足を前方に移動し、身体を左方へ一回転する。

(8)　取は右足を受の左斜め後方に進めながら、受の方へ向き直ると左手で押されている右肘を少し外へ張って、これで受の身体をその左後隅の方へ崩す。

(9)　右肘を外へ張りながら、左手掌を上にして、右腕の上から差入れて受の左手首を下方から握って押し離し、これをなおも押して受の身体をその左後隅に崩す。

(10)　取は左後隅に押し崩しながら、左足、右足と受の後方へ足の位置を踏み代えて受の背後に回り込みながら（この時、左後隅への崩しをゆるめないこと）、右腕を受の右肩越しに、右手首を受の咽喉部に当てて「裸絞」の形にする。

(11)　次いで左足を右足の後方に大きく移し、受の身体に対してT字状に身体を交差させながら受の左手首を自分の左腰に引き付け、右腕では絞め、左手では関節を逆にして受の身体を後方に制する。

(12)　受は右手で軽く右外股を打ち「参り」の合図をする。

(13)　取は技を解いて受を元に戻す。

第三教の四 打下

第五図
捕手は左横から、受手
は右後隅から見た姿。

第四図
同上。

第三図
同上。

第二図
同上。

第一図
受手を前から見た姿。

第九図
捕手は右横前隅、受手は前から見た姿。

第八図
捕手受手ともほとんど
直前から見た姿。

第七図
捕手は左横前隅、受手は右
横後隅から見た姿。

第六図
同上。

第十二図
捕手も受手もほとんど前から見た姿。

第十一図
同上。

第十図
捕手はほとんど左横、受手は
ほとんど前から見た姿。

第十三図
同上。

　「打下」が終わり、取は右体側が正面となるように右足から受の右
方に右体捌きの要領で位置を取り、受は左足を軸にして体を右に開

き左体側が正面となるように左に、広めの一歩の間合（約75cm）で相対する。それぞれ自然本体で立つ。

3-5　両眼突

(1)　受は右指先で取の両眼を突こうとして中指と薬指との間を開き、他の指は強く合わせ、肘を曲げ、掌を下に向けながら、これを右体側に沿って胸の高さまで上げ、右足を進めながら取の両眼を突いていく。

(2)　取は顔を左に向け左足を退け、体を左に開きながら突いてくる指を外しながら左手で受の右手首を下から四指が上で母指が下になるようにして握り、その前方へ引き崩そうとする（正面が背中側）。

(3)　受は、左足を一歩前に踏み出しながら、左手で取の左手首の辺りを手背を上にして（この時も四指は上に、母指は下）手前から軽く握って押し離し、右手を自由にすると共に、取をその左方へ崩そうとする。

(4)　取は右手背を上にして、小指の方が上になり掌の真ん中が左肘頭部に当たるようにして押し離そうとする。

(5)　受は軽く押されることにより握っていた手首を放し、押されるままに体重を右足にかけ、右膝を深く屈げ体を沈めて取の右腕の下をくぐりながら体を右に回転し、左足を大きく前方から右方へ移し、体の安定を保とうとする。

(6)　受が一回転してくると取は左足を進めながら左手を上げ、やはり中指と薬指とを離し、他の指は強く合わせ、受の両眼を突きにいく。

(7)　受は、顔を右に向け突いてくる指を外し、右足を一歩後方へ退いて、体を右に開きながら、右手で取の左手首を内側から

握ってその手を引き出し、その方向へ崩そうとする。

(8)　取は、この様に左手首を引かれるために、右足を踏み出しながら、右手で受の右手首を手背を上にして（4指は上、母指は下）、手前から握って押し、左手を自由にすると共に、受をその方向へ崩そうとする。

(9)　受はこの様に押されながら左手を取の肘部に当て左手背を上に、指先を下に向け、小指が上になり、掌中央を肘頭に当たるように取の右肘に手前から当てて押し離そうとする。取の手首を握っていた右手を離し、なお取の肘を左手で押すために、取も握っていた受の右手を離す。

(10)　取は押されるに任せてこれに順応しながら、両足の位置をそのままにして上体を左へ捻り、丁度左浮腰を掛けるに都合のよい姿勢となるために、右手で受の左腕を抱え、左手を受の右腋窩から帯に沿って深く差し入れ、自分の腰を受の腹にぴったりと密着させ、しっかりと帯の辺りを押さえ身体を捻りながら少し屈み、左「浮腰」の形で制する（ただし、受の両脚を高く上げさせるために、左「大腰」の形にする）。

(11)　受は体を十分に反らし両脚を揃えて伸ばし上げた後、右手で軽く取の右腰を打ち「参り」の合図をする。

(12)　取は技を解き、受を腰から下ろし元に復する。

第三教の五　両眼突

第四図
受手は右横前隅から見た
姿。捕手は前から見た姿。

第三図
受手は右横前隅から見た
姿。捕手は前から見た姿。

第二図
受手は右横から見た姿。
捕手は左横前隅から見た姿。

第一図
受手は右横から見た姿。
捕手は左横から見た姿。

第八図
受手は前から見た姿。捕手は
左横後隅から見た姿。

第七図
受手は右横前隅から見た姿。
捕手は左横から見た姿。

第六図
受手は左横後隅から見た
姿。捕手は前から見た姿。

第五図
受手は左横前隅から見た
姿。捕手は前から見た姿。

第十二図
受手は左横後隅から見た姿。
捕手は左横後隅から見た姿。

第十一図
受手は左横前隅から見た姿。
捕手は前から見た姿。

第十図
受手も捕手も前から見た
姿。

第九図
受手は前から見た姿。捕手
は右横前隅から見た姿。

◆終わりの動作

　取受共に始めの位置（立礼後、互いに一歩前に出て自然本体に
なったところ、約二間の間合）にかえり、自然本体で相対した後、
双方同時に、右足から一歩退いて両足を揃え、互いに立礼をする
（約三間の間合）。対で両者正面に向きを変え、立礼をして終わる。

上記以外の講道館柔道の形

極の形

居取……両手取・突掛・摺上・横打・後捕・突込・切込・横突

立合……両手取・袖捕・突掛・突上・摺上・横打・蹴上・後
捕・突込・切込・抜掛・切下

古式の形

表……体・夢中・力避・水車・水流・曳落・虚倒・打砕・谷
落・車倒・錣取・錣返・夕立・滝落

裏……身砕・車返・水入・柳雪・坂落・雪折・岩波

五つの形

名称はない。

講道館護身術

徒手の部

組みつかれた場合……両手取・左襟取・右襟取・片腕取・後襟
取・後絞・抱取

離れた場合…………斜打・顎突・顔面突・前蹴・横蹴

短刀の場合…………突掛・直突・斜突

杖の場合……………振上・振下・双手突

拳銃の場合…………正面附・腰構・背面附

精力善用国民体育の形

単独動作

第一類……五方当（ごほうあて）・大五方当（おおごほうあて）・五方蹴（ごほうげり）

第二類……鏡磨（かがみみがき）・左右打（さゆううち）・前後突（ぜんごつき）・上突（うえつき）・大上突（おおうえつき）・左右交互下突（さゆうこうごした つき）・両手下突（りょうてしたつき）・斜上打（ななめうえうち）・斜下打（ななめしたうち）・大斜上打（おおななめうえうち）・後隅突（うしろすみつき）・後打（うしろうち）・後突前下突（うしろつきまえしたつき）

相対動作

第一類……

　㈠　居取……両手取（りょうてどり）・振放（ふりはなし）・逆手取（ぎゃくてどり）・突掛（つっかけ）・切掛（きりかけ）

　㈡　立合……突上（つきあげ）・横打（よこうち）・後取（うしろどり）・斜突（ななめつき）・切下（きりおろし）

第二類……

　㈠　一教……突出（つきだし）・肩押（かたおし）・肩廻（かたまわし）・切下（きりおろし）・片手取（かたてどり）

　㈡　二教……片手上（かたてあげ）・帯取（おびとり）・胸押（むねおし）・突上（つきあげ）・両眼突（りょうがんつき）

嘉納治五郎の「(國民道徳) と武士道」

師範修身書巻6「武士道」章　嘉納治五郎・亘理章三郎共著　金港堂　1914（大正3）年[32]　※下線部は中学修身書（修正改版）巻5の「國民道徳と武士道」章　嘉納治五郎著　1916（大正5）年[90] に認められないか、または、異なる箇所を示す。(内字) 部は前書になく後書にのみみられる文節。

(國民道徳と) 武士道 (上)

　武士道は、武士と称する社会の生ずるに至りて、其の間に発達したる道なれども、其の淵源は遠く上世にあり。武士道の淵源は、上世に於ける我が国民の道徳的生活其の者にして、我が国民性の発現といふべく、大伴物部など武族の風俗に最もよく其の精神を見るを得べし。而して、当時に於ける、其等諸般の道徳は、武士（もののふ）といふよりは寧ろ丈夫（ますらを）といふ観念と結びて統合せられたりしが如し。「丈夫や」「丈夫（ますら）我れ」と自ら呼びかけ「丈夫にして」「丈夫の心振り起し」と自ら勵し、丈夫といふ自重の下に其の道を砥礪したりし。

　丈夫の特色とする所は、意氣壮烈にして、殊に武勇なるを尚び「巌石（いはほ）すら行き通るべき丈夫、」「梓弓引きてゆるべぬ丈夫や」などいひ、

「千萬の　軍なりとも　ことあげせず　取りて来ぬべき　男とぞおもふ」

　と歌ひて人の行を送り、戦場に臨みては「額には矢は立つとも、背は矢は立たじ」とて、勇住直進誓って卑怯未練の事なからんことを期し、

「丈夫の　心振り起し　つるぎ刀（たち）　腰に取り佩き　あづさ弓　靭（ゆき）と

り負ひて」

と歌へる如く、爽颯たる英姿は當年の日本男児の風尚たりしなり。

丈夫は自制克己の意志の力に富めるを特色とし、徒らに感情の為に制せらるゝを恥辱とし、一旦事あるに臨みては、

「大王（おほぎみ）の　命（みこと）かしこみ　妻別れ　悲しくはあれど　丈夫の　心振り起し　とり装ひ　門出（かどで）をすれば」

とて、離別の悲を忍び、決然郷國を去って奉公の任に就けり。

丈夫は極めて名誉を重んじ「丈夫は　名をし立つべし」といひ、「をのこやも　空しかるべき　萬代に　語り継ぐべき　名は立たずして」

といへり。而して、其の名誉の標準とする所の、實に忠孝の道にてありしことは、大伴氏の家訓の歌最もよく之をあらはせり。此の他、武甕槌神が中ッ國征討の為に脛津主神のみ推薦せられて、自ら之に與らざりしを憾みとし「豈唯脛津主神のみ独り丈夫にして吾は丈夫にあらざらんや」と慷慨せる、又「物部（もののふ）ママの　臣の壮士（をとこ）は　大王の　任のまにまに　聞くと云ふものぞ」と歌へるなど、丈夫の忠勇なる志氣を見るべし。

斯く、丈夫は忠孝の至情の為に武勇節義を磨きしかば、決して残忍強暴殺を嗜むが如きことあらず、種々の方面に美しき人情の流露するを見、情意兼ね備りて一種の慕はしき性格を為せりき。藤田東湖が、「後世に至るに及びて、士猶廉恥を重んじ怯懦を卑み、名を汚し先を辱むるを以て戒と為し、忠義孝烈其の人に乏しからず。丹心血誠天日に誓ひ金石を貫きて、而して其の跡迫らず、流風馨るが如く、余情掬すべきもの、皆上世遺俗の然らしむる所なり。」といへるもの即ち是なり。

此の丈夫といふ思想は、其の昔、廣く上下の社会に通ぜしものにして、やがて武士道の淵源といふべく、武士の名と結びて其の道の

行はるゝ時代となりても、丈夫又は男子といふ自覚が常に之に伴ひて、道を磨くの動機となれり。されば、此の丈夫の観念は我が国の道徳史上甚だ重要なるものにして、軽々に看過するを得ざるものなり。

（國民道徳と）武士道（中）

儒佛二教を始とし大陸文明の陸續として輸入せられ採用せらるゝに及びて、これに接觸するものは文弱優柔迷信怯懦の習を馴致し、次第に我が國丈夫の質實勇武なる風尚を失はんとするに至れり。殊に平安朝の時代となりては、文華一時に絢爛たるが如きも、月卿雲客は翰墨を弄び、詩歌管弦に耽り、経世實用の材なく、浮薄淫靡俗を為し、政令行はれず、盗賊出没し、輦轂の下、其の秩序を保つこと難きに及べり。此の時に當りて、武勇の國風を失はざりしものは地方の士民にして、朝廷は此等に命じて、京師に更番して禁闕を護衛し、諸方の盗賊を追捕せしめたり。此に於いて、地方の豪族は、兵を養ひ力を蓄へ、軍事を以て常職とし、武門武士の階級を生じ、朝臣は和漢稽古の家と稱して廟堂に立ち、武士は弓馬の家と称して地方に占據し、文武全く岐るゝに至れり。而して、源平二氏名族を以て崛起し、諸国の武士之に服属するに及びて、武士の社会は、天下の勢力となれり。

武士の社会の興起するに従ひ、（其の実際の経験と要求とにより、）古来の丈夫の風は益発達して、此に種々の風俗習慣をなすに至れり。當時一般には、「弓箭取る者の習（ならひ）、假にも名こそ惜しく候へ。」「軍の習命を君に奉りて戦場に罷出づる事なれば、再び帰参すべしと存ずべきにあらず。」「勅定に依りて将軍に随ふは是れ兵の法なり。」「人生れて誰かは死を遁れん。老いて死するは兵の恨なり。其の恩を食んで其の死を去らざるは又兵の法なり」などいひ、一族一黨の習としては、「我等が家に生るゝ者は幼けれども心は猛しと

こそ申すに、かく不覚なる事を宣ふものかな。」「渡邊黨の習として、一目なれども敵を目に懸けて置かず」などいへるもの、即ち是なり。

　斯く、武士道は其の初武士生活の實際の要求と経験とより生ぜる風俗習慣なり、常識道徳なり、組織的の教義にもあらず學説にもあらず。されば、(などいへり。此の風俗習慣は即ち当初の武士道にして、) 思想上未だ深遠なるものあらざりしといへども、其の實質とせる所は我が國民性なり、日本魂なり。是を以て、一たび武士の歴史を繙けば、我が國民の気魄磅礴して光輝を発するを見、長へに國民精神を感發興起せしむるものあるなり。

　武士道は、其の起源に於いては斯く國民的にして忠孝の大道を重んじ、大義名分の観念を明に存したり。源平二氏は世々王命を受けて、「朝家の御守」たるを任とし、「源平両家昔より牛角の将軍として帝位を守護し奉り互に狼藉を誠めき」などいへり。平重盛は清盛の横暴を諌めて、「みだれがはしく法皇を傾けまゐらせんとの御計、かたく然るべからず。重盛に於いては、御供仕るべしとも存じ侍らず。『父命を以て王命を辞せず。王命を以て父命を辞す。家事を以て王事を辞せず。王事を以て家事を辞す。』といふ本文あり。又、君と臣とを竝べて親疎を分つことなく、君に附き奉るは忠臣の法なり」といひ、「悲しきかな君の御為に奉公の忠を致さんとすれば、迷廬八萬の頂より猶高き父の御恩忽ちに忘れなんとす。痛しきかな不幸の罪を遁れんとすれば、又朝恩重疊の底極めがたし、君の御為に既に不忠の逆臣となりぬべし。『君は君たらずといへども臣は以て臣たらざるべからず。父は父たらずとも子は以て子たらざるべからず』といへり。彼と云ひ此と云ひ進退此に谷れり」と嘆じぬ。情理兼ね盡して去就の際に惑はざりしは、よく我が國民の大義を明にせるものといふべし。

　此の他、当時の武士道は、武勇を主とし、倹素を尚び、禮儀作法

を慎み、極めて其の実生活に適切なる道徳を奨励したるが、其の最も重んじたるは、名誉廉恥なり。其の勇敢決烈にして、死を軽んじ職に殉じたるは主として名誉を尚び恥辱を忌みたるによる。而して、其の名誉とする所は、単に一身の上に止らず、一門及び主家の上に就いて殊に之を重んじたり。是れ亦我が國民性の一發現といふべし。

（國民道徳と）武士道（下）

　政権武門に帰し覇府鎌倉に開くるに及びて、多数の武士の心は幕府に帰嚮し、終には幕府の恩に報ゆることを主として、朝廷に盡すことを念とせざるに至り、武士道は国家的意義少く、次第に武門的のものとなれり。然れども、武士社會の上流に位せるものは、大義を忘るることなく、國體を軽んずることなかりき。北條泰時の貞永式目は、武士の風俗の法制の方面にあらはれたるものなるが、其の首に敬神の重んずべきことを規定せり。又、元寇の國難に際して、北條時宗は、「永く帝祚を扶けん」「永く皇室の砥柱と作らん」との祈願をこめ、地方の武士は平素の私怨を忘れて義勇公に奉じ、頗る國民的精神を發揮したるものあり。然れども、武士社會の大勢は、次第に国民の大義を忘るゝ傾あるを免れざりき。（なかりしも、多数の武士の心は、幕府に帰嚮し、終には幕府の恩に報ゆることを主として、朝廷に盡すことを念とせざるに至り、武士道は国家的意義少く、次第に武門的のものとなれり。）

　やがて、吉野朝の時代となり、南北の紛争起るや、吉野の朝廷は、国體の常道に復したるを以て、士民は大義によりて王事に盡瘁し、一族一門を挙げて忠節に殉ぜしもの少からず。楠木正成の精忠は、萬古國民の亀鑑となり、其の子正行が父の遺訓を體して皇室を護り戦死を遂げたるは、忠孝一致の好模範なり。北畠親房は、其の子顯家の戦死を称して、「忠孝の道こゝに極り侍りにき」といへり。

此の如き事例、當時に甚だ多く、其の芳烈は長く後世の範とすべし。

　吉野朝の頃より中央の政令地方に行はれず、足利氏其の職を盡さゞるに及びて、武士道は益々地方的となり、國民的の意義を實際に觀ることを得るもの殆ど存せず。大道湮晦して（失ひ、）皇室は益々微運に傾き、将軍以下主従相圖り骨肉相殘ひ、所謂下剋上の世となりて紛争亂麻の如く、遂に戦國群雄割據の時代を出現せり。唯此の際とても名教は未だ全く地を拂ふに至らず、室町時代の初斯波義将は、武士の死處を論じて、天皇将軍のために忠死するを以て其の道を得たるものとせり。戦國の時代にも、群雄の中、心を皇室に傾くるものあり、織田氏豊臣氏等によりて、國民の大義が事實の上に示さるゝことゝなり、引いて江戸時代に入れり。

　武士道は、其の初め我が國民の常識を本として、心法徳目等を多く仏教に取る所ありしが、室町時代に至り材料を儒教の教訓に取るもの次第に多く、江戸時代に及びて世俗の武士道を批判するに儒教の学説を以てし、次第に其の思想の内容を深くし、多少組織的に之を説くものあるに至れり。三宅観瀾が武士の廉恥心を評して、「所謂廉恥は、竟に人に廉に人に恥づるものにして、自廉自恥にあらざるなり。其の外を慕ひ名に徇ふ卑陋にあらざるも、亦唯悻々然たる小丈夫のみ」といへるが如き、當れるものなきにあ（ママ）ず。當時武士道を組織的に説きたるものは、多くは、材料を儒教に取り、或は之に参するに神佛の道を以てし、或は専ら神道によるものにありき。又、浅見絅齋の如きは一に宋儒の説に基づきて、武士の教えを立てんとしたり。（殊に山鹿素行は我が国俗を本として、武士の道を説き、素行と関係浅からぬ赤穂にては、四十七人の義士を出し、世に武士道の精華と称せらる。）

　初め武士の道とする所は、専ら軍事を職とする者の風俗なりしが、實權部門に帰して武士の政務に携はるに及び、文武兼備を理想

とし、其の道とする所は社会生活の諸方面に及び、江戸時代となりては材料を諸教に取りて我が國民の道徳たるに至れり。（思想上更に精錬せられて、我が国民の道徳たるに至れり。）今日の國民道徳は、時勢の変遷により武士道と其の面目を異にする所ありといへども、其の根本の内容實質に至りては、同じく一體の國性を基礎とするものなれば、異なるべくもあらず。吾人は、往昔の武士が発展し得たる道徳の後を承けて之を現代に適用し、更に之を雄大に善美に発展せしめざるべからず。

引用・参考文献

1）「1940年に講道館に設置された『形研究会』の歴史的意味 ― 嘉納治五郎の形の構想と『武術としての柔道』論の継承に着目して ―」工藤龍太　p19-37　2019

2）2014～2016　国際柔道連盟試合審判規定（和訳・ガイド付き）公益財団法人全日本柔道連盟　2015

3）2018～2020年　国際柔道連盟試合審判規定　公益財団法人全日本柔道連盟　2018

4）『Do Sports Series　柔道JUDO』（代表）本村清人　一橋出版　1998

5）ビデオテープ　投の形　講道館　2008？

6）ビデオテープ　固の形　講道館　2008？

7）『有馬柔道教範』有馬純臣　福岡書店＆岡村書店　1916

8）『今、なぜ武道か　文化と伝統を問う』中村民雄　日本武道館　2007

9）『海を渡った柔術と柔道　日本武道のダイナミズム』坂上康博編著　青弓社　2010

10）『絵で見る学ぶ教える　柔道の形』品川区柔道会　2003

11）『旺文社スポーツ教室　柔道』曽根康治　旺文社　1978

12）固の形　講道館　2006

13）「『形』の哲学」永田英二『柔道』第69巻第9号　p87-91　講道館　1998

14）「学校体育における身体文化の多重性と両義性 ― 捏造される戦時期の身体・メタ身体の狭間 ―」黄順姫『体育教育を学ぶ人のために』p62-80　杉本厚夫編　世界思想社　2001

15）『嘉納治五郎　私の生涯と柔道』大滝忠夫編　新人物往来社

1972

16)『嘉納治五郎　私の生涯と柔道』嘉納治五郎　日本図書セン
　　ター　1997

17)『嘉納治五郎著作集第一巻』p145「作興」1933（昭和８）年1
　　月号「国民の指導原理としての精力善用自他共栄を論ず」五月
　　書房　1992

18)「嘉納治五郎の一族と家系 ― 治五郎は三男か四男か ―」生源寺
　　希三郎『静岡学園短期大学研究報告』第６号　p1-72　静岡学
　　園短期大学　1993

19)『嘉納治五郎の教育と思想』長谷川純三編著　明治書院　1981

20)「嘉納治五郎の体育観・身体観から」永田英二『柔道』第70巻
　　第５号　p97-101　講道館　1999

21)『紲　嘉納治五郎と故郷熊本』永田英二　東京図書出版　2018

22) 極の形・柔の形　財団法人講道館　1977

23)『現代語で読む最高の名著　武士道』新渡戸稲造著　奈良本辰
　　也訳　三笠書房　1993

24) 高等学校学習指導要領解説　保健体育編・体育編　文部省
　　p35　東山書房　1989

25) 講道館昇段資格に関する内規　講道館ホームページ　平成27
　　年４月１日改正　2015

26) 講道館昇段資格に関する内規・講道館女子柔道昇段資格に関す
　　る内規・講道館国際部審議会関係の取り扱いについて　講道館
　　2016

27) 講道館柔道試合審判規定（附柔道試合における礼法）講道館
　　1975

28) 講道館柔道試合審判規定・附講道館柔道衣規格・柔道試合にお
　　ける礼法　講道館　1980

29)「講道館柔道臨時講義」講道館師範講述門生筆記『國士』第三

　　巻　p715-718、p869-876、p953-959　講道館　1984

30)『國民學校體錬科柔道精義』宮脇泰軒　教育科學社　1941

31)「国民体育と国民精神」嘉納治五郎『作興』第10巻第三号
　　1931

32)『師範修身書』巻六　嘉納治五郎・亘理章三郎合著　金港堂
　　1914

33)『写真図解　講道館柔道修練法』金丸英吉郎　精文堂　1937

34)『柔術教授書　龍之巻虎之巻合本』野口潜龍軒監修　帝国尚武
　　会出版　1915

35)『柔道』第一巻　第2号 p23-28、第3号 p23-27　講道館　本の
　　友社　1984

36)『柔道』第二巻　講道館　本の友社　1984

37)『柔道』京極大輔　潮文閣　1933

38)「柔道一班並ニ其教育上ノ価値」嘉納治五郎『史料明治武道史』
　　渡辺一郎編　p79-97　新人物往来社　1971

39)「柔道一班ならびにその教育上の価値　柔道と教育　柔道と修
　　心法」p126『嘉納治五郎大系』第二巻第二章　p88-135　講道
　　館　本の友社　1989

40)「柔道形解説」山下義韶、永岡秀一、村上邦夫『柔道』第一巻
　　第一号 p34-45、第二号 p28-40、第三号 p28-38、第四号 p29-
　　37、第五号 p28-37、第六号 p33-43、第七号 p26-36、第八号
　　p24-32、第九号 p28-38、第十号 p20-29、第十一号 p25-33、第
　　十二号 p21-28　講道館　本の友社　1984

41)「柔道形解説」山下義韶、永岡秀一、村上邦夫『柔道』第二巻
　　第一号 p25-30、第二号 p1-6、第三号 p7-11、第四号 p13-18、
　　第五号 p39-44、第六号 p32-36、第七号 p52-55、第八号 p37-
　　43、第九号 p33-37、第十号 p35-41、第十一号 p39-43、第十二
　　号 p31-37　講道館　本の友社　1984

42)『縮刷増訂　柔道教範』横山作次郎 / 大島英助　二松堂書店
　　大正13年　1924

43)『柔道教本上巻』嘉納治五郎　堀書店　1953

44)『柔道試合の業掛る時機経典』竹田浅次郎　服部文貴堂　1935

45)　柔道試合における礼法　講道館柔道試合審判規定　付・取扱い
　　統一条項　講道館　全日本柔道連盟　1990

46)　柔道試合における礼法　講道館柔道試合審判規定　付・取扱い
　　統一条項　講道館　全日本柔道連盟　1993

47)「『柔道』・『柔術』・『武道』等の関係を考察する」永田英二『柔
　　道』第65巻第10号　p94-96　講道館　1994

48)『柔道神髄』尾形源治　大仁堂　1930

49)『柔道精解』長谷川泰一　文光堂本店　1928

50)『柔道　其の本質と方法』石黒敬七　旺文社　1942

51)『柔道大会・試合運営要領』全日本柔道連盟　1992

52)『柔道提要全』落合幾造　柔道後援会　1928

53)　柔道手びき　竹田浅次郎　服部文貴堂　1937

54)「柔道と教育」「柔道と修心法」『嘉納治五郎大系』第二巻　p126
　　講道館　本の友社　1989

55)「柔道とコーチ」岡部平太　p143-148『柔道講座』三船久蔵・
　　工藤一三・松本芳三共著　第二巻　白水社　1955

56)「柔道における礼法について」永田英二『柔道』第65巻第8号
　　p88-92　講道館　1994

57)「柔道の根本精神」p1155-1170『大日本柔道史』丸山三造編著
　　講道館　第一書房　1939

58)「柔道の根本精神」嘉納治五郎　p238-248『日本柔道史』丸山
　　三造　大東出版社　1942

59)『柔道の視点 ―21世紀へ向けて ―』竹内善徳編著　柔道指導
　　者研究会編　道和書院　2000

60)「柔道の修行者は道場練習以外の修養を怠ってはならぬ」『嘉納治五郎大系』第二巻　p250-253　講道館　本の友社　1989

61)「柔道の普及と変容に関する研究　— グレイシー柔術に着目して —」谷釜尋徳『東洋法学』東洋大学法学会発行

62)「柔道本義」講道館柔道概説　嘉納治五郎『柔道』第一巻　第一号 p33、第二号 p23-28　第三号 p23-27、第四号 p22-25、第六号 p25-30、第七号 p21-24、第八号 p18-21、第九号 p18-24、第十号 p16-18、第十一号 p21-23　講道館　本の友社　1984

63)「柔の形」講道館　2006

64)「柔の形」嘉納治五郎『柔道』第一巻　第 1 号 p40-44、第 3 号 p38-42、第 4 号 p26-28、第 5 号 p25-28、第 6 号 p30-33、第 7 号 p24-26、第 8 号 p22-24、第 9 号 p25-28、第 10 号 p18-20、第 11 号 p24-25、第 12 号 p19-21、第三巻　第 3 号 p60-62、第 4 号 p72-74、「柔道本義」講道館柔道概説　嘉納治五郎『柔道』第二巻　第一号 p21-24、第二号 p1-4、第三号 p5-8、第四号 p9-12、第五号 p35-38、第六号 p25-31、第七号 p44-51　講道館　本の友社　1984

65)「柔道乱取の修行者は技術の練習と共に精神の修養に心を用うるを要す」嘉納治五郎『柔道』第四巻第四号　1933（昭和 8）年 4 月

66)「術」から「道」へ　— 日本の "martial arts" の近代化とは —　木下秀明『近代武道の系譜』p2-14　大道等・頼住一昭編著　杏林書院　2003

67)『写真図説　柔道百年の歴史』松本芳三編集委員代表　講談社　1970

68)『ジュニア入門シリーズ⑨　柔道』佐藤宣践　橋本敏明　ベースボール・マガジン社　1994

69)『新柔道の手引』竹田浅次郎　巧人社　1952

70)『身体教育を哲学する　— 体育哲学叙説 —』佐藤臣彦　北樹出版　1993

71)『新版柔道の形全』小谷澄之　大滝忠夫　不昧堂出版　1971

72)『新要目準據柔道の形図解』磯貝一、栗原民雄　冨山房　1938

73)『スポーツ語源散策』増田靖弘　東書選書　p199-202　ルール　1989

74)『スポーツVコース　柔道教室』醍醐敏郎　大修館書店　2002

75)『スポーツと教育の歴史』成田十次郎編著　不昧堂出版　2000

76)『スポーツを考える — 身体・資本・ナショナリズム —』多田浩二　ちくま新書　1995

77)『図解・柔道講座・全四巻合本』日本柔道普及会　東京書院出版部　1952

78)『図解　柔道入門』淵辺吉博　土屋書店　1994

79)『生活ロマン　しきたり・礼法』倉林正次　文献97）より　p9-24　1993

80)「『精力善用・自他共栄』についての一考察」永田英二『柔道』第74巻第9号　p68-72　講道館　2003

81)『煎茶と日本の「しきたり」「礼」』小川後楽　文献97）より　p128-131　1993

82)全日本柔道連盟　講道館柔道試合審判規定　取扱い統一条項　柔道試合における礼法　講道館　1993

83)「全日本柔道連盟について」久富達夫　p159-162『柔道講座』三船久蔵・工藤一三・松本芳三共著　第二巻　白水社　1955

84)『体育教育を学ぶ人のために』p62-80　杉本厚夫編　世界思想社　2001

85)『大日本柔道史』丸山三造編著　訂正再版　講道館　1939

86)『大日本柔道史』丸山三造編著　増補再版　講道館　1939

87)「大日本武徳会」Wikipedia　1918

88)「大日本武徳会及び武専の成立とその変遷について」秦芳江『武道学研究』7-1　p10-11

89)「正しい柔道の指導法：柔道の礼法の中に認められる伝統的な行動の仕方を礼法の基本思想として日常の所作に置き換える柔道指導の試み」永田英二『柔道』第71巻第2号　p94-99　講道館　2000

90) 中学修身書（修正改版）巻五　嘉納治五郎　元元堂書房　1916

91) 投の形　固の形　講道館　1988

92) 投の形　講道館　2006

93)『日常禮法の心得』徳川義親　實業之日本社　51版　1941

94)「日露戦中・戦後の大日本武徳会　― 戦時下の動態、武術事業の変化と『剣道』『柔道』への名称変更、イデオロギー的機能 ―」坂上康博『一橋大学スポーツ研究』37: p21-35　2018

95)『日本柔道史』丸山三造　大東出版社　1942

96)「日本伝講道館柔道における礼法の効用性」永田英二『柔道』第69巻第8号　p96-101　講道館　1998

97)『日本を知る「しきたり」「礼法」の基礎知識』吉成勇編集　歴史読本　No.596　新人物往来社　1993

98)『伸び行く柔道　戦後八年の歩み』嘉納履正　桐陰堂書店　1954

99)『ひな人形』斎藤良輔　法政大学出版局　p111-122　1975　文献8）より孫引き

100)『武士道』新渡戸稲造著　矢内原忠雄訳　岩波文庫　1993

101)「武道教育の現状と課題」中村民雄『体育科教育』41巻第13号　p29-31　大修館書店　1993

102)「武道場と神棚（2）」中村民雄　福島大学教育学部論文集　第42号　p11-17　1987

103)『武道と日本の「しきたり」「礼法」』小笠原清忠　文献97）よ

り　p118-123　1993

104)「武道と礼」中村民雄　『月刊「武道」』4 & 5　日本武道館　2004

105)『武道　日本人の行動学』野中日文　創言社　2001

106)『武道の誕生』井上俊　歴史文化ライブラリー　179　吉川弘文館　2004

107)『武道文化の探究』入江康平編著　不昧堂出版　2003

108)「武道論 — 嘉納治五郎の柔道とは何だったのか —」友添秀則『体育教育を学ぶ人のために』p224-244　杉本厚夫編　世界思想社　2001

109)『武道論』富木謙治　大修館書店　1993　第三版

110)『武道を知る』田中守、藤堂良明、東憲一、村田直樹　不昧堂出版　2001

111)武徳会の発足　森下勇『写真図説　柔道百年の歴史』p114-115　編集委員代表松本芳三　講談社　1970

112)『文化としてのマナー』熊倉功夫　岩波書店　1999

113)文部省学習指導要領・指導の手びき書準拠『学校柔道読本』羽川伍郎　八雲井書院　1968

114)『やさしい国際儀礼』外務省外務報道官　p134-135　世界の動き社　第6刷　1992

115)『武士道』新渡戸稲造著　須知徳平訳　講談社インターナショナル株式会社　1998年

116)『要説柔道教本』永岡秀一、櫻庭武　東京開成館　1938

117)「ルーツを求めて：柔道と接骨術との関係を探る」永田英二『柔道』第72巻第8号　p98-103　講道館　2001

118)礼法　坂本太郎監修『風俗辞典』p762　東京堂出版　1957

119)「礼法の応用としての柔道における『間合い』」永田英二『柔道』第69巻第12号　p80-86　講道館　1998

120)「論説　大日本武徳会の成立過程と構造　―1895～1904年―」坂上康博『行政社会論集』第1巻第3・4号　p65-85　1989

121)「魯迅日本という異文化のなかで ── 弘文学院入学から〈退学〉事件まで」北岡正子　関西大学出版部　2001『新民叢報』

122)［和英対照］『柔道 ── その心と基本』David Matsumoto　本の友社　1996

永田　英二 (ながた　ひでつぐ)

1948年に熊本県玉名郡清里村小野（現荒尾市水野）に生まれる。日本大学大学院博士課程修了。医学博士。日本傳講道館柔道七段。著書に『紲　嘉納治五郎と故郷熊本』がある。

Note of JUDO
A JUDO'S TEXTBOOK FOR BEGINNERS　柔道備忘録

2021年7月15日　初版第1刷発行

著　者	永田英二
発行者	中田典昭
発行所	東京図書出版
発行発売	株式会社 リフレ出版
	〒113-0021　東京都文京区本駒込 3-10-4
	電話 (03)3823-9171　FAX 0120-41-8080
印　刷	株式会社 ブレイン

© Hidetsugu Nagata
ISBN978-4-86641-414-0 C0075
Printed in Japan 2021

落丁・乱丁はお取替えいたします。
ご意見、ご感想をお寄せ下さい。